全国城市轨道交通专业高职高专规划教材

Chengshi Guidao Jiaotong Yingji Chuli
城市轨道交通应急处理

刘 奇 徐新玉 主 编

陈 梅[西安市地下铁道有限责任公司] 主 审

人民交通出版社股份有限公司
China Communications Press Co.,Ltd.

内 容 提 要

本书为全国城市轨道交通专业高职高专规划教材。共分为4个单元，18个工作任务。主要内容包括：城市轨道交通突发事件应急处理的基本理论体系；站务工作常见突发事件应急处理；行车工作中重要突发事件应急处理；恶劣天气与自然灾害等综合性突发事件应急处理。

本书为城市轨道交通专业的核心教材，可供高职、中职院校教学选用，也可作为城市轨道交通行业培训或自学用书，亦可供城市轨道交通行业工程技术人员学习参考。

* 本书配有多媒体助教课件，任课教师可通过加入职教轨道教学研讨群（QQ 群号：129327355）索取。

图书在版编目（CIP）数据

城市轨道交通应急处理 / 刘奇，徐新玉主编. —北京：人民交通出版社股份有限公司，2015.1
全国城市轨道交通专业高职高专规划教材
ISBN 978-7-114-11802-9

Ⅰ.①城… Ⅱ.①刘… ②徐 Ⅲ.①城市铁路–交通运输安全—安全管理 Ⅳ.①U239.5

中国版本图书馆 CIP 数据核字（2014）第 242932 号

全国城市轨道交通专业高职高专规划教材

书　　名：	城市轨道交通应急处理
著 作 者：	刘　奇　徐新玉
责任编辑：	袁　方
出版发行：	人民交通出版社股份有限公司
地　　址：	（100011）北京市朝阳区安定门外外馆斜街 3 号
网　　址：	http://www.ccpress.com.cn
销售电话：	（010）59757973
总 经 销：	人民交通出版社股份有限公司发行部
经　　销：	各地新华书店
印　　刷：	北京市密东印刷有限公司
开　　本：	787×1092　1/16
印　　张：	12.75
字　　数：	291 千
版　　次：	2015 年 1 月　第 1 版
印　　次：	2021 年 5 月　第 9 次印刷
书　　号：	ISBN 978-7-114-11802-9
定　　价：	36.00 元

（有印刷、装订质量问题的图书由本公司负责调换）

全国城市轨道交通专业高职高专规划教材
编审委员会

主　　任：施建年(北京交通运输职业学院)
副 主 任：(按姓氏笔画排序)
　　　　　王　彤(辽宁省交通高等专科学校)
　　　　　刘大洪(武汉铁路职业技术学院)
　　　　　杨金华(云南交通职业技术学院)
特邀专家：(按姓氏笔画排序)
　　　　　王　英(北京京港地铁有限公司)　　　陈　梅(西安市地下铁道有限责任公司)
　　　　　王树立(苏州轨道交通有限公司)　　　林伟光(北京京港地铁有限公司)
　　　　　尹相勇(北京交通大学交通运输学院)　周庆灏(上海申通地铁集团有限公司)
　　　　　刘卫民(长春市轨道交通集团有限公司)郑树森(香港铁路有限公司)
　　　　　佟关林(北京市地铁运营有限公司)　　徐树亮(南京地下铁道有限责任公司)
委　　员：(按姓氏笔画排序)
　　　　　于欣杰(河北轨道运输职业技术学院)　杨亚芬(云南交通职业技术学院)
　　　　　万国荣(广西交通职业技术学院)　　　吴　晶(广东交通职业技术学院)
　　　　　王　华(四川交通职业技术学院)　　　邱志华(广州市交通运输职业学校)
　　　　　王建立(北京铁路电气化学校)　　　　汪武芽(江西交通职业技术学院)
　　　　　王　越(辽宁铁道职业技术学院)　　　沈　艳(哈尔滨铁道职业技术学院)
　　　　　吕建清(青岛港湾职业技术学院)　　　张洪革(辽宁省交通高等专科学校)
　　　　　刘　杰(北京电气工程学校)　　　　　张　莹(湖南铁道职业技术学院)
　　　　　刘　奇(西安铁路职业技术学院)　　　张　燕(成都市工业职业技术学校)
　　　　　刘柱军(黑龙江第二技师学院)　　　　范玉红(江苏南通航运职业技术学院)
　　　　　江　薇(武汉市交通学校)　　　　　　罗建华(北京地铁技术学校)
　　　　　李士涛(南京交通职业技术学院)　　　周秀民(吉林交通职业技术学院)
　　　　　李中秋(河北交通职业技术学院)　　　俞素平(福建船政交通职业学院)
　　　　　李　军(北京交通运输职业学院)　　　耿幸福(苏州大学城市轨道交通学院)
　　　　　李志成(安徽交通职业技术学院)　　　夏　栋(武汉铁路职业技术学院)
　　　　　李利勤(广东省交通运输技师学院)　　徐新玉(苏州建设交通高等职业技术学校)
　　　　　李　季(北京自动化工程学校)　　　　郭凯明(甘肃交通职业技术学院)
　　　　　李慧玲(天津铁道职业技术学院)　　　阎国强(上海交通职业技术学院)
秘　　书：袁　方(人民交通出版社股份有限公司)

出版说明

21世纪初,随着我国城市轨道交通建设进入快速发展时期,各地职业院校面临这一大好形势,纷纷开设了城市轨道交通相关专业。为了满足我国城市轨道交通专业高职高专教育对教材建设的需求,我们在人民交通出版社2009年推出的"全国职业教育城市轨道交通专业规划教材"基础上,协同中国交通教育研究会职业教育分会城市轨道交通专业委员会,组织北京交通运输职业学院、南京铁道职业技术学院、上海交通职业技术学院、湖南铁道职业技术学院、广东交通职业技术学院、辽宁省交通高等专科学校等一线资深教师组成的编写团队,同时组建由北京交通大学交通运输学院、苏州大学城市轨道交通学院、香港地铁、北京地铁、京港地铁、上海地铁、南京地铁等资深专家组成的主审团队,联合编写审定了"全国城市轨道交通专业高职高专规划教材"。

为了做好教材编写工作,促进和规范城市轨道交通行业职业教育教材体系的建设,打造更为精品的城市轨道交通专业教材,我们根据目前职业教育"校企合作,工学结合"的教学改革形势,在多方面征求各院校的意见后,于2012年陆续推出以下教材:

《城市轨道交通概论(第2版)》
《城市轨道交通客运服务英语(第2版)》
《城市轨道交通客运组织(第2版)》
《城市轨道交通行车组织(第2版)》
《城市轨道交通运营安全(第2版)》
《城市轨道交通票务管理(第2版)》

《城市轨道交通车站设备(第2版)》
《城市轨道交通客运服务(第2版)》
《城市轨道交通通信信号(第2版)》
《城市轨道交通车辆构造》
《城市轨道交通导论》
《城市轨道交通运营组织》
《城市轨道交通通信与信号系统》
《城市轨道交通安全管理》
《城市轨道交通设备管理》
《城市轨道交通调度指挥》
《城市轨道交通行车组织基础》
《城市轨道交通应急处理》

本套教材具有以下特点:

1. 体现了工学结合的优势。教材编写过程努力做到了校企结合,将北京、上海、广州、南京等地先进的地铁运营管理经验吸收进来,极大地丰富了教材内容。

2. 突出了职业教育的特色。教材内容的组织围绕职业能力的形成,侧重于实际工作岗位操作技能的培养。

3. 遵循了形式服务于内容的原则。教材对理论的阐述以应用为目的,以够用为尺度。语言简洁明了、通俗易懂;版式生动活泼、图文并茂。

4. 整套教材配有教学课件,读者可于人民交通出版社网站免费下载;单元后附有复习思考题,部分单元还附有实训内容。

5. 整套教材配有课程标准,以便师生教学参考。

希望该套教材的出版对职业院校城市轨道交通专业教材体系建设有所裨益。

全国城市轨道交通专业高职高专规划教材
编审委员会
2012年7月

前言

目前我国城市轨道交通发展迅猛，国内对其投入运营和规划建设的城市越来越多，城市轨道交通里程逐年增长，致使城市轨道交通人才需求日益迫切。城市轨道交通企业与其他企业一样，目前急需的是具有职业素养和敬业精神，专业理论和实践能力并重的高端技能型人才。

城市轨道交通运营管理专业的培养目标，就是培养具有良好职业道德、敬业精神和专业水平，从事城市轨道交通站务管理及服务、行车组织、调度指挥等工作，适应城市轨道交通运营企业服务和管理第一线需要的高端技能型人才。城市轨道交通应急处理是该专业的核心课程之一，旨在培养学生熟练掌握城市轨道交通发生突发事件后运营部门各岗位所应具备的应对处置能力。

本书共分为4个单元，18个工作任务。其主要内容包括：城市轨道交通突发事件应急处理的基本理论体系；站务工作常见突发事件应急处理；行车工作中重要突发事件应急处理；恶劣天气与自然灾害等综合性突发事件应急处理。通过本课程的学习，可使读者全面认知城市轨道交通突发事件应急处理的基本概念和处理原则、城市轨道交通运营企业应急管理工作、城市轨道交通应急预案体系及其应急演练方式方法；掌握站务突发事件、行车突发事件、全线综合性突发事件的应急处理方法、主要措施及演练程序。

为了突出职业教育特色，本书采用工作任务导向模式组织教学内容，按照城市轨道交通应急处理的学习领域组织各个单元，每个单元根据现场应急处理实际工作系统性地归纳提炼若干典型工作任务，每个工作任务都有各自的理论知识部分、实践技能演练任务及思考研讨题目，做到理实一体、学思结合，突出教材的操作性和实践性，有利于培养学生的学习能力、实践能力和职业素质。

本书由西安铁路职业技术学院刘奇编写单元1、单元2.5、单元2.6、实训1.1、实训1.2、实训2.5、附录A、附录B、附录C；苏州建设交通高等职业技术学校徐新玉编写单元2.1、单元2.2、单元2.3、单元4.1、实训2.1、实训2.2、实训4.1；西安铁路职业技术学院徐虎编写单元3.2、单元3.3、单元3.4、单元3.5、实训3.2、实训3.3、实训3.4、实训3.5；西安铁路职业技术学院魏仁辉编写单元2.7、实训2.6；苏州建设交通高等职业技术学校张洁编写单元2.4、单元4.2、实训2.3、实训2.4、实训4.2；苏州建设交通高等职业技术学校朱小芹编写单元3.1、实训3.1。西安铁路职业技术学院刘奇负责统稿。

西安市地下铁道有限责任公司高级工程师陈梅认真审阅了全书，提出了很好的修改意见和建议；同时，在本书的编写过程中，还得到了广州、南京、西安、苏州、深圳等地铁公司的大力支持，在此一并表示感谢！

鉴于我们水平有限，书中难免有不妥之处，恳请各位同仁和广大读者提出宝贵意见。

编者
2014年8月

目录

单元1 城市轨道交通突发事件应急处理概述 ··· 1
  单元1.1 城市轨道交通突发事件概述 ·· 1
  单元1.2 城市轨道交通应急管理 ·· 7
  单元1.3 城市轨道交通应急预案 ··· 15
  单元1.4 城市轨道交通应急预案演练 ··· 18
  实训1.1 编制城市轨道交通应急预案 ··· 33
  实训1.2 编制城市轨道交通突发事件应急预案演练方案 ················· 34
  复习思考题 ··· 34

单元2 车站突发事件应急处理 ·· 35
  单元2.1 车站突发事件应急处理原则与客运组织措施 ··················· 35
  单元2.2 屏蔽门系统故障应急处理 ·· 39
  单元2.3 车站客伤事故的处理 ·· 47
  单元2.4 车站公共安全事件的应急处理 ·· 59
  单元2.5 大客流应急处理 ·· 71
  单元2.6 城市轨道交通大面积停电应急处理 ································· 79
  单元2.7 城市轨道交通车站发生火灾的应急处理 ·························· 84
  实训2.1 屏蔽门故障应急处理演练 ·· 98
  实训2.2 乘客受伤(急病)救助演练 ··· 99
  实训2.3 车站发生群伤或群体性恐慌事件应急处理演练 ··············· 101
  实训2.4 车站接到炸弹恐吓电话事件应急处理演练 ····················· 102
  实训2.5 突发性大客流应急处理演练 ·· 103
  实训2.6 车站突发火灾事件应急处理演练 ·································· 104
  复习思考题 ··· 105

单元3　行车突发事件应急处理 ·· 106
　单元3.1　列车车门故障的应急处理 ·· 106
　单元3.2　列车牵引制动系统故障应急处理 ··· 115
　单元3.3　轨道电路故障应急处理 ·· 119
　单元3.4　道岔故障应急处理 ·· 125
　单元3.5　联锁系统故障应急处理 ·· 128
　　实训3.1　列车车门故障的应急处理演练 ··· 134
　　实训3.2　列车牵引制动系统故障应急处理演练 ·· 136
　　实训3.3　轨道电路故障应急处理演练 ·· 137
　　实训3.4　道岔故障应急处理演练 ··· 139
　　实训3.5　联锁系统故障应急处理演练 ·· 140
　复习思考题 ·· 141

单元4　恶劣天气与自然灾害应急处理 ·· 142
　单元4.1　恶劣天气应急处理 ·· 142
　单元4.2　自然灾害应急处理 ·· 154
　　实训4.1　强暴雨出入口水淹事件应急处理演练 ·· 161
　　实训4.2　隧道水淹事件应急处理演练 ·· 162
　复习思考题 ·· 163

附录A　城市轨道交通突发事件应急预案范例 ·· 164
附录B　城市轨道交通运营主要突发事件应急演练步骤参考 ································ 166
附录C　国家处置城市地铁事故灾难应急预案 ·· 185
参考文献 ·· 194

单元1 城市轨道交通突发事件应急处理概述

教学目标

1. 掌握城市轨道交通突发事件的基本概念,熟悉城市轨道交通突发事件的特征及处理原则;
2. 熟悉城市轨道交通运营企业目前处理突发事件的应急管理模式及组织方式,熟悉模式中各环节的工作要点;
3. 掌握城市轨道交通应急预案体系,熟悉城市轨道交通突发事件应急预案的结构和内容;
4. 熟悉城市轨道交通应急演练方案及常用演练方式。

建议学时

10 学时

单元1.1 城市轨道交通突发事件概述

一、突发事件概述

突发事件可以有广义和狭义两种解释。

从广义上讲,突发事件是指在组织或个人原定计划之外或在其认识范围之外突然发生的,对其利益具有损伤性或潜在危害性的一切事件。突发事件在这里有两层含义:一是事件发生、发展的速度很快,出乎意料;二是事件难以应对,必须采取非常规方法来处理。

从狭义上讲,突发事件是指在一定区域内突然发生的,规模较大且对社会产生广泛负面影响的,对生命和财产构成严重威胁的事件和灾难。简而言之,就是天灾人祸。"天灾"即自然灾害,"人祸"如恐怖事件、社会冲突、丑闻包括大量谣言等人为祸患,专家也称其为"危机"。

根据2007年11月1日起施行的《中华人民共和国突发事件应对法》的规定:突发事件,是指突然发生,造成或者可能造成严重社会危害,需要采取应急处置措施予以应对的自然灾害、事故灾难、公共卫生事件和社会安全事件。根据以上定义,目前我国将突发事件分为自然灾害、事故灾难、公共卫生事件和社会安全事件等4类。

(1)自然灾害:即指那些由于自然原因而导致的灾害或突发事件。如:地震、台风、洪涝、酷热、寒冷等。

(2)事故灾难:即指在人们生产、生活过程中发生的,直接由人的生产、生活活动引发的,违反人们意志的、迫使活动暂时或永久停止,并且造成大量的人员伤亡、经济损失或环境污染的意外事件。如:车祸、地铁火灾、设备故障、化学品泄漏等。

(3)公共卫生事件:即指突然发生,造成或者可能造成社会公众健康严重损害的重大传染病疫情、群体性不明原因疾病、重大食物和职业中毒以及其他严重影响公众健康的事件。如:非典疫情、霍乱、集体食物中毒等。

(4)社会安全事件:即指由人们主观意愿产生,危机社会安全的突发事件。如:恐怖袭击、治安事件、群体性事件、金融安全事件等。

城市轨道交通为城市的公益性公共基础设施,以上各类突发事件都有可能在城市轨道交通场所发生,这些突发事件由于发生的规模、地点、危害性质、事前准备的不同而会产生不同的影响和后果,这些突发事件发生具有随机性、不确定性,如果城市轨道交通运营企业应对不当就可能发展成更大规模的事故或事件,造成更大的损失和影响。因此各城市轨道交通运营企业就突发事件都建有应急处理体系,包括应急的组织、机构、人员、预案等。

二、城市轨道交通突发事件概述

城市轨道交通系统是城市公共交通的重要组成部分,它面向公众提供快速、便捷的交通运输服务,具有建设要求高、技术复杂度高、客运环境封闭、运转强度大、网络化运营等特点。在这样的环境下,城市轨道交通系统一旦发生突发事件,其明显表征就是影响大、高度不确定性、综合性强、回旋余地小,极有可能造成群死群伤和严重财产损失。

城市轨道交通突发事件是指在运营过程中列车脱轨、冲突、解体、路外人员伤亡、群死群伤(3人死亡或死亡、重伤5人及以上)、火灾、爆炸、毒气袭击、地震、恶劣天气、突发大客流或者由于设备严重故障、损坏等原因造成中断运营的非常事件。

国内外城市轨道交通运营过程中不乏突发事件实例,近年来世界各地发生的地铁突发事件如表1-1所示。

国际重大轨道交通运营突发事件一览表 表1-1

时 间	地 点	事故类型及原因	损 失
1991年8月	美国纽约	列车脱轨并引发火灾	死亡6人,100人受伤
1995年3月	日本东京	沙林毒气袭击	13人死亡,5510人受伤,1036人住院治疗
1995年5月	法国巴黎	炸弹爆炸	死亡8人,受伤150人
1999年5月	白俄罗斯	人多拥挤造成踩踏	54人被踩死
1999年8月	德国科隆	系统故障造成列车相撞	受伤67人,7人重伤
2000年6月	美国纽约	列车出轨	受伤89人
2000年8月	法国巴黎	超速列车脱轨	受伤24人
2003年2月	韩国大邱	人为纵火	死亡198人,受伤147人
2003年8月	英国伦敦	大面积停电	约25万人困在地铁中
2004年2月	俄罗斯莫斯科	炸弹爆炸	死亡40人,受伤100人
2005年9月	西班牙巴伦西亚	地铁列车相撞	受伤42人,重伤2人
2005年9月	美国芝加哥	轻轨列车出轨	死亡1人,受伤83人
2006年7月	西班牙巴伦西亚	超速造成列车脱轨	死亡41人,受伤47人

世界各国地铁已经发生过或可能发生的事故(灾害事件)共有以下13种：火灾、爆炸、地震、毒气泄漏、突发疫情、电梯事故、列车脱轨(包括倾覆)、大面积断电、大面积淹浸、重大设备故障、大客流爆满、恐怖袭击、其他重大紧急事件。

目前,我国大多数城市轨道交通运营企业按照《国家突发公共事件总体应急预案》将突发事件划分为4级的分级方法,结合企业自身情况,按照性质、严重程度、可控性和影响氛围等因素将突发事件分为Ⅰ级、Ⅱ级、Ⅲ级、Ⅳ级4个等级。如北京地铁城市轨道交通运营突发事件等级的划分,见表1-2。也有的城市轨道交通运营企业为了方便管理和处置,结合我国《国家突发公共事件总体应急预案》将突发事件划分为自然灾害、事故灾难、公共卫生事件和社会安全事件4类,将城市轨道交通突发事件进行了进一步的细分和归纳。如广州地铁运营突发事件的分类情况,见表1-3。

北京地铁轨道交通运营突发事件分级表　　　表1-2

级别	名称	条件
Ⅰ级	特别重大轨道交通运营突发事件	出现下列情形之一时： ①造成轨道交通运营中断6h以上； ②造成30人以上死亡(含失踪)，或者危及50人以上生命安全，或者100人以上重伤(中毒)； ③造成被困人数3000人以上； ④造成1亿元以上直接经济损失； ⑤造成需要紧急转移安置10万人以上
Ⅱ级	重大轨道交通运营突发事件	出现下列情形之一时： ①造成轨道交通运营中断3h以上6h以下； ②造成10人以上及30人以下死亡(含失踪)，或者危及30人以上及50人以下生命安全，或者50人以上及100人以下重伤(中毒)； ③造成被困人数1000人以上及3000人以下； ④造成5000万元以上1亿元以下直接经济损失； ⑤造成需要紧急转移安置5万人以上及10万人以下
Ⅲ级	较大轨道交通运营突发事件	出现下列情形之一时： ①造成轨道交通运营中断0.5h以上3h以下； ②造成3人以上10人以下死亡(含失踪)，或者危及10人以上及30人以下生命安全，或者10人以上及50人以下重伤(中毒)； ③造成被困人数500人以上及1000人以下； ④造成1000万元以上及5000万元以下直接经济损失； ⑤造成需要紧急转移安置1万人以上及5万人以下
Ⅳ级	一般轨道交通运营突发事件	出现下列情形之一时： ①造成轨道交通运营中断0.5h以下； ②造成3人以下死亡(含失踪)，或者危及10人以下生命安全，或者10人以下重伤(中毒)； ③造成被困人数500人以下； ④造成1000万元以下直接经济损失； ⑤造成需要紧急转移安置1万人以下

广州地铁运营突发事件分类表 表1-3

1级类别	2级类别	3级类别
自然灾害	台风	
	暴雨	
	大雾、灰霾	
	冰雹、道路结冰	
	寒冷	
	高温	
	地震	
	其他	车站防洪抢险
事故灾难	车辆故障	①车辆轮轴卡死；②车辆脱轨；③车辆事故；④高架线路事故
	线路及附属设备故障	①道岔故障；②线路挤岔事故；③轨道故障；④道床故障；⑤感应板变形或松动；⑥桥隧变形；⑦隧道结构裂损；⑧故障建筑结构漏水；⑨爆水管；⑩钢轨铝热焊焊接失败；⑪钢轨伤损及折断；⑫高温胀轨
	通信设备故障	①临时有线/无线电话故障；②SDH网故障；③OTN网故障；④通信UPS供电中断；⑤无线设备瘫痪；⑥有线调度系统中断、调度交换机瘫痪
	信号设备故障	①正线道岔故障；②信号联锁故障；③轨旁ATP故障；④联锁站STC故障；⑤信号VCC故障；⑥信号STC故障；⑦信号SMC故障；⑧电源故障；⑨SICAS故障
	AFC系统设备故障	①车站级设备(包括闸机、自动售票机、半自动售票机)重大故障；②车站计算机系统重大故障；③ES重大故障；④计算机病毒入侵；⑤消防事故；⑥突发事件
	机电设备故障	①区间泵房故障；②区间消防水管爆管；③区间冷冻水管爆管；④屏蔽门故障；⑤防淹门故障；⑥电梯故障；⑦给排水及水消防设备专业故障；⑧事故照明应急电源装置故障；⑨环控设备故障；⑩楼梯升降机故障
	供电设备故障	①主变电站故障；②牵引所故障；③弓网关系故障；④接地故障；⑤拉弧故障；⑥变电设备故障；⑦接触轨故障；⑧柔性接触网事故；⑨刚性接触网事故；⑩接触网故障
	其他紧急情况	①恢复OCC使用；②车站大面积停电
公共卫生	传染病	
	毒气	
	放射性污染	
	其他	有毒动物、昆虫进入车站

续上表

1级类别	2级类别	3级类别
社会安全	恐怖袭击	①车站遭受恐怖袭击;②毒气袭击;③发现可疑物品;④可燃气液体泄漏;⑤ATP失效时有人劫车;⑥劫持人质事件
	有人/动物进入区间	
	人潮	①可预见性人潮(上下班高峰);②可预见性人潮(节假日及重大活动);③突发性人潮;④OCC启动或停止应急公交接驳
	火灾	①站台火灾;②站厅火灾;③车站设备区火灾;④车站设备房火灾;⑤列车火灾;⑥隧道火灾
	乘客事件	①列车撞人/压人;②屏蔽门与车门间滞留乘客;③门禁困人;④区间乘客疏散;⑤OCC紧急疏散;⑥乘客打架或受伤
	其他	列车服务延误

三、城市轨道交通突发事件的特殊性

城市轨道交通因为其自身半封闭的空间特点、公共场所属性、人员和设备密集状况,所发生的突发事件具有突发性、公共性、危害性、不确定性、紧迫性和社会性等特征。

(1)突发性。突发性是指城市轨道交通突发事件通过偶然的契机,以偶然的形式突然发生,没有预警,处置难度大。这种突发性表明:一方面,突发事件的爆发偶然因素更大一些,因为它几乎不具备发生前兆或者征兆不明显,但难以完全预测或预警;另一方面,突发事件要求人们必须在极短的时间内就做出突发事件发生的具体时间、实际规模、具体态势和影响深度分析、判断。这一特征稍有偏差,没有及时或处置不当,进而就会造成财产损失和人员伤亡。

(2)公共性。地铁突发事件的公共性首先体现在该事件涉及公共利益,即对公共财产、公共安全和公共秩序产生影响。在目前高度复杂、变化快速的现代社会,普通的突发事件如果不及时处置或处置不好,当其达到一定数量或规模时就会发生质变,从而成为一种挑战公共利益的公共事件,就有可能演变为非常态的突发公共事件甚至紧急状态;其次,在应对和处置城市轨道交通突发事件中,需要调动和整合全社会的人力、物力、信息等公共资源和力量,即政府部门间的协调和配合、政府与社会组织及公民个人的合作与沟通。

(3)危害性。不论什么性质和规模的突发事件,都必然不同程度地给国家造成政治、经济、文化等方面的损失和破坏,给人民带来生命、财产或精神上的损失和损害。这种危害性不仅体现在人员的伤亡、组织的消失、财产的损失和环境的破坏上,而且还体现在突发事件对社会心理和个人心理所造成的破坏性冲击,并进而渗透到社会生活的各个层面,并产生社会后遗症。如果地铁突发事件导致了公众对政府部门管理社会的能力及其管理体制和方式的怀疑,造成了对于政府形象的伤害,则其消极作用和影响更甚。因此,城市轨道交通运营企业处置突发事件的最基本原则就是力求在可能的范围内,最大限度地控制突发事件的发生、发展,并且将其损害降至最低限度。

(4)不确定性。不确定性除了指城市轨道交通突发事件的发生不确定或具有突发性外,主要指突发事件发展的不确定性,以及突发事件的后果和其严重程度不确定。同任何事情一样,城市轨道交通突发事件也有一个发生、发展、变化的动态过程。突发事件发生后,事态的变

化、发展趋势以及事件影响的深度和广度也不能事先描述和确定,是难以预测的,特别是在当今复杂化和信息化的社会里,这种连锁反应带来的一个直接后果就是突发事件变得复杂化,已经超出纯粹的经济、纯粹的政治和纯粹的文化内容,变成一种含有多项内容的综合性社会危机。城市轨道交通突发事件的这种特点增加了人们处理突发事件的难度。在昆明和广州相继发生暴力恐怖事件后,国内某市地铁多次因各种普通事件的因素产生恐慌事件,引发踩踏事件,不但对人民生命财产造成威胁,也产生了严重的社会负面影响。因此,如何处置城市轨道交通突发事件不确定性已经成为城市轨道交通运营企业目前极为重视的一个方向。

(5)紧迫性。紧迫性是指地铁突发事件所反映的问题极端重要,关系到社会、组织或个人的安危,需紧急采取特别、及时、有效的处置措施。随着突发事件的发展、演变,它所造成的损失可能会越来越大。因此,城市轨道交通突发事件的应急响应越快、响应决策越准确,其所造成的损失就会越小。所以,在突发事件中,时间非常紧迫,对时间的把握在很大程度上决定了突发事件管理的有效性。

(6)社会性。城市轨道交通和人们的社会、经济生活密切相关,一旦发生突发事件,势必对社会经济产生影响。突发事件的发生一方面会对社会和经济造成一定的损失,另一方面往往会对社会系统的法律法规、技术规范、经验认识、行为准则等产生影响,从而推动社会和轨道交通行业基本架构的发展。

四、城市轨道交通突发事件应急处理原则

城市轨道交通运营企业及主管部门针对城市轨道交通突发事件的突发性、公共性、严重的社会危害性、事件发展的不确定性、应急处置的紧迫性以及影响的社会性等特点,对应急处理突发事件提出了如下原则。

(1)系统性原则。突发事件涉及面广,影响到社会生活的方方面面,可以用"牵一发而动全身"来形容,因此面对突发事件应采用系统的方法综合处置。在现代化城市这个大系统中,城市轨道交通突发事件涉及了更多、更复杂的城市子系统,如供电、供水、通信等,城市轨道交通运营企业和政府主管部门对突发事件应采用系统方法加以综合处置,重视应急保障体系的建设,建立起良好的应急管理机制,规划和编制应急预案体系,系统性地明确不同部门和不同专业的职责,加强应急管理过程中各部门之间的协调配合,最大限度地减少突发事件造成的损失。

(2)快速反应原则。突发事件发展变化迅速,能否在危机发生的初始阶段采取及时、准确的应急措施,控制住局势的发展,在很大程度上决定着整个应急处理的成败。现场应急处理过程中任何延误都可能加大应急处理工作的难度,造成灾难的损失扩大,引发更严重的后果。因此,在应急处理过程中应坚持做到快速反应,控制事态、减少损失,尽快恢复正常的运营秩序。

(3)适度反应原则。适度反应原则是指突发事件应急处理的各种措施应当与突发事件的规模、性质、危害程度相当,一方面要避免反应不足造成的控制不力,另一方面避免反应过度而扩大危机的影响范围,浪费应急资源,甚至引发其他类型的危机。因此,在城市轨道交通运营企业处理突发事件中,必须有效甄别危机的程度和大小,对现场情况进行科学评估,启动相应级别的应急预案,谨慎、适度地行使危机应急处理权力,以期达到危机损失和应对资源效益平衡的最佳程度。

(4)安全第一原则。在突发事件的应急处理过程中,"以人为本、安全第一"是最重要的原则。在突发事件现场处置过程中,贯彻"以人为本、安全第一"的原则就是要把人的安全放在首要的位置,被保护的对象不仅包括危机的受害人、间接受害人,也包括参与应急处理的人员、其他社会公众等潜在的受害人。在地铁中人员密集、空间半封闭,在处置城市轨道交通突发事件时的首要原则就是要把处于危险境地的乘客尽快疏散到地面安全地带,避免出现更多伤亡的灾难性后果。

(5)资源共享原则。突发事件应急管理的资源,包括人力资源、财政资源、物质资源和信息资源等。由于突发事件的紧迫性,在大多数情况下,现场第一时间可用的资源往往是有限的,而且这些资源往往掌握在不同的部门和机构手中,这就需要遵循资源共享原则,建立良好的资源准备和配置机制,有效发挥资源的综合使用效果。特别是突发事件具有信息不对称特征,在现场管理过程中,信息资源的共享尤为重要。城市轨道交通运营企业必须重视通过各种方式收集突发事件的危机信息,并及时通过各种方式建立良好的信息沟通渠道,一方面为应急决策和现场管理提供必要的信息基础,另一方面通过信息的及时发布减少谣言和恐慌事件的发生。

单元1.2　城市轨道交通应急管理

城市轨道交通面向公众提供快速、便捷的交通运输服务,具有建设要求高、技术复杂度高、客运环境封闭、运转强度大等特点,一旦发生突发事件,造成的经济损失和社会影响都不可估量。为保障公众生命财产安全、建设施工安全、运营设备稳定和系统设施安全,加强城市轨道交通突发事件应急管理是城市轨道交通运营企业的一项重要研究课题。

一、应急管理概述

应急管理是近年来针对突发事件的决策优化研究的一门系统性新兴学科,它涉及公共管理、运筹学、信息技术及各领域的专门知识。

应急管理是指应对突发事件的过程中,为了降低突发事件的危害,达到优化决策的目的,基于对突发事件的原因、过程及后果进行分析,有效集成社会各方面的相关资源,对突发事件进行有效预警、控制和处理的过程。

应急管理是以其客体突发事件应急响应全过程为主线,涵盖突发事件的监测监控、预测预警、突发事件信息报告、突发事件响应处置、应急资源组织调配、事件善后处理、应急体系与预案的建设等。应急管理主要包括应急组织机构、应急预案管理、应急资源管理和突发事件应急处理等。

(1)应急组织机构。应急组织机构是应急体系的中枢,是日常应急体系建设和应急规章制度监督的主体机构;同时在突发事件发生时,应急组织机构也是应急指挥的决策和执行机构。

(2)应急预案管理。突发事件发生在不同领域、不同环境、不同处置条件下,所发生发展的结果也不尽相同。这就需要对容易发生突发事件的领域及突发事件特征本身进行专业性、针对性的研究和分析,科学推演,制订比较完善的应对方案,这些方案的集合就是预案。预案就是由一系列决策点、实施原则、方法和措施的集合组成,用于指导将来可能出现的突发事件。预案制订完成后还需要反复进行演练实施,演练过程本身也是对预案的验证和调整。预案管理就是根据这些研究和实践对可能出现的突发事件的规律进行分析、预测,从而用来指导和完善预案的准备和制订。

(3)应急资源管理。应急资源包括物资资源、人力资源、社会资源和环境资源等。突发事件的潜在危害性需要在限定的时间内处理完毕,避免突发事件的扩大,这就要求决策者迅速组织所需的应急资源来响应,突发事件应急处理最终将落实在应急资源的使用上。因此,应急资源管理是应急管理的一项重要内容,应急资源的布局、资源的调度效率、组织协调就显得尤为重要。决策者在限定的时间将各种资源有效地调度到指定的地点,将会直接影响对突发事件处理的效果。

(4)突发事件应急处理。突发事件应急处理是应急管理的核心,应急管理的各项内容都是围绕着应急处理这一核心开展的。突发事件发生后,决策者就应该对突发事件所表现出来的特征、发展趋势、可能造成的影响做出分析和判断,做出相应的决策;应急人员则通过预先准备的预案和反复演练中所获得的应对能力及经验熟练应对和处理突发事件。

二、城市轨道交通应急管理

1.城市轨道交通应急管理模式

传统的突发事件应急管理模式主要是分类管理和分阶段管理,即不同的事件由不同部门管理,同一事件划分为事前、事中和事后三个阶段。随着城市轨道交通运营系统的复杂化、网络化和系统化发展,所对应的城市轨道交通应急管理正在由分类管理走向综合管理、由分阶段管理走向全过程管理,形成预防(Prevention)、准备(Preparation)、响应(Response)和恢复(Recovery)4个阶段应急管理(简称"PPRR")。这4个阶段的管理不是相互割裂分开的,而是一体、连续、动态反馈的系统过程。如图1-1所示。

图1-1 城市轨道交通突发事件应急管理模型

(1)预防与预警

预防是城市轨道交通突发事件应急管理的重要一环,导致突发事件发生的各种可能性都要予以排除。该阶段涉及城市轨道交通企业和管理机构为防止事故发生采取的各类安全措施和技术手段。

预防工作主要针对运营危险源,制定相关安全生产风险的管理办法保障运营监控。运营监控的主要内容包括规章制度、强制性标准、设施设备及安全运营管理情况。

技术手段主要通过车站设备监控系统(BAS系统等)、电力监控系统(SCADA系统)、主控系统(MCS系统)和火灾自动监控系统(FAS系统)等自动化系统实现对车站机电设备、供电设备、重要系统接口、火灾危险源等进行实时监控。通过客流系统对大客流进行监控,在高架线路设置风力检测装置实现对特殊气象的监控,在地铁车辆段建立周界报警系统实现车辆段治安监控;辅以其他人为的控制方法,包括定时、定人进行轨道巡检、设备检修、定期的安全检查和危险源识别等。

预警的内容包括:可能引起突发事件的人员、设施设备及环境的状态的预警,自然灾害预警,纵火、爆炸、投毒、恐怖活动等事故的预警,以及其他可能威胁运营安全的预警。依据危害程度、发展情况和紧迫性等因素,突发事件的预警级别分为Ⅰ级、Ⅱ级、Ⅲ级、Ⅳ级共4级,颜色依次为红色、橙色、黄色和蓝色来表示。

Ⅰ级预警:预计将要发生Ⅰ级响应以上地铁运营突发事件,事件会随时发生,事态正在不断蔓延。

Ⅱ级预警:预计将要发生Ⅱ级响应以上地铁运营突发事件,事件即将发生,事态正在逐步扩大。

Ⅲ级预警:预计将要发生Ⅲ级响应以上地铁运营突发事件,事件即将临近,事态可能会扩大。

Ⅳ级预警:预计将要发生Ⅳ级响应以上地铁运营突发事件,事件已经临近,事态有扩大的趋势。

Ⅰ级、Ⅱ级预警信息的发布,由总公司安全管理部门通知运营部门的线网应急指挥中心后,由线网应急指挥中心发布。

Ⅲ级、Ⅳ级预警信息的发布,由线网应急指挥中心确认达到发布条件后向各相关单位或部门发布。

根据事态的发展和处置情况,预警信息发布部门应按照发布程序视情况对预警级别做出相应的调整或解除。

(2)准备

准备阶段包括:制订应急预案,建立应急组织结构和危机预警机制,制订应对不利的紧急情况的应急方案;然后根据方案需要,做好组织、人力资源、资金、应急物资和设备等方面的准备。

城市轨道交通运营企业各单位或部门都应建立有本单位或部门的应急人员保障制度、应急物资保障制度、技术保障制度、培训保障制度和培训演练制度等。其中,应急人员保障制度包括:应急人员的配置、救援队伍和应急抢险人员的培训等;应急物资保障制度应明确应急物资配置的地点和清单;技术保障制度包括成立技术保障组,建立技术图纸及物资台账的存档制度等。培训保障制度包括:各部门结合自身业务,制订的年度应急培训计划,开展自救、互救、逃生的知识和技能培训,组织应急抢险队伍进行突发事件处置的知识和技能培训。培训演练保障制度包括:各运营生产部门结合自身业务,制订年度应急演练计划,由安全部门统筹发布年度应急演练计划,各运营生产部门按年度应急演练计划组织实施。

(3)响应

一旦发生紧急事件,立即启动城市轨道交通应急响应程序。应急响应程序按过程为:接警→应急响应级别确定→应急启动→救援行动→应急恢复→应急结束等。城市轨道交通运营企业及主管部门与外部机构协调,在事发现场采取初步措施,同时派人员赶赴现场,明确所需的技术支持手段。

响应行动按照事故(事件)的可控性、严重程度和影响范围予以分级,不同等级的响应由不同应急指挥层级来指挥组织实施,相关单位执行相对应的预案。超出本级应急处理能力时,应报请上一级应急机构启动上一级应急预案。

接到相应级别的突发事件信息后,应急领导机构和现场指挥机构即时成立,应急领导机构和现场指挥机构的相关人员应立即赶赴事件现场,指挥、布置相关工作。现场指挥机构自低向高分为事故处理主任、现场指挥部、应急领导机构3个层级。现场指挥机构的下一级必须服从上一级的指挥,并向上一级报告应急抢险工作。

突发事件的应急处置过程中的应急指令下达、应急信息收发及应急资源协调、调配等管理规定一般以运营单位的总体应急预案为依据;具体应急处置方法和流程按照专项应急预案和现场处置预案执行。

(4)恢复

突发事件处置完成后,需要对恢复或重建进行管理。城市轨道交通运营企业各当事单位或部门应尽快组织生产秩序恢复工作,消除事件后果对正常运营的影响。

应急抢险结束后应对应急处理过程进行总结,对应急救援能力做出评估,就事故应急救援过程中暴露出来的问题,及时进行调整、完善,制订改进的措施,并将结果反馈给预防阶段,作为制定或修改安全措施和技术手段的依据。

评估的内容有如下几个方面:

①应急抢险过程中发现的问题;

②对应急抢险物资准备情况的评估;

③对各专业救援组在抢险过程中的救援能力、协调的评估;

④对应急指挥部的指挥效果的评估;

⑤应急抢险过程中通信保障的评估;

⑥对预案有关程序、内容的建议和改进意见;

⑦在防护器具、抢救设置等方面的改进意见。

2.城市轨道交通应急组织管理

应急组织机构是应急体系的中枢,是日常应急体系建设和应急规章制度监督的主体机构;同时在突发事件发生时,应急组织机构也是应急指挥的决策和执行机构。根据城市轨道交通线网化的特点,轨道交通应急组织机构分为3个级别设置,分别是总公司层级应急组织机构、线网层级应急组织机构和线路层级应急组织机构,如图1-2所示。各应急组织机构根据所处层级,其分工各不相同,如表1-4所示。

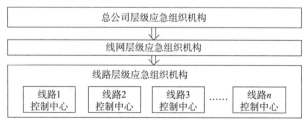

图1-2 城市轨道交通应急组织机构

城市轨道交通各层级应急组织机构分工　　　　　表1-4

项目	总公司应急组织机构	线网应急组织机构	各线路应急组织机构
管理范围	总公司内所有应急资源的调配,包括新线建设业务、地铁运营业务	地铁运营范围内全线网内的严重突发事件	负责本条线路的紧急事件的处理
管理职责	①负责制定公司级应急制度、应急预案,指导下级应急组织机构制定相关应急处理程序。②负责接报并处理由下级应急组织上报的地铁建设和运营的重大突发事件,协调总公司内部应急资源,进行合理的救援。③负责与市政府、社会救援力量联系	①负责接报并处理由线路控制中心上报的重大突发事件,对于特别重大的突发事件应向总公司应急组织上报。②负责协调各线路的应急人员、应急资源,进行救援。③负责监督各线路应急组织的救援工作	①负责本条线路的突发事件接报,并向线网指挥中心上报。②协调本线路控制中心的应急资源和救援力量,进行应急抢险。③负责向全公司各级应急组织通报现场救援情况

目前,应急系统的管理主要有集中管理模式、代理工作模式和协同管理模式。国内已实现网络化运营的地铁公司多采用分层协作、集中管理的工作模式。其中,线网应急组织机构和各线路应急组织机构在常态状况下属于生产调度指挥部门,内设应急值班岗位,负责该机构从常态向应急状态的转化。总公司应急组织机构是地铁公司内专业应急组织机构,常设应急值班岗位,负责与总公司应急委员会成员的联系与协调。3个层级间的关系为逐层向上负责,即各线路应急组织机构对线网应急组织机构负责,线网级应急组织机构对总公司级应急组织机构负责。

采用这种模式的设置是根据突发事件严重程度确定应急指挥的中枢,从而使微小的突发事件得到快速有效的处置,重大突发事件能够面向整个城市轨道交通运营企业甚至全社会进行应急资源的协调与调度。这样的应急组织架构设计,可以与现有城市轨道交通的生产调度指挥体系进行无缝集成,节约大量建设成本和人力成本。

3. 应急预案管理

应急预案即突发事件应急处置行为规程,必须具备较强的可操作性。它在内容组成上应包括危害因素、事件类型、事发场所或部位、事件等级、处置目标、工作组织、岗位职责、处置流程、预案仿真及培训演练等;在功能要求上应体现职责分明,流程固化,操作简便,处置有效。从预案体系来说,预案分为以下几类。

(1) 总体预案:即总公司针对突发事件的指导性预案,包含突发事件的等级、事件处理的原则和总公司应急组织等内容。

(2) 现场预案:即突发事件发生时,规定现场救援人员应急救援的操作规程。从预案层级来说,现场预案应根据应急组织的层级编制不同级别的应急预案,如某线的应急处理程序,线网指挥中心应急预案。从预案内容来说,现场预案的内容应尽可能详细,例如:某线控制中心应急处理程序应包含在线路某个区段应急状况下的行车方案、组织方案等内容。

(3) 专项预案:即各级应急组织针对某一突发事件类型而制定的应急处置操作规程,例如:恶劣天气应急预案,防台风应急预案,大客流应急预案等。

4. 应急资源管理

应急资源是突发事件应急救援所需要的专业救援人员、应急物资,还包括历史资料、法律法规、专家资源。目前,我国城市轨道交通迅猛发展,很多城市的轨道交通已成为线网,多条线路的地铁运营设备不尽相同,给应急救援添加许多困难。

因此,针对轨道交通的网状化发展,应急救援队和应急救援物资的设置应采取线路救援中心、区域救援点与流动抢险车相结合的方式。线路救援中心设立的目的是:解决地铁重大突发事件,在救援中心配置专业救援人员、大型救援机械等。区域救援点能够快速赶赴现场,迅速解决其负责范围内常见系统设备故障,并配合救援中心的大型救援活动。区域救援点配置熟悉常见地铁设备的救援人员以及小型救援设备。流动救援车负责某线路中的一个区域,配置中型救援设备和熟悉本线路设备的救援人员。上述设置能够形成"点—线—面"的应急资源配置,从而达到快速到场、专业救援的应急救援效果,提高应急救援的效率。

5. 突发事件应急管理

城市轨道交通突发事件处置层级应与城市轨道交通运营企业应急组织机构相互对应,分为3个级别:总公司应急指挥部、线网应急指挥中心和区域控制(OCC)应急指挥中心。3个层级分别代表总公司层级、线网层级和线路层级行使应急指挥权。

6. 突发事件应急管理信息化建设

城市轨道交通突发事件应急系统应服务于应急管理的全过程,包括预防、准备、响应和恢复4个主要阶段。应急系统的信息流和控制流是连接各项应急活动的纽带,对不同阶段的应急管理都能提供快速、高效和安全的保障。应急管理的各个阶段根据事件类型不同有不同的功能需求,如图1-3所示。

(1) 预防阶段

预防阶段需提供监测预警功能,即根据地铁重大风险源、关键基础设施以及重点防护目标的分布和运行状况信息,接入地铁综合监控系统的报警信息,分析风险隐患,实现对可能发生的突发事件进行监测和预警,并进行态势趋势分析。

(2) 准备阶段

准备阶段需提供预案管理、资源管理、应急值守、模拟演练功能。

①预案管理:实现对城市轨道交通各级各类突发事件应急预案的数字化管理和快速查询。

②资源管理:对城市轨道交通运营企业救援队、救援设备、应急物资储备以及地方医疗机构、应急救援专业队伍、特种救援设备进行动态管理。

③应急值守:实现突发事件信息的接报处理、反馈和情况综合等管理。对应急事件的情况进行及时通报,完成对突发事件的发布等功能。

④模拟演练:通过模拟突发事件及对历史事件的真实回放和再现,检查预案的科学性、可行性并对应急缺陷进行诊断,提高应急救援体系的反应能力、救援能力和协同作战能力。

(3) 响应阶段

响应阶段需提供应急指挥功能,即在电子地图定位事发地提供事发点附近车站平面图、视频图像信息、信号设备、线路设备等救援设备的空间分布,展示地方救援资源信息,分析最短救援路径,为指挥人员提供直观的决策支持信息。

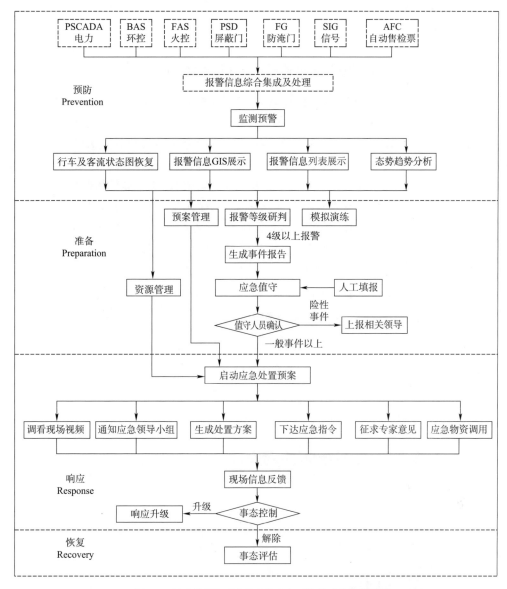

图 1-3　城市轨道交通突发事件应急系统的功能和流程

(4) 恢复阶段

恢复阶段需提供总结评估功能,即对每次应急事件处置的过程资料进行保存,开展关键响应指标的统计分析。一方面实现自动分类分级汇总、智能检索分析功能;另一方面用于总结分析,实现历史事故的回放和再现。

城市轨道交通突发事件应急系统是集通信、信息、网络、3S、视频综合监控、数据集成、智能决策等多种技术为一体的软硬件集成的综合管理信息平台。从功能构成角度划分,系统包括以下组成部分:应急通信系统、计算机网络系统、视频会商系统、图像接入系统、综合应用软件系统、数据库系统、数据共享系统和便携式移动应急客户端系统。

知识链接

广州地铁突发事件应急处理信息化建设情况

广州地铁是一个集地铁工程建设、运营、房地产资源开发经营为一体的大型国有企业,生产经营环境复杂,各类突发事件的发生概率很高。随着社会经济的快速发展,国家和地方政府在轨道交通建设上的力度不断加大,投入运营的地铁线路及新开工建设地铁项目逐年增加。根据2020年广州市城市轨道交通线网规划,共有19条线路,线网总里程将达到600km。随着建设规模和经营规模的不断扩大,安全隐患和风险也呈现了上升的趋势,安全形势越来越严峻。

广州地铁已经建立了安全生产与应急管理体系,也建立了一些相关的安全信息系统。为了进一步加强安全生产管理工作,强化应急处置能力,提高广州地铁安全预警和应急处置的管理水平,广州地铁提出从传统安全管理模式向科学安全管理模式的转变,并于2010年开始了城市轨道交通安全预警与应急平台的工程建设。如图1-4所示。

图1-4 广州地铁安全预警与应急平台

广州地铁在安全预警与应急平台的建设过程中全面采用了4阶段应急管理模型和7层体系架构,提供了突发事件的监测预警、预案管理、资源管理、应急值守、模拟演练、应急指挥、总结评估等功能。平台已于亚运会之前完成一期工程建设,建设中严格遵循国家应急平台体系建设相关要求,集成采用了信息和通信等相关领域的最新技术,可为国内外城市轨道交通领域应急系统的建设提供借鉴。

单元1.3　城市轨道交通应急预案

一、应急预案概述

应急预案是针对可能发生的突发事件,政府或实体在事前制订的应对性行动方案,规定了政府和实体在事件前期、中期、后期的工作内容。也就是说,应急预案要体现在如下几个方面:

(1)适应什么情况?
(2)由谁来负责?
(3)用到什么资源?
(4)采取什么样的应对行动和程序?

根据我国政府的规定,按照不同责任主体,预案体系分为国家突发公共事件总体应急预案、突发公共事件专项应急预案、突发公共事件部门应急预案、突发公共事件地方应急预案和企事业单位根据有关法律法规制订的应急预案。我们所讨论的城市轨道交通应急预案即为上述最后一种类型。

城市轨道交通运营企业应根据我国有关法律法规,针对不同等级、不同类型的突发事件制订相对应的应急预案,确保城市轨道交通运营企业在发生突发事件时能应急组织指挥顺畅、处理应对及时妥善、最大限度减少突发事件造成的损失和影响。

二、编制应急预案的目的

城市轨道交通运营企业通过应急预案的制订,以实现以下目标:

(1)贯彻城市轨道交通运营企业针对突发事件如何应对处置的指导方针和工作思路,即最大限度保护国家、集体和人民生命财产安全,减少事件损失,减少社会影响,尽快恢复各种秩序。

(2)建立健全城市轨道交通运营企业突发事件应急机制体制,确定突发事件应急管理组织机构的职责和功能,明确运营生产各部门、各专业在应急处置过程中的职责分工、人力部署及协调联动的具体方式。

(3)整合城市轨道交通突发事件应急资源,做到资源配备合理、调配协调、责任到人、常备不懈的应急资源保障体系。随着突发事件紧急情况升级扩大,应急资源在更高层的协调及外部资源支持下能够强化自己的能力。

(4)划分突发事件的不同等级,确定不同等级突发事件的启动程序和应对措施,分清轻重缓急动用资源来进行突发事件管理;为突发事件反应保留一定的处理弹性,在突发事件扩大升级后,应急方案也随着升级。

(5)应急预案确定了具体的应急处理措施,对不同等级的突发事件处理进行目标细分和明确。根据这些目标,明确方案的执行规划,包括参与部门和专业人员的目标和职责、执行计划的具体方法和程序、应急资源如何保障等。

三、城市轨道交通应急预案的制订原则

为使城市轨道交通运营企业发生突发事件时的信息报告程序、指挥系统、抢险组织、现场处理、运营组织、乘客疏散、设备保障、后勤保障、事件调查等工作及地铁运营系统各专业的突发事件应急预案进行规范,城市轨道交通运营企业预案的制订应遵守以下原则:

(1)以"安全第一"为指导思想,确保事件处理有序、可控、快速、及时,尽量缩小事件影响范围,减少事件带来的损失,尽快恢复地铁运营。

(2)总公司安全主管部门为预案编制一级责任部门,负责牵头编制各生产单位、部门的各预案编写计划,汇总审核分公司各相关预案;各生产单位、部门为预案编制的二级责任部门,负责相关专业的预案具体编写工作,并报安全主管部门审核。

(3)各单位、各部门、各专业应根据总公司的要求编制相关事件应急处理预案,并不断完善,提高各单位、各部门、各专业的应急抢险能力。

(4)各部门、各专业应急预案应具有针对性、有效性、可操作性。

四、城市轨道交通应急预案的依据和基本内容

城市轨道交通运营企业一般依据《中华人民共和国安全生产法》、《城市轨道交通运营管理办法》、《国家处置城市地铁事件灾难应急预案》、《国家突发公共事件总体应急预案》等相关法律法规,结合本单位的具体情况制订应急预案。其具体内容包括如下几个方面:

(1)运营单位抢险指挥领导人员的组成和职责,抢险指挥领导小组应负责抢险救援的组织、指挥、决策,并指挥各部门实施各自的应急预案,尽快恢复运营秩序。

(2)抢险信息的报告程序,应遵循迅速、准确、客观和逐级报告的原则。

(3)现场处置过程中各部门的组织原则及相关职责。

(4)不同事故情况下的抢险救援策略和人员疏散方案。

(5)提供救援人员、通信、物资、医疗救护和生活保障。

应急预案编制完成后,应尽快让工作人员熟悉和演练,通过演练验证事故应急预案的合理性,发现与实际不符合的情况,应及时修订和完善。

五、城市轨道交通应急预案的分类和结构

城市轨道交通运营企业按照应急预案"纵向到底、横向到边"的编制要求,针对各种突发事件类型进行应急预案的系统规划。虽然突发事件种类千差万别,但是导致的后果和产生的影响却是大同小异,城市轨道交通运营企业往往结合自身特点形成最基本的应急模式应对不同突发事件的共性影响。

1. 城市轨道交通应急预案的分类

城市轨道交通运营企业应急预案体系体现了共性与个性、通用性与专业性的特点。按照突发事件的类型来分,可以分为自然灾害、安全事故、公共卫生、社会安全等类型的预案;按照预案体系结构来分,可以分为总体应急预案(综合预案)、专项应急预案和现场应急预案。如图 1-5 所示。

(1)总体应急预案:是从总体上阐述处理事故的应急方针、政策,应急组织结构及相关应

急职责、应急行动、措施和保障等基本要求和程序,是应对各类事故的综合性文件。

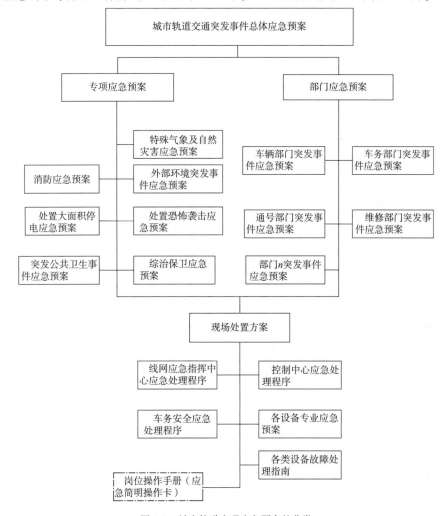

图 1-5　城市轨道交通应急预案的分类

(2)专项应急预案:是针对具体的事故类别(如煤矿瓦斯爆炸、危险化学品泄漏等事故)、危险源和应急保障而制订的计划或方案,是综合应急预案的组成部分,应按照综合应急预案的程序和要求组织制订,并作为综合应急预案的附件。专项应急预案应制定明确的救援程序和具体的应急救援措施。

(3)现场处置方案:是针对具体的装置、场所或设施、岗位所制订的应急处置措施。现场处置方案应具体、简单且针对性强。现场处置方案应根据风险评估及危险性控制措施逐一编制,做到事故相关人员应知应会,熟练掌握并通过应急演练做到迅速反应、正确处置。

城市轨道交通专项预案和现场预案主要有:恶劣天气应急预案、发生群伤或群体性恐慌事件应急处理程序、地铁消防应急预案、机电设备应急处理措施及程序、供电抢修应急预案、大面积停电应急处理程序、接触网有异物处理程序、自动扶梯导致乘客受伤应急处理程序、安保应急预案、发现可疑物品应急处理程序等。

2.城市轨道交通应急预案的结构

总体预案、专项预案和现场预案由于各自所处的层次和适用的范围不同,其内容在详略程度和侧重点上会有所不同,但都可以采用相似的基本结构,如采用基于应急任务或功能的"1+4"预案编制基本结构。即:应急预案=基本预案+(应急功能附件+特殊风险预案+标准操作程序+支持附件)。

(1)基本预案。它是该项应急预案的总体描述,主要阐述应急预案所要解决的紧急情况,应急的组织体系、方针、应急资源、应急的总体思路,并明确各应急组织在应急准备和应急行动中的职责以及应急预案的演练和管理等规定。

(2)应急功能附件。它是对在各类重大事故应急救援中通常都要采取的一系列基本应急行动和任务而编写的计划,如指挥、控制、警报、通信、人群疏散、人群安置、医疗等,并应明确每一应急功能针对的形势、目标、负责机构、支持机构、任务要求、应急准备和操作程序等。

(3)特殊风险预案。它是在对城市轨道交通系统进行安全评价的基础上,针对每一种可能发生的重大风险事故,明确其相应的主要负责部门、有关支持部门及其相应的职责,并为该类专项预案的制订提出特殊的要求和指导意见。

(4)标准操作程序。它用来规定在应急预案中没有给出的每一任务的实施细节,各个应急部门必须制定相应的标准操作程序,为组织或个人提供履行应急预案中规定的职责和任务时所需的详细指导。标准化操作程序应保证与应急预案协调一致。

(5)支持附件。它主要包括应急救援有关支持保障系统的描述及所附相关图表,如:城市轨道交通系统主要危险有害因素登记表,重大事故影响范围预测分析,应急机构及人员通信联络方式,消防设施分布图,疏散线路图,媒体联络方式,相关医疗单位分布图,交通管制范围图等。

单元1.4 城市轨道交通应急预案演练

城市轨道交通应急预案演练是对应急工作中需要的某种特殊的或专门的行动或功能实施的练习。演练通常用来试验新装备,检验新政策或新程序,训练和保持现有的技能,找出应对中存在的问题并消除这些问题,以改进应对突发事件的准备工作。

在城市轨道交通运营企业中,演练是一种重复性活动,是经常性的训练,常由城市轨道交通运营企业多个部门、组织和系统之间合作行动,依据预先制订的各项应急预案,协同完成某项行动,并予以评估。通过演练实践,以加强个人应急能力的培训,使部门之间能更好地协调配合,发现和改进现有预案中的问题和不足。

一、城市轨道交通应急预案演练的检验功能

针对前面所提到的5个层次的预案,作为所有预案演练共性的内容,主要检验以下功能:
(1)突发事件应对动员的警报和通知;
(2)公众预警;
(3)通信联系;
(4)指挥、协调与控制;

(5) 突发事件应对公共信息发布；
(6) 损失评估；
(7) 卫生与医疗行动；
(8) 个人与家庭帮助；
(9) 公共治安维持；
(10) 公共事业与公共工程运转；
(11) 交通畅通；
(12) 资源管理；
(13) 各级主管部门的正常运转。

二、城市轨道交通应急预案演练的普及性和可行性

普及性和可行性是城市轨道交通应急预案演练的基础特性。城市轨道交通应急预案演练的普及性是指预案一旦制订完成，必须抓紧向涉及的单位、部门、专业、人群公布，让每一个人和组织都知道自己在预案中的角色、责任、行动规则和行动程序，知道自己应该在什么样的情况下采取什么样的行动。只有参与人员都熟悉的预案才是能够予以实践的有生命力的预案，否则，预案只是一份普通的文件，没有实际价值。

除普及性外，城市轨道交通应急预案演练的可行性同样重要。一个预案是一个完整的应对突发事件的行动计划，这个行动计划包括执行者本身的责任、行动规则和行动程序。可行性是指预案这一行动计划对执行者的责任规定是否得当？执行者能否熟悉和接受？应急预案的规则和程序是否合理和完善？是否经得住演练的检验和证实？

对于参与人员来说，演练的目的就是要让每一个执行者认识自己在预案演练中的身份和职责，并且在模拟情境下，通过按照演练规则执行行动程序，达到熟练掌握预案程序的目的。在演练实践过程中，应急指挥者可以从中发现应急预案在演练人员的普及程度；应急预案的编制者可以从中发现预案规则和程序中不合理之处，为预案的完善打下基础。

三、常见的城市轨道交通应急预案演练的形式

1. 指导讨论会

指导讨论会的目的是使所有演练参与者熟悉各种角色、方案、程序和装备，协调各岗位的职责和工作联系问题，是一种简单的演练方式，重点在于预案的概况介绍。

指导讨论会主要集中主要人员进行非正式的讨论，不必去做仿真，一般通过讲授、讨论、幻灯片、录像、计算机演示、专家讲座等形式来完成。在一定程度上实现演练的功能。指导讨论会适用的范围非常广，与应急处理有关的任何事情都可以讨论，可以讨论新政策、新预案、新方法等；对新员工进行应急预案的讲解；介绍应急演练的基本知识和方法等。指导讨论会的时间不宜太长，2h左右即可。主持人和骨干人员应提前做好准备，考虑会议的议题和发言的要点，其余参与者做好笔记和记录。

2. 桌面演练

桌面演练也是城市轨道交通运营企业常用的一种演练形式，城市轨道交通行业有其特殊

性,演练尽可能不要干扰到正常的运营工作。因此,桌面演练非常适合城市轨道交通应急演练的需要。

顾名思义,桌面演练就是在桌面上演练。参与的员工围坐在一个大桌子旁边,根据应急预案的内容,合练预案规定的步骤和过程。参与的员工通过桌面演练可以清楚自己在预案中扮演的角色,掌握自己的工作程序,明确自己的责任。

桌面演练是一种简单的仿真形式,可以通过车站地图、图表、卡片等工具强化演练的真实效果。参与者在这种轻松的状态下联合演练,人员相互配合,依照预案程序逐步执行。应急演练部门的负责人、预案的编制者及其他部门负责人可以参与演练现场但不干预演练过程,避免影响演练的进程。一般来说,桌面演练重点岗位都应配备观察员,观察和发现重点环节出现的问题,记录下来并反馈给参与者,以保持持续改进的效果。

桌面演练一般应配备一个主持人引导整个桌面演练正常执行,时间控制在 1~4h,但是为保证桌面演练顺利进行,需要提前让参与者做好准备,如预案的熟悉、政策的把握、关键点的控制等。

桌面演练方法成本较低,主要是为了功能演练和全面演练作准备,它只是演练的初级形式,其目的是:培养参加者相互配合的协同性,检验应急预案的合理性、系统性和完整性。

3. 功能演练

功能演练比桌面演练规模要大,需要动员更多的应急响应人员和组织,主要是针对某项应急响应功能或其中某些应急响应活动举行的演练活动。功能演练一般在应急指挥中心进行,可同时开展现场演练,调用有限的应急设备,主要目的是针对应急响应功能,检验应急响应人员以及危机管理体系的策划和响应能力。

功能演练的参加者一般是应急预案的制订者和职责所在的管理者。功能演练常常采用突击形式,主要检验运营部门面对某项突发事件的应急反应能力,也检验了应急预案的程序、组织机构、任务分配和指挥者之间沟通联络的科学性和合理性,也培养了基层专业人员应对突发事件的应急能力。

4. 全面演练

全面演练,是针对某项应急预案完整的应急响应功能,检验、评价应急组织机构应急运行能力的演练活动。演练过程尽可能创建逼真的环境,动用真实的设备、工具和操作人员进行实际演练。全面演练的参与者主要为应急演练方案所包含的人员,也包括协调、考评、行动和组织人员。全面演练每次都检验一项预案的演练实践,地点基本都选择在设定现场,时间多在 30min~2h 之间。

全面演练之前应充分做好准备工作,特别是新员工,演练前应有一定的指导和要求说明。在全面演练实施前应起草一份演练方案或说明,说明演练的设定、内容、目标和考核指标。演练过程应全程、全范围监控,以便考核和评估。

应急演练是一个系统的工程,涉及多个部门和个人。在制订好各项应急预案后,就应该根据预案的要求,制订完整的演练方案或规划。这个方案或规划应按照预案的要求,由浅入深、由简单到复杂,分步实施和推进,在演练前做好大量的有必要的培训和专项训练,为应急演练做好充分的准备。此外,应急演练不是一个孤立的行动,不但需要事前的准备,也需要事后的经验教训和总结,并且依据这些经验教训,对应急预案和其他相关工作予以改进,为以后的应急演练和实际事件应对积累经验。

四、城市轨道交通应急预案演练的方案

城市轨道交通运营企业开展一次突发事件应急演练活动会动用大量的人力、物力和财力,因而在演练之前需要制订完善的演练计划或方案。如果没有编制演练方案或演练方案缺陷较多,演练活动就达不到检验预案的目的。因此,编制科学实用、贴近实战、可提高演练成效的突发事件应急演练方案是应急管理中的重要工作。

1. 应急预案演练方案的主要框架

为保证演练活动的顺利开展,城市轨道交通运营企业编制的各种应急预案的演练方案都有一套科学实用的框架和模式,这样才能顺利完成应急演练活动。

应急演练活动是应急预案从书面走向实战的桥梁,能够检验预案编制的科学性、实用性和有效性,也为城市轨道交通运营企业不断完善应急预案、提高应急预案的可靠性提供了最佳途径。模拟演练并不是简单地将预案中的程序或措施通过口头或行动表现出来,而是假设城市轨道交通某项事故或事件场景出现后,应急人员应当顺利有效地处置突发危害。因此,应急预案的演练方案应以某项应急预案为基本框架,以演练人员动作节点和程序节奏为主要内容的动作脚本。

城市轨道交通运营企业在反复组织应急演练过程中一般会凝练出相对固定的特有的模式,即会形成具备一定共性的演练方案框架,构成方案内容的骨架,为演练程序、动作提供了支撑。

演练方案框架一般涵盖:演练的具体目的;演练类型、规模与响应级别;假设演练背景和模拟突发事件及其演练时间;演练组织分工及参演人员构成及其职责;演练准备与演练过程;演练步骤;演练检查清单或演练执行效果评估清单;演练记录与总结表格;相关说明等。

2. 应急预案演练方案的主要内容

演练方案的内容是成功进行演练的关键,内容的缺陷或偏差会导致演练组织者的目的不能顺利实现,因此,演练方案的内容设置至关重要。演练方案中各部分应主要包括以下内容:

(1)演练的目的

在应急管理体系中,应急预案的类别、级别是不同的。城市轨道交通运营企业建立了综合预案、专项预案以及现场预案。进行演练时,一并将所有预案一起实施是不可能的,只能选择其中一两项来进行,每个项次的演练都有不同的目的。因此演练方案首先要规定某项演练的具体目的,为演练活动指明总体目标。

(2)演练类型、规模与响应级别

①明确演练类型。预案的演练类型分为桌面演练、功能演练和全面演练等多种类型。演练活动应遵循由简及繁、循序渐进的方式从桌面演练开始,逐步推进为全面演练;由口述场景演练开始,逐步推进为动作行动演练。

②明确演练规模与响应级别。无论是政府主管部门制订的预案,还是城市轨道交通运营企业制订的预案,都规定了突发事件后应急响应的级别,级别越高则影响范围越大,演练规模

也就越大。在演练方案中,应当明确参与人员是单部门参加还是多部门参加;演练是否需要上级或外部给予响应或支持。例如:火灾事故应急救援实战过程中,是否需要单位外部的消防资源给予响应配合,应在方案中明确出来。

(3)假设演练背景和模拟突发事件及其演练时间

为保障演练的真实性和实效性,演练方案都需要假设一个演练背景。背景中一般会介绍演练地点、时间、组织部门、参演设备、突发事件设置方法、启动何种应急程序等一系列演练概况内容。

确定演练的具体时间时,首先应充分考虑各类参演人员参加演练的时段不影响正常的城市轨道交通运营工作;其次应尽量避免过多干扰居民生活、社会道路交通。演练方案中明确演练启动时间是必需的要素,但是在演练前应当对参与演练的行动人员保密,以利于真实地反映应急行动人员的应急处置能力。

(4)参演人员构成及其功能、职责

为了达到演练的目的,在演练行动中,需要各类参演人员,即应急行动人员、进程控制人员、评价人员、模拟人员、观摩人员等的协调、配合,才能完成预案规定的程序或动作。参演人员需要对演练进程和关键动作进行记录,才能得出对预案文本和演练行动的评价结论。因此在演练方案中,应明确各参演人员的类别、数量及其职责。

①应急行动人员:即指根据模拟场景和紧急情况做出反应,执行应急预案中预定程序或动作的人员。由预案中规定的现场指挥、现场救援、应急通信、物资支援等类人员构成。

②演练进程控制人员:即管理并设置场景,控制演练行动节奏,监护行动人员的安全,指挥解决现场出现问题的人员,承担现场导演的职责。在演练中,演练进程控制人员应确保应急预案规定的程序或动作得到充分演示,确保演练活动对于演练人员具有一定的挑战性,通过"演"的手段达到"练"的目的。由于演练进程控制人员是关系演练能否成功的关键人员,所以应当由熟悉应急预案、掌握演练方案的人员担任。

③评价人员:即指在演练行动中观察行动人员和模拟人员的行动,并记录演练的详细经过的人员。其职责是评价时间、地点、人物、出现的事件、行动是否有效等。在演练过程中,评价人员不应干涉演练人员执行的具体任务,应根据观察到的现象做好记录,便于在演练效果评价时点评演练过程并出具演练报告。为了能够便捷地进行记录,评价人员应事先根据预案和演练方案设计制作评价记录表,以便记录各个事件或动作。进行规模较大的功能演练或全面演练前,评价人员还应当对不同的行动人员进行分工评价,以确保对演练效果进行客观公正的评价。

④模拟人员:即指在演练场景中,与应急行动人员相互作用的人员。其主要职责是:模拟事故场景中的人员(负伤者、干扰者等)、外部救援机构的人员、围观人员、自愿行动的志愿者等。模拟人员的设置应当与场景设置相统一,其现场动作越逼真,就越能够检验出应急行动人员现场处置能力的水平。

⑤外部观摩人员:一般由政府应急管理机构的人员、企业上级主管部门的领导、应急管理专家、友邻单位或附近居民的代表构成。对于生产经营单位内部来说,各级领导、相关部门的人员都可构成演练观摩人员,不同类别和规模的演练可邀请不同的观摩人员参与。观摩人员到场实地观摩演练过程,是一个关键环节,因为作为外部人员的评价意见缺少感情色彩,更具有客观性,且外部专业管理人员和专家的指导对提升本单位应急管理水平的作用明显;同时城

市轨道交通运营企业还可以借此机会向政府、上级部门、友邻单位、附近居民展示本单位应对突发事故的能力。

(5)演练准备与演练过程

演练准备与演练过程是方案中的重点章节,是演练方案的重心,各种类型、规模的演练都应事先做好详细的准备工作。

由于在应急救援预案中,一般只对应急措施进行了规定,而没有对潜在事故的场景进行详细描述。因此演练设计人员在策划演练过程时,还应设想事发具体部位、破坏程度、伤亡情况、人员受困情况等场景,并设计编排何时推出场景以及场景出现的顺序,以便训练并检验应急行动人员的临场处置能力。最后,还可以通过应急人员对模拟场景的处置状况,检验应急救援预案是否存在缺陷。

相关说明属于演练方案的附录内容,用以说明演练方案的细节。其主要内容包括:演练现场示意图、演练费用预算、聘请外部人员名单、风险评估及控制措施等。

由上可知,演练方案是演练策划人员依据预案和假设的事故场景编制的"演练剧本",目的是为了检验和锻炼提高应急人员应对生产安全事故的现场处置能力,并通过潜在的事故场景模拟事故在发生或发展阶段出现的景象,以贴近实战的方式对生产安全事故预案进行演练。因此,演练方案是预案由文本转为行动必不可少的过渡性文件,只有完善的演练方案,才能指导和掌控预案演练行动顺利并有效实施。

五、城市轨道交通应急预案演练评估与改进

应急演练评估是指观察和记录应急演练活动,比较应急演练参与人员的表现和演练目标的要求,并提出改进意见的过程。

应急演练评估过程主要包括:评估组织与准备,评估指标的建立,观察演练和收集资料,分析资料,完成评估报告等基本步骤。

1. 评估组织与准备

在演练前做好评估指标和组织工作是演练评估的最基础的工作,特别是评估指标体系的建立是检验评估效果的核心工作。

应急演练评估的组织工作非常有必要,这样可以更有效地完成演练评估。这项工作主要有组织评估团队、确定评估计划、召开演练前会议等几个方面。

城市轨道交通突发事件应急演练往往涉及的范围大、岗位众多、演练逻辑复杂,需要检验的目标较多,所以通常需要组织一个有针对性的评估团队。评估团队应该有一个熟悉演练目标、政策、计划、内容并具备管理和分析能力的资深技术人员担任评估负责人。评估团队其他队员的选拔应按演练所需检验的各项目标领域富有经验的人员担任并分配相关的职责和工作。

正式演练前都需要确定评估计划。评估计划应具备如下4个方面的内容:

(1)评估时间表。

(2)评估人员的组织安排、职责分配和具体位置。

(3)评估指标的解释。

(4)给评估人员下达的指示。

在演练开始之前,评估负责人召开有关控制人员和评估人员会议,核实各项准备工作,确

保评估人员理解计划的各项事项,回答评估人员的疑问,从而保证评估工作顺利进行。

2.评估指标的建立

评估指标是进行突发事件应急演练评估的基础,任何评估行为都需要运用指标来进行。一组既独立又相互关联并能够完整地表达评估要求的评估指标就组成了评估指标体系。评估指标体系的建立必须遵循以下原则。

(1)科学性原则。科学性原则主要体现在理论和实践相结合,以及所采用的科学方法等方面。在理论上要站得住脚,同时又能反映客观实际情况;抓住最重要、最本质和最有代表性的东西,对客观实际描述得越清楚、越简练、越符合实际,科学性就越强。

(2)系统优化原则。评估对象必须采用系统化的指标进行衡量,这些指标必须相互联系和相互制约,较客观、全面、系统地反映被评估对象的内容。

(3)目的性原则。任何指标体系的构建都是具有一定目的的。突发事件应急演练指标体系的建立,目标在于对演练过程各个环节运行情况做出合理、科学的评估,反映演练的真实程度,为决策者提供科学有效的方法来规范当前突发事件应急演练的实施。

(4)可操作性原则。可操作性是指标体系的生命,没有可操作性的指标就等于形同虚设。一方面指标体系要为各部门制定各种具体的演习评估指标体系提供指导;另一方面,指标体系要立足运营公司现状,能切实可行,便于实际操作实施。

(5)指导性原则。评估的一个重要目的就是引导和鼓励被评估对象向正确的方向和目标发展。城市轨道交通突发事件应急演练评估指标的设计,可为加强和提高运营人员应对城市轨道交通突发事件的能力提供导向性作用。

表1-5所示,为某市地铁演练方案中设备区气灭保护房火灾演练执行力评估表。

某市地铁演练方案中设备区气灭保护房火灾演练执行力评估表　　表1-5

序号	评估人	评估地点	评估对象	评估内容	是否正确执行
1		OCC	值班主任	(1)向行车调度员、环控调度员了解具体情况,视情况报"120"、"119"。 (2)向当值调度宣布:执行车站设备房火灾事故应急处置程序。 (3)制定应变措施,要求各调度组织各工种人员做好灭火救灾的支援工作。 (4)按有关程序进行通报。接到上级指示时,及时传达执行。 (5)制订小交路运营方案,指挥行车调度员执行;视情况启动应急公交接驳预案。 (6)协调各调度工作并监督处理进度	
2		OCC	行车调度员	(1)确定火点、火情及伤亡情况并报告值班主任;处理过程与环控调度员加强沟通。 (2)影响接触网供电时组织相应的列车运行方式。 (3)通报火情,要求各站按规定采取相应措施。 (4)若为通信、信号设备房,在接到维修调度通知该设备准备停止使用时,通知相关车站影响情况,并通知相关车站将使用的通信方式或信号模式。 (5)火灾扑灭后,恢复正常运营	

续上表

序号	评估人	评估地点	评估对象	评估内容	是否正确执行
3		OCC	维修调度员	(1) 接收火灾事故情况报告,确定着火具体位置;报告设施部相关领导。 (2) 通知设施部相关部门负责人,安排处理设备善后工作。需要时,通知设施部相关部门人员停用相关设备,必要时通知值班人员撤离火灾现场。 (3) 使用 PIS 系统向全线发布晚点或其他相关的信息。 (4) 火灾扑灭后立即组织、协调设施部等相关部门对设施设备检查,恢复设施设备使用。 (5) 需要抢修时,与值班主任制订抢修方案,跟踪抢修情况,并向值班主任通报。 (6) 统计火灾对设施设备的影响情况;组织设施部抢修人员协助事后的公安和相关部门的调查	
4		OCC	电力调度员	(1) 通知变电站值班员车站火灾情况。 (2) 注意监视火灾车站变电站设备的运行情况。 (3) 必要时通知变电站值班员切断相关的供电流。 (4) 确保紧急照明、排风系统的电源供应。 (5) 事故处理完毕,通知相关人员检查设备运行情况;根据行车调度员通知,恢复相关的牵引供电	
5		OCC	环控调度员	(1) 确定着火车站及着火具体位置,并立即通报值班主任及行车调度员。 (2) 确认机电设备监控系统,能否自动启动相应火灾模式。如不能,手动执行相应的小系统火灾模式并根据火灾影响的情况关闭大、水及隧道通风系统。若环控调度员不能远程控制,则通知车站值班员在 IBP 盘上操作相应模式。 (3) 通知维修调度员安排维修人员配合救火并指导车站组织自救和配合消防队灭火。 (4) 气体保护房着火,确认气体自动灭火系统启动灭火,喷气完毕指挥车站人员确认灭火情况,确定火灾扑灭后,执行相应模式。 (5) 随时与事故车站保持联系,及时掌握现场情况,并通报值班主任。 (6) 火灾扑灭后,恢复现场设备正常运行	
6		站厅及站台	值班站长	(1) 接到行车值班员报告,立即通知厅巡岗(携带备品:防烟面具、灭火器)一起到现场确认。 (2) 到达现场后通过房门玻璃、房门温度、是否有烟冒出等确认是否着火,如果无法判断则在确认该气体保护房间门头放气指示灯灭的情况下,打开房门进行确认(必须保证房门的敞开);如确实着火,火势较小时可用灭火器灭火,若火势较大则立即退出房间,关闭房门后按压保护区门外的紧急启动按钮进行喷气灭火,并汇报车控室。 (3) 喷气后,根据环控调度员指示再次到现场确认,若明火已熄灭报车控室,若没有熄灭按设备区无气体保护房间火灾应急处理程序执行	

续上表

序号	评估人	评估地点	评估对象	评估内容	是否正确执行
7		车控室	行车值班员	(1)通过CCTV或FAS监控发现火灾报警后,通知值班站长现场确认。 (2)报告行车调度员车站火灾情况,并报告部门领导。 (3)与行车调度员、值班站长保持联系。 (4)若现场火势较大,则应根据值班站长的指示将FAS模式转为自动模式,并向行车调度员和环控调度员汇报。 (5)若喷气后无法扑灭按设备区无气体保护房间火灾应急处理程序执行。 (6)报告行车调度员现场清理完和线路出清情况	
8		站厅及站台	客运值班员	(1)收好票款到车控室协助行车值班员工作,检查排烟模式是否开启;中央级控制不能实现时,按控制中心指令操作BAS。 (2)若无法扑灭时,则按设备区无气体保护房间火灾应急处理程序执行。 (3)火灾扑灭后在值班站长指挥下清理现场	
9		站厅及站台	厅巡岗	(1)接报火警后携带备品与值班站长一起到现场确认需要进房间确认时保持房门的敞开。 (2)协助灭火工作。 (3)若无法扑灭按设备区无气体保护房间火灾应急处理程序执行。 (4)火灾扑灭后在值班站长指挥下清理现场	
10		站厅及站台	售票岗	若火灾无法扑灭,影响正常运营时,则按值班站长的指示启动设备区无气体保护房间火灾应急处理程序	
11		站厅及站台	站台岗	若火灾无法扑灭,影响正常运营时,则按值班站长的指示启动设备区无气体保护房间火灾应急处理程序	
12		站厅及站台	保洁、保安岗	若火灾无法扑灭,影响正常运营时,则按值班站长的指示启动设备区无气体保护房间火灾应急处理程序	
13		车控室	FAS系统	(1)FAS系统正确报警。 (2)FAS系统正确执行消防联动。 (3)FAS系统发送火灾模式信号。 (4)气体灭火系统正确执行消防联动	
14		车控室	ISCS系统	(1)ISCS系统正确显示系统信息(或正常操作)(中心级信息由环控调度员评估员反馈给设备评估员)。 (2)ISCS系统正确执行消防联动	
			BAS系统	(1)BAS系统启动正确的火灾模式。 (2)BAS系统正确执行消防联动	

续上表

序号	评估人	评估地点	评估对象	评估内容	是否正确执行
15		站厅及站台	通风空调	通风空调系统正常启动、及时排烟，无串烟	
			液压梯	液压升降梯正常平层、开门	
			低压配电	非消防电源正确切除	
16		0.4kV开关柜室	供电设备	非消防电源正确切除	
17		车控室及站厅	AFC系统	AFC闸机正常开放	
执行力总评分					
评估内容共计 A 项					
正确执行共计 B 项					
执行力总得分（$\frac{B}{A} \times 100$）					

说明：①个别评估内容如在演练中不需发生或执行的，可不作评估，不计入评分中的评估项数；

②"是否正确执行"一栏，正确打"√"，错误打"×"，不作评估打"—"。

3. 观察演练和收集资料

评估人员提前安排在可以收集有用信息的位置，跟踪和记录演练参与者的关键行为。在演练以后，根据评估者记录的信息，分析活动和任务是否顺利执行，目标是否顺利实现。关键行为一般都提前做好报表格式，引导评估人员记录。如表1-6所示。

某市地铁车站站台火灾应急演练方案值班站长岗位观察清单　　表1-6

评估人员姓名：

运营演练项目	车站站台火灾演练	
日期	月　　日	
地点		
负责视察岗位	值班站长	
演练安全措施	①演练的整个过程由现场总指挥控制。贯彻"统一指挥、逐级负责"的原则，参加演练人员必须在现场总指挥的统一指挥下，按照演练方案进行，并须听从现场总指挥对演练进度的控制。 ②演练过程中，现场人员如发现危及行车、人身安全的事件，应立即停止演练，并迅速汇报；发生其他问题应及时报告 OCC 和总指挥，按应急处理程序进行处理。 ③由_____担任演练时正常的调度组织工作，负责监督演练，实施安全、有序的调度。 ④演练中的通信联络及使用办法、命令下达、信息传递均应按《突发事件应急预案》、《行车组织规则》、《运营分公司信息通报流程》相关规定执行，各岗位在运行过程中应保持密切联系	
观　察　项　目	时间记录	观察员意见
接到行车值班员报告		
宣布执行站台火灾二级处置，执行紧急疏散		

续上表

观察项目	时间记录	观察员意见
组织受伤乘客救治		
组织穿戴防护用品扑救火灾		
与行车值班员确认排烟效果		
安排人员准备湿毛巾放置在疏散路线		
确认卷帘门下方无障碍物		
确认垂直电梯无困人		
站台乘客疏散完毕		
站厅乘客疏散完毕		
与机电人员确认设备区疏散完毕		
火势无法控制,下达员工疏散命令		
撤离到紧急出入口集中点名		
演练结束		

4. 分析资料

分析资料是评估人员对演练期间收集的资料进行分析并将其转换成叙述演练过程、人员表现的优势和问题,怎么改善等的叙述摘要。

叙述摘要包括以下几项要求:

(1)对目标是如何被展开的进行详述;
(2)客观地陈述事实和观察结果;
(3)突出积极的方面,同时鉴别任何可能存在的问题;
(4)避免主观意见;
(5)记录存在的问题并且提出解决问题的方法等。

5. 完成评估报告

演练最终要形成评估报告。评估报告包括:评估过程中所使用的评估方法,具体的评估表格,最后的评估结论等。如表1-7所示。

演练评估报告   表1-7

演练项目:	某号线车站屏蔽门故障演练				
演练组织部门		演练级别		演练形式	运营演练
演练时间			演练地点	车站	
演练概况:					
演练过程记录					
序号	时间	过程描述			存在的问题
1					
2					
3					

续上表

重要时间段统计				
序号	过程	起止时间	预计耗时	实际耗时
1				
2				
3				

评估总结					
内容	评 价				意见
员工表现	□优秀	□良好	□合格	□不合格	
预案执行情况	□优秀	□良好	□合格	□不合格	
预案可行性	□优秀	□良好	□合格	□不合格	
演练方案及步骤的可操作性	□优秀	□良好	□合格	□不合格	
设备功能表现	□优秀	□良好	□合格	□不合格	

演练设备恢复情况		
设备名称	恢复情况	责任人

总评价意见:

演练总体评价	□优秀	□良好	□合格	□不合格

演练工作组评价及改进建议			
序号	存在的问题	改进措施	责任部门	完成时间
1				
2				
3				

演练总指挥/主持人(签名):

知识链接

某市地铁车站级别和线路级别演练项目

车站、线路应定期组织开展运营演练,具体演练科目应根据运营部门规章和结合设备情况确定。

车站级别演练项目,见表1-8;线路级别演练项目,见表1-9。

车站级别演练项目 表1-8

序号	演练项目	演练形式	演练周期	配合部门
1	车站站台火灾演练	模拟跑位演练	每6个月每班次进行1次	
2	车站站厅火灾演练	模拟跑位演练	每6个月每班次进行1次	
3	列车在站台发生火灾演练(车站处置部分)	模拟跑位演练	每6个月每班次进行1次	
4	车站设备区火灾演练	模拟跑位演练	每6个月每班次进行1次	
5	屏蔽门故障接、发车演练	运营演练	每6个月每班次进行1次	设备部门
6	屏蔽门夹人、夹物处理演练	运营演练	每6个月每班次进行1次	设备部门
7	列车区间疏散演练(车站处置部分)	模拟跑位演练	每6个月每班次进行1次	
8	列车区间清客演练(车站处置部分)	模拟跑位演练	每6个月每班次进行1次	
9	车站清客演练	模拟跑位演练	每6个月每班次进行1次	
10	正线道岔故障处理演练(注:只对联锁站有要求)	运营演练	每6个月每班次进行1次	
11	电话行车法演练	模拟跑位演练	每6个月每班次进行1次	
12	自动扶梯夹人或有人从自动扶梯上跌倒处理演练	模拟跑位演练	每6个月每班次进行1次	
13	车站发现可疑物品演练	模拟跑位演练	每年每班次进行1次	
14	车站发现可疑人员演练	模拟跑位演练	每年每班次进行1次	
15	车站接到炸弹恐吓演练	模拟跑位演练	每年每班次进行1次	
16	车站发现有毒气体演练	模拟跑位演练	每年每班次进行1次	
17	车站站台爆炸演练(车站处置部分)	模拟跑位演练	每年每班次进行1次	
18	车站发现恶性传染病演练	模拟跑位演练	每年每班次进行1次	
19	车站发现有毒化学物质泄漏演练	模拟跑位演练	每年每班次进行1次	
20	票务运作设备自动售票机、出入闸机故障演练	模拟跑位演练	每年每班次进行1次	
21	发生列车停运时公交接驳演练	模拟跑位演练	每年每班次进行1次	
22	电梯困人演练	模拟跑位演练	每年每班次进行1次	
23	车站大客流人流控制演练	模拟跑位演练	每年1次	
24	车站出入口水淹演练	运营演练	每年1次	

线路级别演练项目 表1-9

序号	演练项目	演练形式		级别	演练周期	责任部门	配合部门
1	大面积停电应急处理演练	运营演练		C/D	每年1次	设备部门	车务部门(客运部门)、控制中心、车辆部门
				A/B	每2年1次	安全部门	设备部门、车务部门(客运部门)、控制中心、车辆部门
2	正线接触网抢修演练(塌网/脱槽)	运营演练	不需出动工程车	C/D	每年1次	设备部门	车务部门(客运部门)、控制中心
			需出动工程车	A/B	每2年1次	安全部门	设备部门、车务部门(客运部门)、控制中心、车辆部门

续上表

序号	演练项目	演练形式	级别	演练周期	责任部门	配合部门
3	正线弓网故障抢修演练	运营演练	A/B	每2年1次	安全部门	设备部门、车辆部门、控制中心
4	接触网其他故障演练(隔离开关、绝缘子、线岔、补偿器等)	运营演练	C/D	每年1次	设备部门	车务部门(客运部门)、控制中心
5	主变电所设备故障演练(根据需要选择设备故障)	运营演练	C/D	每年1次	设备部门	控制中心
6	牵引变电所故障演练	运营演练	C/D	每年1次	设备部门	控制中心
7	车站低压电供电系统故障演练	运营演练	C/D	每年1次	设备部门	控制中心
8	钢轨断裂抢修演练	运营演练	C/D	每年1次	设备部门	
9	挤岔故障演练(含正线、车辆段)	运营演练	C/D	每年1次	设备部门	
10	区间水淹演练	运营演练	C/D	每年1次	设备部门	控制中心、车务部门(客运部门)
10	区间水淹演练	运营演练	A/B	每2年1次	安全部门	设备部门、车务部门(客运部门)、控制中心
11	联锁站道岔故障 背景:有必要对转辙机抢修	运营演练	C/D	每6个月1次	设备部门	车务部门(客运部门)、控制中心
11	联锁站道岔故障 背景:有必要对转辙机抢修	运营演练	A/B	每年1次	安全部门	车务部门(客运部门)、控制中心
12	信号系统其他故障演练(SICAS、ATP故障等)	运营演练	C/D	每6个月1次	设备部门	车务部门(客运部门)、控制中心
13	车辆段微机联锁系统故障抢修/行车组织演练	运营演练	C/D	每年1次	设备部门	车务部门(客运部门)、控制中心
14	通信系统故障演练(专用调度电话、电源故障等)	运营演练	D	每6个月1次	设备部门	车务部门(客运部门)、控制中心
15	SCADA系统关键部件(含软件、硬件、通信)故障演练	模拟跑位演练	C/D	每年1次	设备部门	车务部门(客运部门)、控制中心
16	列车区间轮轴固死演练	运营演练	A/B	每2年1次	安全部门	车务部门(客运部门)、控制中心、车辆部门
16	列车区间轮轴固死演练	运营演练(可在车辆段内进行)	C/D	每年1次	车辆部门	车务部门(客运部门)
17	列车区间脱轨演练	运营演练	A/B	每2年1次	安全部门	车务部门(客运部门)、控制中心、车辆部门
17	列车区间脱轨演练	运营演练(可在车辆段内进行)	C/D	每年1次	车辆部门	车务部门(客运部门)

续上表

序号	演练项目	演练形式	级别	演练周期	责任部门	配合部门
18	电话行车法组织行车演练（全线或联锁站区间）	运营演练	C/D	每6个月1次	车务部门（客运部门）	控制中心、车辆部门
			A/B	每年1次	安全部门	车务部门（客运部门）、控制中心、车辆部门
19	列车区间救援演练	运营演练/突发演练	C/D	每6个月1次	车务部门（客运部门）	控制中心、车辆部门
			A/B	每年1次	安全部门	车务部门（客运部门）、控制中心、车辆部门
20	屏蔽门故障情况下列车进站、发车	运营演练	C/D	每6个月1次	车务部门（客运部门）	控制中心、设备部门
21	车站站台/站厅火灾演练	运营演练/突发演练	A/B	每6个月1次	安全部门	车务部门（客运部门）、控制中心、设备部门
			C/D	每4个月1次	车务部门（客运部门）	控制中心、设备部门
22	接触网停电	桌面演练	C	每年1次	调度票务部	车务部门（客运部门）、安全部门
23	信号系统故障行车组织演练	桌面演练	C/D	每6个月1次	调度票务部	车务部门（客运部门）、设备部门
24	AFC设备故障抢修演练	运营演练	C/D	每6个月1次	调度票务部	车务部门（客运部门）
25	列车在站台发生火灾紧急救援疏散演练	运营演练	A/B	每2年1次	安全部门	车务部门（客运部门）、车辆部门、控制中心、设备部门
26	列车在区间发生火灾紧急救援疏散演练	运营演练	A/B	每2年1次	安全部门	车务部门（客运部门）、车辆部门、控制中心、设备部门
27	发生列车停运时公交接驳演练	运营演练（联合公交公司）	A	每2年1次	安全部门	设备部门、车务部门（客运部门）、控制中心、设备部门
28	ATS故障情况下行车组织演练	运营演练	A/B	每年1次	安全部门	控制中心、车务部门（客运部门）、设备部门
29	车站站台怀疑有不明有毒气体需要紧急救援疏散演练	模拟跑位演练	A/B	每2年1次	安全部门	车务部门（客运部门）、控制中心、设备部门
30	车站接到炸弹报告演练	模拟跑位演练	A/B	每2年1次	安全部门	车务部门（客运部门）、控制中心、设备部门
31	列车上有炸弹报告演练	模拟跑位演练	A/B	每2年1次	安全部门	车务部门（客运部门）、控制中心、设备部门
32	车站站台爆炸演练	模拟跑位演练	A/B	每2年1次	安全部门	车务部门（客运部门）、控制中心、设备部门

续上表

序号	演练项目	演练形式	级别	演练周期	责任部门	配合部门
33	无线通信故障行车组织演练	运营演练	A/B	每2年1次	安全部门	控制中心、车务部门(客运部门)、设备部门
34	OTN网络故障演练	运营演练	A/B	每2年1次	安全部门	控制中心、车务部门(客运部门)、设备部门
35	钢轨断裂故障演练	运营演练	A/B	每2年1次	安全部门	控制中心、设备部门、车务部门(客运部门)
36	危险化学品泄漏演练	运营演练	C/D	每年2次	物资部门	综合部(通知保安参加)
37	仓库火灾演练	运营演练	C/D	每年2次	物资部门	设备部门
38	救援车紧急出动演练	运营演练	C/D	每年1次	综合部	设备部门、车辆部门

说明:/代表"或"。

实训1.1 编制城市轨道交通应急预案

1. 任务说明

应急预案是一项比较复杂和综合性的工作,教师可以给学生一些城市地铁预案参考资料,可以根据难度给定题目,也可以让学生自己选择,同一小组必须选择相同题目。

(1)学员按8人成立小组,选择同一题目,教师给出参考资料。

(2)学员按照规范独立撰写预案。

(3)以小组为单位相互交流和充分讨论,给出最终完善的预案。

(4)各组将预案予以汇报。

2. 任务目标

(1)初步掌握应急预案的编制过程。

(2)使学员认识到应急预案在突发事件应急处理中的重要性。

(3)培养学员处理实际问题、解决实际问题的能力。

3. 任务要求

(1)要求学员所编制的预案尽量规范、内容完备、具有可操作性。

(2)小组进行讨论,使学员对各种想法和情况都能充分了解。

(3)小组推选学员进行汇报,教师给予点评。

4. 任务实施与评估标准

任务实施:能认真确定任务目标,分析参考资料,按照要求编写应急预案;编写完毕后就本组的预案编写内容和思路予以汇报。

评估标准:编写预案思路清晰、程序正确完整、可操作性强;小组组长组织有力,分工明确,小组成员讨论交流充分;汇报话语流畅,表达准确、得体、清楚。

实训 1.2　编制城市轨道交通突发事件应急预案演练方案

1. 任务说明

编制应急预案的演练方案是顺利完成及科学评价应急演练活动的关键。编制演练方案是一项比较复杂和综合性的工作，教师可以给学生一些应急预案演练方案的参考资料，学生小组根据实训1.1编写的预案编制对应的演练方案。

(1) 学员按8人成立小组，教师给出参考资料，以上次实训任务编制的应急预案为依据编制演练方案。

(2) 学员依照所学内容和参考资料，独立编写演练方案。

(3) 以小组为单位相互交流和充分讨论，给出最终完善的演练方案。

(4) 各组将演练方案予以汇报。

2. 任务目标

(1) 初步掌握应急预案演练方案的编制过程。

(2) 使学员认识到演练方案在应急预案演练过程中的指导性作用。

(3) 培养学员处理实际问题、解决实际问题的能力。

3. 任务要求

(1) 要求学员所编制的演练方案内容完整，可操作性强，评估指标科学全面。

(2) 小组进行讨论，使学员对各种想法和情况都能充分了解。

(3) 小组推选学员进行汇报，教师给予点评。

4. 任务实施与评估标准

任务实施：能认真确定任务目标，分析参考资料，制定评估指标，按照要求编写演练方案；编写完毕后就本组的演练方案编写内容和思路予以汇报。

评估标准：编写演练方案思路清晰、程序正确完整、评估指标科学完整，可操作性强；小组组长组织有力，分工明确，小组成员讨论交流充分；汇报话语流畅，表达准确、得体、清楚。

复习思考题

1. 什么叫城市轨道交通突发事件？城市轨道交通突发事件是如何分级的？
2. 针对城市轨道交通突发事件的特点，应急处理应遵循哪些原则？
3. 简述城市轨道交通运营企业现阶段的应急管理模式。
4. 城市轨道交通运营企业在突发事件发生后应如何响应？
5. 试说明城市轨道交通应急预案体系结构。
6. 简述应急预案在处置突发事件过程中起到什么作用？
7. 简述应急预案演练方案应具备哪几部分内容？在应急演练中的作用是什么？
8. 假如你是值班站长，试述如何有效组织桌面演练？

单元2 车站突发事件应急处理

教学目标

1. 熟悉车站突发事件的应急处理原则与客运组织措施;
2. 了解车站行车作业基本要求与作业制度;
3. 掌握屏蔽门故障应急处理方法;
4. 了解车站客伤事故类型,并掌握客伤事故的处理方法;
5. 掌握车站公共安全事件的应急处理方法;
6. 掌握车站大客流、大面积停电以及发生火灾等的应对措施与应急处理程序。

建议学时

28学时

单元2.1 车站突发事件应急处理原则与客运组织措施

城市轨道交通车站及列车是人群集中的公共设施,一旦发生火灾、爆炸、恐吓等突发事件,不仅会引起轨道交通沿线的交通瘫痪,而且若应急处理不当,势必会造成群死群伤的严重后果,严重地影响社会秩序。当轨道交通车站发生突发事件时,各岗位员工应遵循突发事件的处理原则,团结协作、迅速高效地妥善处置,防止事故的扩大、升级,最大限度减少事故造成的危害损失。

一、车站突发事件处理原则与报告程序

1. 车站突发事件处理原则

(1)突发事件发生时,应急处理的指导思想是先控制、后处置,救人第一。
(2)突发事件现场应急处理的重点是控制事故源头、危险区域,组织人员撤离和抢救受伤人员。
(3)各岗位员工应按规定程序及时间,及时向有关方面报告,迅速开展工作,尽一切可能控制事故的扩大,以减少伤害损失。
(4)各岗位员工应沉着冷静,严格执行规定的标准和程序,优先组织人员疏散、伤员抢救,做好乘客疏导和安抚工作,维持秩序,减少乘客恐慌。
(5)各岗位员工应坚守岗位,立即进入突发事件抢险救灾状态,兼顾重点设备和环境的防

护,采取一切可能措施减少损失。

(6)兼顾现场的保护工作,以利于公安、消防和事件调查部门的现场取证。

(7)员工在应急事件处理时,坚持对外宣传归口管理的原则,不得擅自发布相关信息。

(8)坚持就近处理的原则,在上一级事故处理负责人到达现场前,由值班站长担任现场指挥,担负临时事故处理负责人职责。

2. 车站突发事件报告程序

(1)突发事件的报告原则

①迅速、准确、完整的原则。

②逐级上报的原则。事故发生在区间,列车司机应立即上报行车调度员;事故发生在车站或车厂内,车站值班员(值班站长)或车厂调度员应立即上报行车调度员。

③任何员工发现或接到突发事件信息,均应立即执行规定的通报流程,不得延误、中断或缺漏。

(2)事故报告前应采取的措施

在报告事故前,站务人员应根据事故的严重性,果断采取下列措施:

①若发现任何可能影响列车安全运行的情况,例如信号设备损坏、异物落入轨道等异常情况,必须利用下列方法,截停可能受影响的列车。

a. 操作车站控制室内的紧急停车按钮。

b. 按动站台紧急停车按钮。

c. 猛烈摇动"危险"手信号,或猛烈摇动任何物品。

②若发现设备或装置有故障,则必须立即停用或隔离有关故障设备或装置。

(3)突发事件的报告内容

报告突发事故时,应尽可能全面,主要包括下列内容:

①报告人姓名、职务、单位。

②事件发生的时间、地点。

③事件发生的概况、原因(初步判断)及对运营的影响程度。

④人员伤亡情况、设施设备损毁情况。

⑤已经采取的措施。

⑥请求救援的内容(例如公安、消防、救护等)。

⑦其他必须说明的内容。

(4)突发事件的报告程序

突发事件发生后,现场人员应严格遵守报告程序迅速报告,调度控制中心根据当时各部门、各车站上报的情况及时汇总,确认突发事件性质、原因,做出准确判断,高效调动、协调企业内外资源,确保事态得到有效控制,力争将损失降到最低限度。因此,城市轨道交通运营企业内部必须建立一套严格、高效的信息传递程序。具体通报流程,如图2-1所示。

二、车站突发事件客运组织措施

在某些特定情况下,城市轨道交通设施遭到损坏,正常的营运秩序被打乱,乘客的出行时间被扰乱或人身安全遭到威胁,此时要求客运服务人员保持清醒的头脑,在站长的领导下,按照应急处理办法有步骤地解决问题,在最短时间内恢复车站正常的乘降秩序。

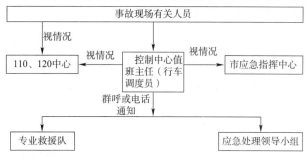

图 2-1　突发事件通报流程

在关键时刻要保持良好的心理状态,将乘客安全放在首位,除了有全心全意为乘客服务的思想外,还要有扎实的业务基础。以下介绍在几种特殊情况下的客运组织措施,但遇到实际情况,仍需随机应变,寻找最佳处理方案。

1. 客流突然大量激增时

在列车运行正常情况下,遇有大量集中乘客购票时,要立即委派专人维持售票窗口旁的秩序。售票窗口处要设专人宣传,队尾设专人理顺队伍,增加售票员,加开售票口。

在人工售检票情况下,检票处要放宽检票通道,检票员要出室(站)检票,必要时撤除检票亭。若售票口秩序混乱有发生危险的可能性,站务员及公安人员来不及补充与调动时,经站长批准,对不报销车票的采取收现金(零钱)进站的暂时缓解措施;待售票处稍有缓和,立即恢复凭车票进站正常售、检办法。

在自动售检票情况下,每台闸机都调整为可进可出状态。若检票口秩序混乱有发生危险的可能性时,可改为人工售票,或者不计里程票价进站,出站口人工收取磁卡。

2. 列车运行秩序不正常造成长时间无车时

列车运行图紊乱,高峰时 10min 以上无车应立即进行"因城市轨道交通运力不足,列车间隔较大,有急事者请乘坐地面交通车辆"的宣传,减少售票员并降低售票速度。

站务人员要进行宣传解释和安全巡视,并做好解释工作,若大厅乘客拥挤不堪难以出入时,马上采取派人把口节流和分批进站的方法,或临时关闭大门,只出不进。

3. 列车密集到达,站台拥挤、出站困难时

列车密集到达,站台拥挤、出站困难时,应立即在车站咽喉处设人疏导迅速出站;对进出口分开的车站,如进口客流不大或进出比例在 3∶7 以下的岛式车站,可临时用进站口疏散乘客。利用车站广播进行宣传并监视站台边缘乘客动态,当站台出站乘客不得不在安全线以外时,不能再由车上下人,行车值班员与调度联系,经同意后立即采取后续列车在机外一度停车,在本站通过或通知到达列车司机,暂缓开启车门的办法。

4. 遇有已知的重点运输情况时

遇有已知的重点运输情况时,提前做出客运组织方案,确定地上售票地点,张贴各种标志;售票地点要与进站口拉开距离 5m 之外,进站口要分开,售票点设不少于 3 位维持秩序人员(队头、队中、队尾)在进站口处用护绳、围栏隔开,要劝阻等候买票的乘客列队在护栏之外。

站台、大厅、出口要有接力传递信息人员或专职人员,随时对售票速度进行灵活掌握和控制。遇有晚间重点运输时,站外要装有足够的照明设备。

5. 在车站进行临时清车时

在车站进行临时清车时,站台站务员、值班站长、行车值班室无作业时的行车人员要全部出动进行清车,对乘客既要进行宣传解释,又要使之有紧迫感,对下车乘客应主动劝慰,确保清车工作顺利进行。

6. 因特殊原因造成群众不满,在站集结闹事时

因特殊原因造成群众不满,在站集结闹事时,除请公安人员协助外,应将个别领头人带到僻静地点进行教育;如确因城市轨道交通原因造成的,可主动与其单位联系,讲明情况或开具证明,或给其退票。对大多数乘客进行耐心说明工作,对与司机纠缠的乘客应主动做好劝解工作,缩小事态,让司机及时开车。

7. 车站照明全部熄灭时

车站照明全部熄灭时,应立即通知行车调度员及有关部门,同时利用广播进行宣传,其内容是"现在临时停电,请乘客不要乱跑,照看好老人、小孩和自己携带的物品,向站台中部移动……"用以安定乘客的心理。并立即停止售票,派人把守,停止进站。站务人员携带手提广播和电筒,缓慢引导出站,行车值班员及时通知调度,使上下行列车在站通过;如有少量照明时,售票处要控制售票,必要时采取派人把守分批进站的措施。

8. 遇有大风、雪和暴雨,出入口和通道堵塞时

遇有大风、雪和暴雨,出入口和通道堵塞时,在出入口处增派人员防止人流涌入;对下车乘客引导出站,并劝导其余人员在两侧墙处待避,疏通出中间通道,电梯暂停使用。大厅混乱时,要着重维持售检票处的秩序;出现危急情况时,应得到调度同意后,列车在站通过。

9. 车门在站发生故障时

列车在站,车门发生故障,在司机处理故障时,站务人员一方面注意乘客安全,一方面做好跟车护送的准备;并及时与行车值班员和司机联系,在行车值班员请示行车调度员后,果断跟车护送到终点站或直至有人替换。岗上抽人跟车后及时补充,无多余人员时,由客运值班员代岗;如两个门有故障,确已无人护送,要与行车调度员说明后,主动采取消车或其他措施。

10. 发生路外伤害时

列车在站内或区间发生乘客伤害事故时,除按公司规定的处理办法外,站务人员要及时疏散乘客,注意他们的动态,防止再发生事故。站务人员不得声张事态情况,更不得离岗躲避或离岗观看,处置完毕后,对出事地点要及时清迹复原。

11. 列车区间、隧道内停车时

列车在区间、隧道内由于线路、设备故障无法运行时,值班站长接到通知,应立即组织人员做好应急措施的准备工作,听候客运调度命令。如一时无牵引动力,列车需在区间、隧道内停留较长时间,接到客运调度员命令如需赶赴现场,就必须加强安全宣传,稳定乘客情绪,采取有效措施流通车内空气,每节车厢派员防护,必要时疏散乘客。

单元2.2 屏蔽门系统故障应急处理

城市轨道交通屏蔽门系统是随着城市轨道交通不断地发展而产生的。屏蔽门系统自诞生以来,在城市轨道交通车站得到了很好的应用,并且受到了城市轨道交通建设城市的青睐。屏蔽门系统除了保障列车、乘客进出站时的绝对安全之外,城市轨道交通车站站台安装屏蔽门还可以大幅度地减少司机瞭望次数,减轻了司机的思想负担,并且能有效地减少空气对流造成的站台冷热气的流失,降低列车运行产生的噪声对车站的影响,提供舒适的候车环境,具有节能、安全、环保、美观等功能。但是这仅限于屏蔽门系统正常运转时,一旦系统出了故障,仍然会出现多种安全隐患。

一、屏蔽门系统故障的安全隐患

屏蔽门系统故障主要会带来下列安全风险:
(1)屏蔽门突然开关,导致乘客跌落站台。
(2)屏蔽门玻璃脱落,玻璃碎渣砸伤乘客或者掉入轨道影响行车安全。
(3)屏蔽门倒塌,导致乘客跌落站台。
(4)屏蔽门漏电,导致乘客触电。
(5)屏蔽门门槛突起,导致乘客上下车时被绊倒。
(6)应急门无法打开,紧急情况下导致疏散受阻。
(7)滑动门无法打开,影响乘客上下车,导致列车晚点。例如:2011年9月1日上午7时55分,广州地铁3号线燕塘站屏蔽门在列车到站后,无法自动打开。故障发生后,地铁公司及时启动应急预案,组织技术人员抢修。上午8时45分,燕塘站屏蔽门恢复正常运作。故障期间,车站人员手动开启屏蔽门维持正常运营,乘客上下车未受影响。但造成机场南和体育西路之间区段,列车最大延误6min。
(8)端头门被列车进入站台时产生的气压推倒,使得乘客和站务员掉下路轨,造成伤亡。
(9)屏蔽门振荡,导致列车与屏蔽门碰撞,造成乘客及员工受伤或死亡。
(10)屏蔽门燃烧冒烟,导致站台失火,引起人员伤亡。
(11)乘客被屏蔽门和车门夹住或撞击,正常情况下影响乘客上下车,延误列车运行;紧急情况下延误疏散。
(12)屏蔽门在无列车进入站台时开启,导致乘客或员工跌入轨道。

二、屏蔽门系统故障处理原则和方法

(1)发生屏蔽门故障时,应坚持"在确保安全前提下,先发车后处理"的原则,当无法隔离(旁路)时,应先发车再处理。
(2)与信号系统联锁后,在RM、SM、ATO模式下屏蔽门均可实现与车门同步开关;在反方向运行及URM模式下,必须使用PSL开关屏蔽门。
(3)故障屏蔽门断电不能代替隔离(旁路)。
(4)因屏蔽门故障影响列车接发时,首列车接发不需使用互锁解除,后续列车(即自第二

列起)使用互锁解除接发车。

(5)操作尾端PSL仅是在钥匙断在头端墙PSL锁孔时使用。

(6)对不能关闭的单个或多个滑动门,必须设置安全防护栏或安排专人看护。专人看护时,原则上每个人可监护五档相邻屏蔽门。

(7)整侧屏蔽门不能开关时,车站安排不少于3人到现场支援。

(8)当一节车厢对应屏蔽门全部不能正常开启时,需至少手动打开一档滑动门,并将其隔离(旁路)和断电,引导乘客上下车。

(9)故障屏蔽门修复后,由行车调度员负责组织,车站和司机配合,利用下一列车进行一次相应侧的屏蔽门开关门试验。

(10)在无列车停靠站台需要人工手动打开单个或多个屏蔽门时(图2-2),车站必须征得行车调度员同意,先将门隔离(旁路)和根据设备类型情况关闭电源,并密切注意PIS系统显示列车到站时间;当显示"列车即将到达"信息时必须停止操作。

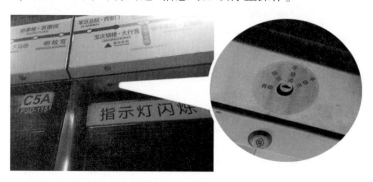

图2-2 屏蔽门人工操作示意图

(11)车站屏蔽门备用钥匙要求统一放在监控亭,站台岗站务员(或站台保安)(以下简称站台岗)负责保管。

(12)对已开启的屏蔽门进行断电前,须征得行车调度员同意,并按压紧急停车按钮防护。

(13)就地操作PSL的技术要求:

①开门时,要在"门关闭"位停顿1s,再打到"门打开"位,并在"门打开"位保持5s,确保屏蔽门全部打开;

②关门时,要在"门关闭"位保持5s,确保门全部关闭,屏蔽门PSL"ASD/EED门关闭"绿灯亮后,才可将钥匙回到禁止位,拔出钥匙。

三、屏蔽门常见故障处理程序

1. 屏蔽门玻璃破碎应急处理

(1)站台岗

①发现玻璃破碎报告车控室,如果是滑动门/应急门应将该门隔离(旁路)、断电。

②如玻璃未掉下来,将其左右相邻两档滑动门隔离(旁路)、断电后处于常开状态[端门破碎时将临近的滑动门隔离(旁路)后处于常开状态]。

③使用封箱胶纸将破碎的玻璃粘贴住,并设置隔离带和张贴告示牌。

④加强对相关屏蔽门监督防护,提醒乘客注意安全。

(2)行车值班员

①接报后,通知值班站长到场处理。

②做好乘客安全广播。

③通报行车调度员、维修调度员。

(3)值班站长

①接报后组织员工处理,并赶赴现场。

②如玻璃掉下来则组织将其清扫。如掉到轨道影响列车安全应向行车调度员报告,请点进入轨行区清理。

2. 使用PSL的专用锁钥匙断在锁孔中的处理

(1)司机

①如钥匙断在"门关闭"位,上下客完毕且屏蔽门已关闭,将连接PSL的LITTON接头从PSL上卸除,关车门动车后报行车调度员。

②如钥匙断在"禁止"/"门关闭"位,乘客尚未上下或断在"门打开"位时:立即将情况报车控室,要求派站台岗到尾端PSL操作屏蔽门。同时将连接PSL的LITTON接头从PSL上卸除。待站台岗关闭屏蔽门后,关闭车门动车,并将情况报告行车调度员。

(2)行车值班员

①接报后,通知站台岗到尾端墙协助开关屏蔽门。

②通报行车调度员、维修调度员。

(3)站台岗

①列车乘客未曾下车时,通过尾端PSL开启屏蔽门。

②确认乘客上下车完毕后,操作PSL关闭屏蔽门。

③后续列车到达对标停稳后通过尾端PSL开启屏蔽门。乘客上下车完毕(或列车开门约20s后),操作PSL关闭屏蔽门。

(4)行车调度员

通知运行前方站交一新钥匙给司机。

(5)运行前方站值班站长

与司机交接新钥匙。

3. 列车到站后整侧滑动门不能同步开/关

(1)司机

①操作PSL开/关屏蔽门。

②将情况报告行车调度员。

(2)行车调度员

①通报维修调度员。

②后续列车仍出现不能同步开关时,继续通知维修人员。

4. 列车到站后,一个或数个滑动门不能正常打开

(1)司机

①视情况适当延长站停时间,并报告行车调度员。
②乘客上下完毕后,关门动车。
(2)站台岗
①将情况报车控室。
②引导乘客从正常的门上下车。
③在故障门上粘贴故障告示。
(3)行车值班员
①多档门故障时报告值班站长和行车调度员。
②做好站台乘客广播,引导乘客从正常门上车。
③通报维修调度员。
(4)值班站长
①多档门不能打开时,组织人员现场引导乘客从正常的门上下车。
②当一节车厢对应屏蔽门全部不能正常开启时,需至少手动打开一档滑动门,并将其隔离(旁路)和断电,引导乘客上下车。
(5)行车调度员
多档门故障时通知线上后续列车司机做好乘客广播。
(6)后续列车司机
多档门故障时,做好乘客广播,引导乘客从正常门下车。

5. 列车发车前,一个或数个滑动门不能正常关闭
(1)站台岗
①单个门故障时,将故障门隔离(旁路),向司机显示"好了"信号,待发车后手动将该门关闭,并张贴故障告示。无法旁路时,先显示"好了"信号,发车后再处理。
②两档门不能关闭时:将就近一档隔离(旁路)后,手动将其关闭。到另一档故障门确认无夹人夹物后,向司机显示"好了"信号,待发车后将其隔离(旁路)和手动关闭,并张贴故障告示。
③两档以上门故障时:立即报告车控室,对开启的滑动门设置安全防护。开启的滑动门做好安全防护(或人工看护)后(人工看护时原则上每个人可监护五档相邻屏蔽门),向司机显示"好了"信号。待列车出发后将故障门隔离(旁路)和手动关闭,并张贴故障告示。
④对手动不能关闭的滑动门,加设安全防护栏,并加强监督防护。
(2)行车值班员
①通报行车调度员、维修调度员。
②后续列车加强车站站台乘客广播,引导乘客从正常门上车。
(3)值班站长
①多档滑动门故障时,组织人员协助设置安全防护栏或人工看护(人工看护时原则上每个人可监护五档相邻屏蔽门)。
②组织人员对开启的滑动门加强监督防护。
(4)司机
①报告行车调度员。

②凭站台岗"好了"信号动车。

6. 列车到站后,整侧滑动门不能打开(使用 PSL 仍不能开启)

(1) 司机

①使用 PSL(头端墙)重新开门一次,如无效立即报车控室。

②广播引导乘客自行手动开启屏蔽门上下车,同时报行车调度员。

③凭站台岗"好了"信号,关闭车门动车(列车能收到速度码时,以 SM 模式限速 30km/h 驶离车站)。

(2) 行车值班员

①通知站台岗手动打开滑动门。

②通报值班站长、行车调度员、维修调度员。

③做好乘客广播。

(3) 站台岗

①按每节车厢不少于一档门要求,手动打开滑动门,并将其断电。引导乘客从已开启门上下车。乘客上下完毕,开启的滑动门做好安全防护(或人工看护)后,向司机显示"好了"信号。

②做好安全防护,对开启的滑动门采取隔离(旁路)。后续列车到站后组织乘客从已开启的屏蔽门上下车,乘客上下车完毕后,向司机显示"好了"信号。

(4) 值班站长及车站其他员工

①按每节车厢不少于一档门要求,手动打开滑动门,并将其断电。

②引导乘客从开启门上下车。

③对开启的滑动门加强监督防护,并采取隔离措施。

(5) 行车调度员

通知线上后续列车司机做好乘客广播,适当延长站停时间。

(6) 后续列车司机

①做好乘客广播,通知乘客从已开启的屏蔽门下车,适当延长站停时间。

②列车能收到速度码时,以 SM 模式限速 30km/h 驶离车站。

7. 列车发车时,整侧滑动门不能正常关闭(操作 PSL 仍不能关)

(1) 司机

①立即报车控室,报告行车调度员。

②凭站台岗"好了"信号以 RM 模式动车离站。

(2) 站台岗

立即报车控室,并采取以下措施:

①对开启滑动门设置安全防护。

②开启的滑动门做好安全防护(或人工看护)后(人工看护时原则上每个人可监护五档相邻屏蔽门),向司机显示"好了"信号。

③后续列车待乘客上下完毕做好安全防护后,向司机显示"好了"信号。

(3) 行车值班员

①通报值班站长、行车调度员和维修调度员。

②加强车站站台乘客安全广播。

（4）值班站长

接报后，组织人员加强对开启滑动门的监督防护（人工看护时原则上每个人可监护五档相邻屏蔽门）。

（5）行车调度员

故障未消除前，向后续列车司机通报故障情况。

（6）后续列车司机

①列车自动停车后，以 RM 模式驾驶列车进站，对标停车。

②凭站台岗"好了"信号以 RM 模式动车离站。

8. 使用互锁解除接发列车

（1）行车值班员

①在后续列车因屏蔽门故障影响行车时[如故障门未隔离（旁路）或 MCP 盘"关门"绿灯不亮]，安排站台岗在头端墙操作互锁解除接发车（整侧滑动门均不能正常关闭时除外）。

②通知列车运行方向的后方邻站后续列车到其站后向本站报点。

③接到后方站报点后，通知站台岗操作互锁解除接车。

（2）站台岗

①接到行车值班员的通知后，到头端墙 PSL 处，使用钥匙操作互锁解除接车。

②列车到达停妥后，将钥匙打到"门打开"位打开屏蔽门。

③乘客上下完毕、将钥匙打到"门关闭"位关闭屏蔽门，再使用钥匙操作互锁解除发车。

④待列车尾部离开轨道电路 S 棒后，松开钥匙开关。

（3）值班站长

①如有滑动门/应急门异常开启时，设置安全防护栏或安排人工看护（人工看护时原则上每个人可监护五档相邻屏蔽门）。

②乘客上下完毕后，向司机显示"好了"信号。

四、屏蔽门/列车车门夹人夹物应急处理程序

（一）屏蔽门/列车车门夹人夹物处理原则方法

（1）站台岗应站在站台两端的楼扶梯口值岗，车门和屏蔽门关闭之际，应尽可能确认是否有夹人夹物；发现夹人夹物应及时向司机显示停车信号，并按压停车按钮。

（2）行车值班员在列车到站期间应加强监控，观察站台岗是否有异常，需要时，可按压 MCP 盘紧停按钮。

（3）司机在关门期间应重点监控是否有抢上乘客，如有，不要急于动车，应重点观察站台岗是否显示紧停手信号。

（4）列车车门夹物动车后应及时汇报清楚，并由司机统一处理，车站不得开启屏蔽门或应急门来处理车门夹人夹物。司机动车后接到夹人夹物处理命令后，应先进行客室广播再迅速前往现场处理。

（5）车站站台工作人员应熟记车站楼扶梯口对应的列车车厢号码和车门编号，便于及时

准确地汇报。

(6)车站人员及时通知相关专业人员恢复站台紧急停车按钮盖板。

(二)屏蔽门/列车车门夹人夹物处理程序

1. 列车未动车时处理程序

(1)站台岗

①发现列车车门/屏蔽门夹人夹物且没有自动弹开释放,立即就近按动紧急停车按钮。

②在赶赴现场查看的同时将情况报告车控室。

③向司机显示停车手信号,示意司机重新打开车门/屏蔽门。

④将人或物撤出后,向车控室报告,并向司机显示"好了"信号。

⑤值班站长到场后,协助调查处理。

(2)行车值班员

①发现异常或接到报告后,通知值班站长前往处理,并向行车调度员汇报。

②利用CCTV观察现场情况。

③需要时,通知公安或地铁执法人员到场协调处理。

④接到人或物撤出通知后,取消紧急停车,并汇报行车调度员。

(3)值班站长

①赶赴现场处理,调查事件原因。

②如发生客伤事故,按《客伤处理程序》办理。

③若是乘客抢上抢下造成时,寻找目击证人,并记录详细资料。

④事件处理完毕后,将有关情况通报行车调度员。同时对乘客进行教育,对蛮不讲理的乘客,通知公安或地铁执法人员到场协调处理。

(4)司机

①如接到报告或观察到夹人夹物后,应重新打开车门和屏蔽门,待人和物撤离后,再关闭屏蔽门和车门。

②如司机发现而站台岗未发现夹人夹物处所时,应通知车控室。

③凭站台岗"好了"信号,关闭车门和屏蔽门,确认车门、屏蔽门无夹人夹物及屏蔽门和车门之间空隙无滞留人或物。

④凭行车调度员指令动车。

(5)行车调度员

①接到报告后,了解现场情况,必要时,指示有关人员按章处理,监控事件处理经过和结果,提醒相关人员防止夹人夹物开车。

②接到事件处理完毕报告后,指示司机动车。

2. 列车已动车时处理程序

(1)站台岗

①发现列车车门/屏蔽门夹人夹物,列车已启动,立即就近按动紧急停车按钮。

②立即将情况报告车控室,如列车尚未出站且所在位置在站台有效范围内,应前往夹人夹物现场了解情况和处理。

③如列车未停车,应立即报车控室。

(2)行车值班员

①发现异常或接到报告后,立即向行车调度员汇报,并通知值班站长到现场处理。如列车未停止运行,应立即向行车调度员汇报;不能立即与行车调度员通话时,应通知前方站扣停列车进行处理。

②利用 CCTV 观察现场情况。需要时,通知公安或运管办到场协调处理。

③接到行车调度员通知后,取消紧急停车,恢复正常运作。

(3)值班站长

①赶赴现场,协助司机进行处理。

②调查事件原因,并检查是否对车站设备造成影响,将有关情况通报行车调度员。

(4)行车调度员

①接到报告后,通知司机前往现场处理。

②通知前方站安排人员到指定车厢了解情况和采取相应的处理措施。

③接司机夹人夹物事件处理完毕报告后,通知车站取消紧急停车,指示司机动车。

④如对设备造成影响时,还应通知相关部门前往处理和指示后续列车的运行。

(5)司机

①列车产生不明原因紧急制动后汇报行车调度员(如运行中获知夹人或夹物信息应立即停车)。

②接到行车调度员(乘客报警)有关夹人夹物处理指示后确认具体位置,做好乘客安抚广播。

③携带手持台前往现场采用单个车门紧急解锁方式处理(解锁前要确保附近乘客的安全),严禁按压司机室门控按钮开门。

④处理完毕,恢复车门,汇报行车调度员;凭行车调度员指令动车。

(三)汇报时标准用语

(1)站台岗汇报车控室时标准用语:

①站台岗在车门夹人或夹物时用语为:"车控室,上行(下行)列车×号车厢×号车门夹人(夹物)"。站台岗汇报时用语为:"车控室,×站台列车×号车厢×号车门夹人(夹物)"。

②站台岗在屏蔽门夹人或夹物时用语为:"车控室,×站台第×档屏蔽门夹人(夹物)"。

(2)行车值班员汇报行车调度员时标准用语:

①行车值班员在车门夹人或夹物时用语为:"行车调度员,×站上行(下行)站台(出站)列车×号车厢×号车门夹人(夹物)"。

遇列车运行方向右侧车门夹人夹物时,车站还要重点汇报右侧门。

②行车值班员在屏蔽门夹人夹物时用语为:"行车调度员,×站台第×档屏蔽门夹人(夹物)"。

(3)司机处理完毕汇报行车调度员标准用语:

司机:"行车调度员,×次列车夹人(夹物)处理完毕,有(无)乘客受伤。"

行车调度员:"×次列车夹人(夹物)处理完毕,有(无)乘客受伤"、"×次列车司机可以动车。"

单元2.3 车站客伤事故的处理

近年来,随着各地轨道交通新线开通,城市轨道交通已经成为城市居民出行的重要交通工具,然而城市轨道交通中乘客受伤事故也屡见报端。城市轨道交通中人员密集,一旦发生事故,则将产生较大影响和严重后果,严重影响运营企业的服务水平,甚至产生群体性恐慌事件。因此,为保证乘客安全地乘坐城市轨道交通,减少或消除危险性,作为直接从事运营工作的城市轨道交通工作人员都必须具有一定的客伤事故应急处理能力。

一、客伤事故

在城市轨道交通运营区域内,凡持有当日当次有效的乘坐城市轨道交通有关凭证(包括持有效证件享受免费乘坐的乘客),从验票进站始至验票出计费区检票闸机处,由公司管辖的附属设施如出口、自动扶梯、通道等区域内因乘客受伤构成的事故,称为客伤事故。

常见的客伤事故类型有以下几种:

(1)客流拥挤带来的踩踏事件。如2014年4月8日,武汉地铁2号线光谷广场站C出口处,上行电梯上方一块瓷砖脱落砸中2人,另有5人在拥挤中受伤。

(2)车站设备异常和故障引起的乘客受伤,如屏蔽门夹人(夹物)、电扶梯摔伤、闸机夹人(夹物)等情况致人受伤。

(3)列车压人、撞人。乘客在站台等候区越过安全线而坠落至轨行区,或轻生乘客卧轨等情况造成的人员伤亡。

(4)车站突发事件或严重行车事故引起的伤亡,如车站火灾、车站有毒气体侵害等造成的人员伤亡。

(5)乘客间冲突或其他暴力事件。

(6)乘客自身原因。老弱病残乘客因周围环境不适或受其他因素刺激易导致疾病突发。

据资料显示,2010年某市地铁客伤事故统计见表2-1。

国内某市地铁客伤事故统计 表2-1

序号	客伤类别	数量(件)	比例(%)
1	扶梯摔伤	275	53.30
2	因车门/屏蔽门/关门时受伤	79	15.31
3	站内摔伤	51	9.89
4	脚踏进列车与站台之间的空隙	38	7.37
5	闸机开/关门时受伤	8	1.55
6	治安事件	24	4.66
7	第三方原因	28	5.43
8	其他	13	2.52
	合计	518	100.00

从表2-1中可见,在众多引起客伤事故的原因中,电扶梯事故最多,占到53.3%,因此,加强电扶梯日常检查保养与巡视非常必要。

二、乘客车站受伤事故处理原则与程序

在城市轨道交通运营过程中,乘客在城市轨道交通运营范围内感到不适、发病、昏迷或因意外事故受伤等事件,车站工作人员应按照下列的原则和程序进行处理。

1. 乘客受伤事故处理原则

(1) 车站在处理乘客受伤事件时,要以维护城市轨道交通运营企业形象、保护公司最大利益为原则,以人为本,给予乘客必要的帮助。

(2) 车站在处理乘客受伤事件时,要在第一时间内进行取证工作,尽可能得到旁证及当事人签字确认,以事实为依据,客观记录,充分留下原始资料。原始资料可参照表2-2、表2-3、表2-4填写当事人、工作人员、目击者的记录表并存档。

(3) 及时将事件的处理结果报告给相关部门,以备后续处理。

事故经过记录表（当事人） 表2-2

事发时间：＿＿＿＿年＿＿月＿＿日
事发地点：
当事人姓名：＿＿＿ 性别：＿＿ 年龄：＿＿
身份证号码：
联系电话：
家庭地址：
事件经过记录方式:自写（ ）;口述授权他人代写（ ）

签名：＿＿＿＿（手印）＿＿＿＿　　　　安保部

事件经过记录表（工作人员） 表2-3

事发时间：＿＿＿＿年＿＿月＿＿日
事发地点：
工作人员姓名：＿＿＿＿ 当班岗位：＿＿＿＿
事情经过记录：

签名：＿＿＿＿（手印）＿＿＿＿　　　　安保部

2. 乘客受伤事故处理办法

乘客受伤事故处理办法如下:

(1) 车站现场工作人员发现或接到受伤乘客求救时,应立即报告值班站长并赶赴现场,了解伤(病)者情况及初步原因。

① 视伤(病)者情况,若其意识清醒,询问其是否需要车站协助致电120急救中心,征得同意后帮助其拨打120急救电话。询问伤(病)者家人联系电话,设法联系其家人尽快来站救护。伤(病)者家人到站后,由其家人将其接走,如车站致电120急救中心,救护人员到达后,车站协助将伤(病)者送至救护车上。如乘客认为是车站原因导致其受伤,要求车站派人同往医院时,车站员工应请示站长及运营单位客伤主管部门,获准后方可派人陪同前往医院。

②若伤(病)者情况危急,意识不清,不及时救护可能会有生命危险,车站应及时致电120急救中心,同时车站需及时上报行车调度员、车站站长及运营单位客伤主管部门。

(2)如因城市轨道交通设备造成事故,应立即停止该设备运作(影响列车运行的设备除外),并报告车站控制室。

(3)疏散围观群众,寻找目击证人,收集、记录有关证人资料。

(4)需要时,对乘客外伤进行简单的包扎处理。

(5)如调查需要,应保护好现场,必要时对有关区域进行隔离,并用相机记录有关现场情况。

事件经过记录表(目击证人) 表2-4

| 事发时间:_____年___月___日 |
| 事发地点:_____ |
| 目击者姓名:_____性别:____年龄:____ |
| 身份证号码:_____ |
| 联系电话:_____ |
| 家庭地址:_____ |
| 事件经过记录:_____ |
| _____ |
| _____ |
| _____ |
| _____ |
| _____ |
| _____ |
| 签名:_____   安保部 |

(6)必要时,根据值班站长安排,站务人员到紧急出入口引导急救人员进站。

(7)必要时协助警方进行事故调查。

为保证乘客出现伤亡时的技术抢救和快速处理,城市轨道交通运营公司一般设置乘客伤亡紧急处理经费。若初步判断乘客受伤属于城市轨道交通责任时,车站应立即向有关部门、单位报告,车站可安排员工陪同伤者前往医院检查治疗;伤者在医院所花费用,经请示同意后,可由车站在有关处理经费中垫付。伤者提出索赔时,车站应配合相关部门人员与当事人协商处理。

3.乘客车站受伤事故处理流程

(1)值班站长

①马上赶赴现场,疏散围观乘客。

②安抚乘客并与乘客进行沟通了解情况。

③对伤势轻微者或需要急救者进行简单救助。如伤者要求或伤势严重时应及时拨打120急救电话。

④寻找目击证人,做好取证记录。

⑤安排人员保护现场(如需恢复现场应在恢复现场前进行拍照取证)并做好记录,收集有关资料,并协助保险公司或公安进行处理。

⑥如因地铁设备造成事故,应停止该设备运作(影响列车运行的设备除外),并通知维修责任部门到现场检查处理,并出具相关运行记录。

⑦汇总资料,填写相应表格上报车务部综合技术室和安技部。

(2)行车值班员

①立即报行车调度员和保险公司,视情况请求急救中心和地铁公安支援,再按照规定要求进行汇报。

②派人到指定出入口引导急救中心人员进站。

③将情况报告站长、车务部有关人员。

④通过CCTV观察现场,加强与值班站长、行车调度员联系。
⑤尽可能联系伤者家属。
(3)车站其他员工
①需要时,对乘客外伤进行简单救护。
②疏散围观乘客,协助寻找2名目击证人,记录证人有关资料,以便协助调查。
③设置隔离带,保护好现场。
④协助事故调查。
(4)行车调度员
①接到报告后,报告值班主任。
②如事件影响列车运行影响,则应扣停列车、调整列车的运行。
③按照规定要求进行汇报。

三、列车撞人、撞物事故处理办法

1. 地外伤亡事故处理办法

在城市轨道交通运营线路上,发现列车撞轧外部人员或与其他车辆、物体碰撞,造成人员伤亡,即列为地外伤亡事故。伤亡事故的现场处置应按以下办法进行。

(1)车站发生伤亡事故,由值班站长担负现场指挥工作;区间发生伤亡事故,由列车司机担负现场指挥工作。

(2)车站发生伤亡事故,列车司机必须立即停车,将情况向车站行车值班员汇报;行车值班员应根据情况要求接触网(轨)停电,本着尽快开通线路的原则进行处置,并设法挽留1~2名证人。

(3)区间发生伤亡事故,列车司机必须立即停车,将情况向行车调度员或邻近车站行车值班员报告;根据情况要求接触网(轨)停电,在事发地点做好标记,并将伤者送到最近前方车站交车站妥善处理。对死者要移至不妨碍行车的地点;地面线路应对死者尸体进行遮盖,处理完毕后,请求送电,恢复行车。

(4)车站行车值班员接到报告后,应立即上报行车调度员,并通知公安。行车调度员上报值班主任,值班主任接到报告后及时通知公安。

(5)对伤亡事故现场不妨碍行车的事故遗留物品采取保护措施。

(6)公安机关、城市轨道交通工作人员接到报告后,应迅速赶到现场。

(7)城市轨道交通工作人员要协助公安机关调查取证,维护站、车秩序,处理现场,尽快恢复通车。对事故列车,行车调度员要及时调整回段,由公安机关进行勘查。

(8)接触网(轨)停电、送电和列车的移动要服从现场指挥。公安机关、城市轨道交通工作人员需要进入运营线路勘察、清理现场,必须经现场指挥认定,工作结束时由现场指挥清点人数后,方可要求接触网(轨)送电。

(9)城市轨道交通工作人员应如实向公安机关陈述事故发生经过,其他知情者应及时向公安机关提供证据。

(10)公安机关依法对事故现场、设备进行勘察。需要时,城市轨道交通工作人员给予配合。

(11) 发生伤亡事故,城市轨道交通客运部门应及时将伤者送往医院进行抢救。死者由公安机关依据有关规定进行处理。

(12) 发生伤亡事故,车站行车值班员、列车司机应及时告知乘客。对乘客的广播宣传工作要按以下标准用语执行。

①列车广播词:"各位乘客请注意,现在是临时停车,由于前方发生人员侵入轨道线路事件,公安机关正在积极处理,列车很快将恢复运行,由此给您带来不便,请谅解。"

②车站广播词:"各位乘客请注意,由于发生人员侵入轨道线路事件,公安机关正在积极处理,列车很快将恢复运行,由此给您带来不便,请谅解。"

(13) 发生伤亡事故,需要向媒体发布有关信息时,由城市轨道交通运营公司新闻发言人负责。

(14) 伤亡事故的善后处理,由城市轨道交通运营公司根据公安机关出具的事故调查结论,依照《城市轨道交通安全运营管理办法》处理。

2. 站务人员应急处理程序

车站发生撞人、撞物等事故后,各站务岗位人员应急处理程序如下:

(1) 车站发生撞人、撞物、地外伤亡事故后,行车值班员应立即向行车调度员、公安派出所报告,通知值班站长、区域站长等上级领导。

(2) 值班站长应立即赶赴现场并在上级领导及公安人员未到达之前担当现场负责人,组织指挥现场处理以下工作:

①指定专人负责挽留 2 名以上非城市轨道交通员工的目击者作为证人,索取证明材料;证人有急事不能留下时,应记下其工作单位、家庭地址及联系电话等。

②利用车站广播设施做好乘客宣传解释工作,劝导乘客改乘其他交通工具。

③售检票人员维护好站厅秩序,依据现场情况采取限制售票或停止售票方式控制乘客进站。

④需下站台查看及处理时,必须在接触网(轨)停电后由现场负责人指定专人进行。

⑤查看现场时,在未发现之前或当事人未死亡的情况下,严禁送电、动车,找到被轧者后应查看其伤亡情况;无法断定是否死亡的一律按伤者处理,应设法将其尽快移至站台。

⑥如被轧者未亡,尽一切努力避免动车救人;但在只有动车方可救人的情况下,由现场公安人员作出动车决定。

⑦需对伤者进行救护时,应及时通知急救中心,指派专人到指定出入口迎候救护车辆。

⑧如当事人已经死亡,其位置不妨碍列车运行,可先行送电通车;如其位置妨碍列车运行,可将尸体移上站台或移至边墙、道沟等不侵界位置,再行送电、通车,必要时再次停电处理,做好标记。

⑨除现场处理以外的其他车站工作人员,应做好疏散围观乘客和维护站台、站厅秩序的工作。

(3) 车站工作人员应积极协助公安人员的调查工作,涉及刑事案件的地外伤亡事件,应尽量保护现场,尽一切可能留住嫌疑人、知情人及可提供线索者,积极协助公安人员的工作。

3. 列车撞人、撞物事故处理流程

(1) 司机

①发现撞人,马上紧急停车,报告行车调度员,做好乘客广播。

②接到行车调度员清客命令,做好列车清客工作。

③将列车钥匙交予事故处理负责人,并将情况报运转值班队长。

④处理完毕后,按行车调度员指示办理;如无法驾驶列车,则由运转值班队长安排其他司机接替。

(2) 运转值班队长

接到报告后,立即安排其他司机或督导到现场协助处理。

(3) 行车值班员

①接报列车压(撞)人,如在车站(包括站前、站后轨道区段)按压紧急停车按钮进行防护,通知驻站警察和120,报告值班站长。

②向行车调度员申请进入轨行区。

③通过CCTV监视站台及站厅情况,视情况控制进站客流。做好乘客广播,利用PIS系统发布列车延误的信息。

④将情况报告站长。

⑤接值班站长通知线路出清后,向行车调度员报告开通线路(复位ESB),恢复正常运营。

(4) 值班站长

①指派员工在出入口接应120医护人员。

②接行车调度员清客命令后,安排车站员工做好列车清客工作。

③组织车站工作人员携带备品,得到行车调度员同意,设置安全防护措施,并收接收司机列车钥匙后进入轨行区。

④对伤者进行安抚,根据伤势情况组织将伤者抬出轨行区或由120救护人员抬出轨行区(如伤者被列车压住时,根据现场警察意见进行处理)。

⑤收集和记录伤者资料,并联系其家人。

⑥出清线路后撤除安全防护,并通知行车值班员,将列车钥匙交还司机。

⑦如列车由原司机驾驶时,作为列车引导员添乘列车,协助司机。

⑧120救护人员到场后视情况安排1名站务员陪同送往医院。

⑨将事故处理过程写成报告,并向OCC及上级领导汇报。

(5) 客运值班员

①负责疏散围观乘客。

②寻找目击证人,记录其联系资料。

③需要时,对伤者外伤进行简单包扎处理。

(6) 站台岗

①发现列车压(撞)人在站台立即按压紧急停车按钮。

②协助值班站长等进入轨行区抬运被压(撞)乘客。

③处理完毕后,按规定接发列车。

(7)行车调度员

①接报后做好记录,报告值班主任及通知相关车站,指定车站进入轨行区进行处理。

②调整列车运行,在列车压人的区间(车站)的后方站设置扣车并通知车站及司机,向全线发布列车延误的信息,指示车站做好乘客广播及客运服务工作。

③根据车站的请求批准车站工作人员进入轨行区。

④按值班主任清客指示通知车站、司机对列车进行清客。

⑤监视其他列车的运行状态,均衡列车的间隔,通过CCTV监视相关车站的客流情况。

⑥接车站线路出清报告后,及时开通线路(若在车站发生,指示车站复位ESB),调整列车运行,恢复正常运营。

(8)调度值班主任

①接报告后,通报OCC主任、车务部、安技部、分公司相关人员。

②指示环控调度员开启隧道通风。

③如处理时间较长,安排车站进行列车清客。

④通过大屏监视列车的运行状态,通过CCTV监视各站客流情况,重点监视发生事故车站的客流情况。

(9)环控调度员

①视情况开启隧道通风。

②检查、监视通风情况。

四、相关案例——某市地铁某上行站台撞人事件

1. 事件概况

2007年7月某日19:45,某市地铁1320次列车进上行Z站,距站台15m处,司机发现一青年男子跳入轨道,立即采取紧急制动,但列车已撞人,最终列车停在不到对标处50m。控制中心立即启动相应应急预案,经过地铁运营工作人员与地铁公安人员的联合处置,20:30分线路出清,恢复行车。造成影响行车45min;救援1列,清客5列,抽线2列,晚点2列,小交路3列;IC卡更新79张、退票357张;乘客投诉1起。

2. 事发经过

19:45,1320次司机汇报在上行Z站站台有人跳轨,已按压紧急停车按钮,列车进站一半,人在车子下面。

19:45,Z站报1320次在上行站台中部停车,行车调度员问是否有人跳轨,车站汇报没有发现有人跳轨,行车调度员通知车站派人到现场检查。

19:46,行车调度员呼叫上行列车各站多停1min。

19:47,行车调度员问Z站情况,车站汇报正在报地铁公安,值班站长已经去站台。

19:48,行车调度员通知Z站0522次列车待令,强行站控,解锁相关道岔。

19:49,行车调度员问Z站情况,车站汇报已找到目击证人,已报120、地铁公安,人在列车第二节车厢底下。

19:50,行车调度员通知1320次司机切除列车前面几节车的车门清客。

19:50,行车调度员通知Z站启动道床伤亡应急预案;车站汇报人在车轮底下,必须动车才能将人出清。

19:51,环控调度员向有关站发布晚点信息。

19:51,行车调度员通知G站,G备用车到G站上行站台加开2302次载客服务,强行站控,解锁相关道岔,并排列进路。

19:52,Z站汇报从站台无法下轨行区。

19:52,行车调度员通知G存车线备用车司机到G上行站台加开2302次,载客服务。

19:53,行车调度员通知Z站疏散站台乘客。

19:54,行车调度员呼叫全线列车司机各站多停1min。

19:54,环控调度员向全线车站发布晚点信息。

19:55,行车调度员呼叫全线列车司机两端站晚发1min。

19:55,Z站汇报地铁公安到达现场。

19:57,1320次司机汇报列车清客完毕。

19:57,行车调度员通知0522次X站换端,折返到下行线改开0523次,载客服务。

19:59,X站报0522次清客完毕。

19:59,行车调度员通知1221次X站下行待令。

20:00,0523次司机报换端完毕,行车调度员通知其动车,载客服务。

20:01,行车调度员通知1320次司机凭现场指挥人指令动车。

20:01,行车调度员通知0822次司机到X站上行清客换端折返到下行线。

20:02,行车调度员通知1707次A站I道待令。

20:04,环控调度员调向全线车站发布晚点信息。

20:05,X站报0822次清客完毕。

20:07,0822次司机报换端完毕,行车调度员通知其折返到下行线改开0823次,载客服务。

20:07,行车调度员通知0923次司机W站下行清客,经G存车线折返至G上行站台。

20:07,行车调度员问Z站情况,车站报尸体上半身已找到出清,下半身未找到,公安还未给答复。

20:08,行车调度员通知1221次X站清客,改开1222次,X-M站间下行拉风箱运行。

20:09,行车调度员问Z站还需要多长时间能出清线路,车站回复还不知道,要看公安答复。

20:10,0923次司机汇报W清客完毕,行车调度员通知其确认信号动车。

20:11,Z站报公安要求动车,人员已出清线路。

20:12,环控调度员通知XWM-MQG站,通知乘客如有急事改乘其他交通工具。

20:13,行车调度员通知1320次限速10km/h进站对标,0823次动车折返(X间未排路延误),1221次动车开往G。

20:15,1320次司机报现场指挥人通知可以动车。

20:15,行车调度员通知G站,1320次进G存车线,车站排列进路。

20:17,行车调度员问1320次司机是否可以正常行车,司机报车辆设备正常,能正常行车。

20:18,行车调度员通知 1320 次司机出站台限速 10km/h,出清站台后恢复正常驾驶进 G 存车线。

20:18,1320 次 Z 站动车。

20:18,环控调度员向全线车站发布全线恢复正常运营信息。

20:20,行车调度员通知 1222 次 G 清客换端。

20:22,行车调度员问 Z 站上行线路出清情况,车站报要等公安确认。

20:24,现场指挥人与 OCC 联系,OCC 要求尽快出清线路。

20:27,1320 次司机报已进入 G 存车线并停妥。

20:30,Z 站报线路已出清。

20:30,行车调度员通知 1022 次司机限速 15km/h 进 Z 站台。

20:31,行车调度员通知 Z 站在站台做好隔离,做好乘客服务。

20:32,行车调度员通知 1022 次司机 Z 进站不开门,越站通过。

20:33,行车调度员通知 2303 次司机 Z 站越站通过。

20:34,行车调度员通知 Z 站 1022 次、2303 次越站通过。

3. 处理过程的成功与不足

(1)主观判断有误,经验不足

①主观判断不及时,过多询问司机,依据当时司机报告情况,应能判断此人已经被压死,耽误了一定时间(从 19:45 至 19:49,其实司机报告列车已压人,就应该马上指挥值班站长担任现场指挥去处理),从而也影响了清客时间。

②由于是该市地铁第一次发生压人事件,对预案了解及学习不够,导致处理起来没有经验。

(2)先期处置不合理,措施不果断

①事件发生之后,未封锁事故现场,没有及时指定值班站长担任现场指挥,导致执行力度不够。

②交给现场指挥之后,现场意见不统一,特别是司机在移动过程中反复询问行车调度员,主要是"有没有封锁",虽然现场是交由指挥人负责,但事先没有告知司机听从现场指挥人员,如果发了"封锁"指令就可以避免此类现象发生。除非在危害安全的情况下可以不听从指挥人要求。

③事发之后,处理不够沉着。其实行车调度员只要明确指挥人,及时启动预案,询问指挥人需要处理时间,抓好几个关键点,不必要反复询问车站。

(3)信息发布不对称

OCC 没有跳轨事件处置经过的后续信息发布,导致赶赴现场的有关人员不清楚现场处置需要解决的问题。

(4)方案决策基本合理

事件发生之后,一方面做好列车调整,及时安排 G 备用车上线服务,故障区段安排了拉风箱运行;另一方面及时启动压人应急预案并发信息给相关领导。

(5)现场处置不力,耽误了开通时间

①前期现场处置的地铁公安人员对地外伤亡事故处置职责与程序不熟悉,对线路内尸

体清运请示过多，延误了时间，影响了开通时间。19:49 至 20:11 线路才出清，共花了 22min。

②1320 次出清站台，车站未能及时清理轨行区尸体，延误了处理时间，影响了开通时间。20:12 至 20:30，共花了 18min。

（6）列车调整及时，减少了影响

①事件发生初期，行车调度员随即扣停了相关列车，通知司机多停、两端站晚发，并及时通知相关有岔车站解锁道岔，为后面调整赢得了时间。

②故障发生后，下行第一趟列车没有安排通过，对乘客有一定影响；但从第二趟开始安排通过，降低了影响力。与此同时，及时指挥司机通过门外解锁疏散乘客，减少了影响。

③Z 站发生道床伤亡事件后，OCC 能及时启动应急预案，立即发布信息，及时做好行车调整，及时组织小交路、下行线拉风箱开行，采取备用电客车加开 1 列的运行方式，保证了运营秩序，减少了社会负面影响。

（7）各工种调度员配合较好，保证了事件处理的顺利进展

①事件发生后，行车调度员、环控调度员、电力调度员配合较默契。环控调度员协助发布晚点信息，电力调度员协助发布事件处理信息。

②在估计事件对运营服务将要产生一定影响时，环控调度员晚点信息发布及时，及时通知车站做好乘客服务，降低了影响。

（8）相关流程制度须要进一步完善

①故障车进 G 存车线，限速没有标准，包括故障车后第一列车限速也没有标准。但是，目前也没有具体标准，行车调度员执行有一定难度，只能根据当时实际情况予以限速。

②列车压人预案有待完善。其预案需要进一步梳理，明确各岗位职责，避免现场指挥混乱。

③对外描述需要统一。事发当日，曾有记者试图进 OCC 大厅，由于当时有公司领导在，没让进。

（9）其他

①及时安排相关人员对故障列车进行了检查，并及时安排列车进 G 存车线下线。

②事后发现，故障车 ATP 天线被撞断，存在一定隐患。

4. 防范措施

（1）加强轨道伤亡预案学习，平常要养成从桌面演练和实作演练中去总结问题、思考问题，特别要把一些规章没有明确的问题，进行深入研究，不要停留在表面分析上，如：轨道伤亡预案重点，要及时封锁相关区段，明确各阶段现场指挥人；伤亡事件发生在站内交给值班站长指挥，如发生在区间则交由司机指挥，等公司相关领导到达现场之后再交给现场指挥人处理，保持与现场联系。保证信息畅通，做到心中有数。

（2）加强后续信息发布，保证事件处理信息的延续性，并保证信息的发布准确、清晰。

（3）接报此类故障必须做好预想和判断，沉着冷静。对可能影响运营服务的，要及时清客；做好列车调整，减少对乘客影响。无论是列车刚进站台一半，还是全部进站，都要及时指挥司机和车站清客，减少负面影响。

（4）公司应加强相关人员对地铁设施设备公共知识的培训，担任现场指挥的人员更要在

一定程度上具备全方位的业务能力,否则指挥人员分别对同一问题会产生迥然不同的看法。现场指挥人员要及时按照有关预案进行处理,及时汇报现场进展情况,保证线路及时出清,最大限度地维持乘客服务工作。

(5)优化作业流程,提高故障处理效率。

(6)对于此类故障,限速标准如有专业人员在现场,应听取其意见,并确认是否要退出,再指挥司机动车。

(7)提醒检修人员及司机重点加强车底部检查,以防因车辆问题再次影响运营服务。

(8)完善作业流程,编制相关预案。通过中心与客运部协调,针对发生的事件,及时进行梳理,对一些目前没有明确处理方案的,要在事件处理之后进行总结,明确各部门、各中心职责,保证突发事件处理得以顺利进行。

(9)加强事后分析制度,认真吸取每件事件的教训,做到举一反三。

知识链接

常用客伤急救措施认知

1. 乘客创伤急救措施

(1)创伤急救的基本原则

创伤急救在原则上先抢救、后固定、再送医院,并注意采取措施,防止伤情加重。需要送医院救治的,应立即做好保护伤员措施,尔后送医院救治。

抢救前先将伤员安静躺平,判断伤员全身情况和受伤程度,如有无出血、骨折和休克等。若外部出血,则立刻采取止血措施,防止失血过多而休克。外观无伤,但呈休克状态,神志不清或昏迷者,要考虑其胸腹部内脏或脑部受伤的可能性。

为防止伤口感染,应用清洁布片覆盖。救护人员不得用手直接接触伤口,更不得在伤口内填塞任何东西或随便用药。

搬运时使伤员平躺在担架上,腰部束在担架上,防止伤员跌下。平地搬运时,伤员头部在后;上楼、下楼、下坡时,伤员头部在上;搬运中应严密观察伤员,防止伤情突变。

(2)止血

伤口渗血:用较伤口稍大的消毒纱布数层覆盖伤口,然后进行包扎。若包扎后仍有较多渗血,可再加绷带适当加压止血。

伤口出血呈喷射状或鲜血涌出时,立即用清洁手指压迫出血点上方(近心端),使血流中断,将出血肢体抬高或举高,以减少出血量。

用止血带或弹性较好的布带进行止血时,应先用柔软布片或伤员的衣袖等数层垫在止血带下面,再扎紧止血带,以刚使肢端动脉搏动消失为度。上肢每60min、下肢每80min放松一次,每次放松1~2min。开始扎紧与放松的时间均应书面标明在止血带旁,扎紧时间不宜超过4h。不要在上臂中1/3处和腋窝下使用止血带,以免损伤神经。若放松时观察已无大出血,可暂停使用止血带。

高处坠落、撞击、挤压可能有胸腹内脏破裂出血。受伤者外观无出血但常表现面色苍白,脉搏细微、气促、冷汗淋漓、四肢厥冷、烦躁不安,甚至神志不清等休克状态,应迅速躺平,抬高

下肢,保持温暖,速送医院救治。若送院途中时间较长,可给伤员饮用少量糖盐水。

2. 中暑的现场急救措施

(1) 搬移。迅速将患者抬到通风、阴凉、甘爽的地方,使其平卧并解开衣扣,松开或脱去衣服,如衣服被汗水湿透应更换衣服。

(2) 降温。患者头部可捂上冷毛巾,可用50%酒精、白酒、冰水或冷水进行全身擦浴,然后用扇子或电风扇吹风,加速散热。有条件的也可用降温毯给予降温。但不要快速降低患者体温,当体温降至38℃以下时,要停止一切冷敷等强降温措施。

(3) 补水。患者仍有意识时,可给一些清凉饮料;在补充水分时,可加入少量盐或小苏打水。但千万不可急于补充大量水分,否则,会引起呕吐、腹痛、恶心等症状。

(4) 促醒。病人若已失去知觉,可指掐人中、合谷等穴,使其苏醒。若呼吸停止,应立即实施人工呼吸。

(5) 转送。对于重症中暑病人,必须立即送医院诊治。搬运病人时,应用担架运送,不能要患者步行;同时运送途中要注意,尽可能地用冰袋敷于病人额头、枕后、胸口、肘窝及大腿根部,积极进行物理降温,以保护大脑、心肺等重要脏器。

3. 心肺复苏法

猝死、溺水、触电、中毒、失血过多时,常会造成心脏停搏。如果抢救不及时或抢救方法不当,极易产生不良后果。此时,运用心肺复苏法(包括人工呼吸法和胸外心脏按压法)抢救病人至关重要。

(1) 应急要点

① 急救开始的同时,应及时拨打急救电话。

② 抢救前,施救者首先要确保现场安全,确定病人呼吸、脉搏是否停止,然后再施行救助。

③ 施救者先使病人仰面平卧于坚实的平面上,然后将自己的两腿自然分开,与肩同宽,跪于病人肩与腰之间的一侧。

④ 人工呼吸法主要包括:口对口人工呼吸、口对鼻人工呼吸、口对口鼻人工呼吸等方法。采取口对口施救时,如病人口中有异物,要先清除,开放气道,再用一只手按住病人前额,另一只手的食指、中指将其下颌托起,使其头部后仰;压额头的拇指、食指捏紧病人鼻孔,吸足一口气后,用口唇严密地包住病人的口唇,以中等力量将气吹入病人口内,不要漏气;当看到病人的胸廓扩张时停止吹气,离开病人的口唇,松开捏紧病人鼻翼的拇指和食指,同时侧转头吸入新鲜空气,再施二次吹气。每次吹气时间,成人为2s,儿童为1~1.5s。

⑤ 胸外心脏按压法:施救者用一只手(定位手)的中指沿病人的肋缘自下而上移动至肋缘交会处(剑突),伸出食指与中指并排,另一手掌根于此两指旁,再以定位手叠放于这只手的手背上,手指相扣,贴腕跷指,手指跷起勿压胸肋,以髋关节为轴用力,肘关节伸直向下压(垂直用力),手掌下压深度为3.5~4.5cm,每分钟约做100次。

⑥ 胸外心脏按压法与人工呼吸法应交替进行,比例为单人进行复苏30:2,也就是说,心脏按压30次,吹气2次,反复做;双人进行复苏30:2,也就是说,一人做30次心脏按压,另一人吹气2次,反复做。

(2) 注意事项

① 心搏骤停时间不长时(3~4min 内)可进行心肺复苏法。
② 实施心肺复苏法时,应将病人仰卧在平地或硬板上。
③ 进行胸外心脏按压时,只用掌根部,手指不要压伤者胸肋,以免造成肋骨骨折。
④ 有条件时,最好请专业人员操作。

单元2.4　车站公共安全事件的应急处理

作为一种现代化的城市轨道交通工具,城市轨道交通在全世界范围内已经得到越来越广泛的应用,成为现代城市文明的标志性建设。大运量、快速度、无污染的优势,使得城市轨道交通极大地减轻了地面交通压力,从而成为各国政府倡导、民众欢迎的交通工具。城市轨道交通所具有的方便、快捷、平稳的优势是举世公认的,但也有其不可避免的弱势。由于城市轨道交通建设是一个复杂的系统工程,处于地下封闭的空间,加之城市轨道交通车站和电客车多为人流密集的公众聚集场所,通风和疏散都受到极大的限制,一旦发生恐怖袭击等公共安全事件,将会对城市轨道交通系统带来严重影响,甚至是毁灭性的打击。因此,轨道交通运营企业和当地政府部门必须做好充分的应急处理预案并进行演练,以确保轨道交通的运营安全。

一、车站公共安全事件类型

公共安全事件是指突然发生,造成或者可能造成重大人员伤亡、财产损失、生态环境破坏和严重社会危害,危及公共安全的紧急事件。

常见的车站公共安全事件有:车站发现可疑物品;车站列车发生抢劫斗殴等严重治安或刑事事件;车站发生炸弹、不明气体、物品恐吓(袭击)事件。

二、车站公共安全事件特点

1. 发生的突然性

导致公共安全危机出现的突发事件,涉及自然、社会、经济、环境等诸多因素,而且形成复杂,演变迅速。在事前有效的时限内,人们仅可以感知或预测到部分非对称信息,不可能完整了解到全部因素及其内在关联和相互作用。因此,危机总是不期而至,突然发生。

2. 现实的危害性

公共安全危机一旦形成,实际上已经构成了对社会的现实危害。如2014年5月21日台北地铁板南线江子翠站发生砍人事件,共造成4人死亡20余人轻重伤,行凶者21岁的东海大学大二男生郑捷于22日被收押。这些案例都给所在国家和当地人民群众的生命财产安全造成重大危害。

3. 危害的扩散性

在经济社会高度发达的信息化环境中,车站公共安全危机发生后,会随着突发事件在社会上的连锁反应以及信息传播,从两个方面扩散其现实危害:一个是区域扩散,由危机发生地向其他地区辐射蔓延;另一个是形式扩散,由最初的单一灾害、事故或破坏事件衍生新的危害形式,如车站危险物危机可能衍生出对城市轨道交通系统的信任危机,高度密集人群可能演变成大规模的群死群伤事件等,这被称之为复杂系统的"涟漪效应"。

三、车站发现可疑物品应急处理

城市轨道交通中人流拥挤,部分乘客携带过多行李,在乘车时很容易遗失在车站中。在遗失物中,大多是手机、银行卡、手拎包、钱包等贵重物品;但是,还有部分物品难以分清物品种类,甚至属于危险物品。因此,为提高城市轨道交通服务质量,保护乘客和自身安全,车站人员应当提高警惕,学会处理此类物品的一般方法。

1. 可疑物品判定方法

一般将下列物品视为可疑物品:

(1)无人认领的且无法从表面确认具体品名的物品。

(2)呈块状、粉末状、膏状的不明性质物品。

(3)有刺激性气味、特殊异味、泄漏出气体的物品。

(4)与钟表、定时器、手机等电子设备有导线连接的不明物品。

(5)其他不确定的物品。

2. 可疑物品简要辨别方法

(1)观察有危险标识或通过常识判断有危险的(如:有三品标识的)。

(2)通过听觉,发现有异常响声的(如:计时器响声)。

(3)通过嗅觉,发现有异常气味的(如:刺激性气味)。

3. 发现乘客携带(可能为)危险品的处理方法

(1)若在车站上发现可疑物品的处理方法

①报告。现场人员立即报告车控室,行车值班员、车站值班站长、地铁公安、OCC。

②隔离。现场人员隔离相关区域,疏散围观乘客,车站值班站长组织人员寻找其他可疑物品。

③疏散准备。做好乘客疏散和员工撤离车站的准备,派人引导警察到现场处理,视情况执行车站疏散程序。

④移交警察处理。车站值班站长向现场警察汇报有关情况,协助其工作。

⑤清理现场。警察处理完毕后协助调查和清理现场,尽快恢复正常运营。

(2)若在列车上发现可疑物品的处理方法

①疏散。值班站长接报后组织人员疏散列车和该站台的乘客,封锁列车停靠的站台。

②客流控制。采取车站客流控制措施,用广播做好乘客安抚工作。

③疏散准备。做好乘客疏散和员工撤离车站的准备,引导警察到现场处理,视情况执行车站疏散程序。

④移交警察处理。值班站长向现场警察汇报有关情况,协助其工作。

⑤清理现场。警察处理完毕后协助调查和清理现场,尽快恢复正常运营。

4. 发现可疑物品的应急处理流程

发现可疑物品的应急处理流程,见表2-5。

发现可疑物品的应急处理流程　　　　　　表2-5

程序	行车值班员	值班站长	客运值班员	站务员票务	站务员站台
信息接报	(1)接发现人员报告后,报值班站长				
前期处理	(3)做好失物广播	(2)启动本方案,立即到现场了解情况	(3)到现场协助值班站长处理		
现场处理	(5)根据值班站长命令报OCC、驻站民警,并通过CCTV监视现场情况	(4)当判断为可疑物品时,安排行车值班员做好信息汇报,隔离可疑物品,做好安全防护,疏散围观乘客,视情况,封闭局部车站,做好乘客引导	(5)协助值班站长,使用警戒绳设置隔离区,疏散围观乘客		
	(7)做好与OCC、车站各岗位、民警之间的信息传递,及时将民警处理情况向OCC汇报	(6)驻站民警到达后,与驻站民警做好交接,配合做好车站安全防护	(7)配合做好车站安全防护		
	(9)根据值班站长命令向OCC申请关站;接到OCC同意关站命令后报值班站长	(8)根据民警关站要求,通知行车值班员向OCC申请关站	(9)做好关站准备		
	(11)播放关站广播	(10)根据OCC关站命令,通知各岗位关站	(11)执行关站程序		
应急终止	(13)向OCC汇报应急解除	(12)接民警应急解除后,通知各岗位终止本方案,做好开站准备	(13)清理现场,撤除防护		
	(15)向OCC申请开站	(14)开站准备工作完成后,通知行车值班员值班			
		(16)根据OCC开站命令,开放出入口,恢复运营	(17)开启车站各出入口		

四、炸弹、不明气体和物体恐吓(袭击)事件应急处理

城市轨道交通车站内时常会遇到无主物品,一般为乘客大意遗留或有意丢弃,但也有可能是犯罪分子有意放置的危险物品。对车站、列车范围内的不明物品,城市轨道交通工作人员应

保持持续的敏感性,严格按照可疑物品处理预案执行,不可麻痹大意;如果延误处理时机,就会对乘客造成人身、财产伤害。以下简要介绍某市城市轨道交通运营公司对炸弹、不明气体和物体恐吓(袭击)事件应急处理办法。

当城市轨道交通员工接到电话、书面或电子邮件等各种形式的恐吓信息时,应按下列应急预案开展工作。其具体应急处理办法如下:

(1)接获恐吓信息后,城市轨道交通员工应立即向其上级领导报告。控制中心(OCC)应立即向公安部门报告该恐吓事件,并通知受影响车站的值班站长、行车线上的列车司机及各级紧急救援抢险部门。

(2)由公安部门确定恐吓信息的真实性,在车站进行不公开或公开的搜索行动。

①不公开搜索,无须疏散乘客,由城市轨道交通员工与公安人员联合进行。

②若公安部门已掌握相关信息,或确实已发现可疑物品时,需在车站进行公开搜索。搜索前需局部或完全疏散乘客,并由公安人员单独进行搜索行动。车站员工停留在安全的范围内,为搜索人员提供协助。

(3)车站接到恐吓信息后,不公开搜索程序。

①值班站长安排停止所有清洁工作,依次搜索所有公众范围及所有非公众范围,及时将最新进展通报值班主任。

②公安人员前往有关车站,参与搜救行动,与值班站长保持密切联系,了解搜索工作的最新进展。

③若发现可疑物品或有毒气体,值班站长应立即封锁现场,决定局部或完全疏散乘客,并立即通知值班主任。进行疏散前,必须先搜索所有疏散线路,确保疏散乘客的安全。员工发现可疑物品后,应立即向上级报告该物品的形态及准确位置,切勿触摸该物品,并留意周围形迹可疑的乘客;且不得在可疑物品50m范围内使用手机、无线电对讲机等通信设备,设置警戒区域封锁物品的四周范围,疏散周围乘客。

④若未发现可疑物品或有毒气体,值班站长应报告公安人员负责人,请示是否进行二次搜索。公安人员负责人向所有搜索人员查询搜索情况,将搜索结果上报上级公安部门。

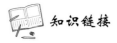

搜索可疑物品时必须采取的预防措施

(1)在搜索过程中,应只凭肉眼查看,切勿移动、摇动或干扰任何物品,留意是否有定时器或时钟运行的声音。

(2)停止一切无线电的发送与接收,不得使用手机、无线电对讲机等通信设备。

(3)切勿开关任何电灯及电器设备。

(4)认真观察清楚后再打开门、窗、抽屉,不可随意接触任何物品。

常见危险货物标志

常见危险货物标志,见表2-6。

常见危险货物标志　　　　　　　　　表 2-6

标志号	标志名称	标志图形	说明	标志号	标志名称	标志图形	说明
标志 1	爆炸品		符号:黑色;底色:橙红色	标志 10	遇湿易燃物品		符号:黑色或白色;底色:蓝色
标志 2	爆炸品		符号:黑色;底色:橙红色	标志 11	氧化剂		符号:黑色;底色:柠檬黄色
标志 3	爆炸品		符号:黑色;底色:橙红色	标志 12	有机过氧化物		符号:黑色;底色:柠檬黄色
标志 4	易燃气体		符号:黑色或白色;底色:正红色	标志 13	剧毒品		符号:黑色;底色:白色
标志 5	不燃气体		符号:黑色或白色;底色:绿色	标志 14	有毒品		符号:黑色;底色:白色
标志 6	有毒气体		符号:黑色;底色:白色	标志 15	有害品（远离食品）		符号:黑色;底色:白色
标志 7	易燃液体		符号:黑色或白色;底色:正红色	标志 16	感染性物品		符号:黑色;底色:白色
标志 8	易燃固体		符号:黑色;底色:白色红条	标志 17	腐蚀品		符号:上黑下白,底色:上白下黑
标志 9	自燃物品		符号:黑色;底色:上白下红	标志 18	杂类		符号:黑色;底色:白色

五、车站、列车发生抢劫、斗殴等严重治安或刑事事件时应急处理

目前,城市轨道交通客流较多,乘客间容易产生碰撞和摩擦,发生斗殴事件,严重时,甚至演变为刑事案件;部分犯罪嫌疑分子更是企图在城市轨道交通中抢劫乘客财物,这都严重破坏了公共交通的良好秩序。作为站务员,应当及时发现问题,及时制止,避免事件扩大。

1. 应急处理原则

(1) 立即报110,通知驻站警察。

(2) 警察需调用车站录像资料时,积极配合,立即协助其按分公司有关规定办理手续。

(3) 如有人员受伤时,立即拨打120;如乘客受伤时,可自行组织送往医院,但原则上不垫付医疗费用。

(4) 车站票、款被劫时,需通知票务室。

(5) 隔离现场物证区域。

(6) 发生在车站里时:

①发生抢劫事件时,在保证自身安全的前提下,组织堵截作案人员,疏散围观群众。若作案人员已逃逸,则积极寻找证人、协助当事人报案。

②发生斗殴事件时,如事件涉及人数较多或持有刀具、枪械、爆炸物等,立即执行车站疏散程序,列车不停站通过。

(7) 发生在列车上时:

①司机得知事件信息后,立即通知乘客远离事发车厢。

②车站得知事件信息后,立即通知驻站警察,组织保安人员到站台值守。

③列车到站后,如发现人群骚动、情况异常时,立即查明原因。

2. 应急处理程序

(1) 发生在车站(含列车站停)的治安事件应急处理程序。

①行车值班员。

事件报告:

- 接报/发现抢劫、斗殴事件时,立即报110,安排人员通知驻站警察。如有人员受伤,立即报120。
- 报值班站长,视情况通知车站各岗位人员。
- 发生群体或持械斗殴及有人员受伤的其他治安、刑事事件时,立即报行车调度员。
- 车站票、款被劫时,报行车调度员、票务室。
- 接到本站已动车的列车内发生斗殴事件报告时,立即向行车调度员报告,并通知前方站。

车站广播:执行车站疏散程序时,立即使用车站广播通知乘客疏散,远离事发区域。

获取现场录像资料:调整CCTV、安防系统设备,尽可能获取现场录像资料。

②值班站长。

现场应急处理:

- 发生抢劫事件时,在保证自身安全的前提下,应组织堵截作案人员,须疏散围观群众。如作案人员已逃逸,积极寻找证人、协助当事人报案。
- 发生斗殴事件时,如事件涉及人数较多或持有刀具、枪械、爆炸物等,立即执行车站疏散程序。
- 通知车站各岗位注意自身安全。
- 通知售票员注意保管票、款。

- 确认是否有乘客受伤,如有就应转移至安全地点,等待120急救人员或组织自行送往医院。

后续工作:
- 警察到场后,根据其要求,配合相关工作,遇超越本职权限事宜时,立即报告。
- 警察需调用车站录像资料时,积极配合,立即协助其按分公司有关规定办理手续。
- 组织隔离物证区域。
- 配合120急救人员工作,为其提供方便。
- 车站票、款被劫时,组织客运值班员与票务室清点损失并做好记录。

③行车调度员。

事件报告:接到报告后,立即向值班主任报告。

列车调整:确认车站现场混乱时,立即组织后续列车不停站通过,并通知前方车站做好解释工作。如发生在站停列车,立即扣停后续列车。

④值班主任。

启动预案:宣布启动应急处理预案。

信息通报:发生斗殴或有人员受伤时,立即向分公司领导进行电话口头汇报,发布事件信息。同时检查行车调度员应急处理措施执行情况。

获取现场信息:立即使用CCTV、安防系统获取现场图像。

⑤司机。

接行车调度员"不停站通过"命令时,做好乘客广播通知工作。

进站时,如发现站台秩序混乱时,立即转换驾驶不停站通过,并向行车调度员报告,做好乘客广播通知工作。

停站列车发生斗殴事件时,凭车站显示的"好了"信号动车。

⑥票务管理部门。

接到车站票、款被劫时,立即安排人员与车站清查。

(2)发生在区间列车上治安事件应急处理程序:

①司机。

事件报告:接到乘客报告后,立即向行车调度员报告。

应急处理:
- 发生斗殴事件时,广播通知乘客远离事发车厢。
- 维持列车到站。

②行车调度员。

事件报告:接到报告后,立即向值班主任报告。

应急处理:立即通知前方车站组织人员视情况处理,并要求通知驻站警察,组织增援保安人员到站台值守。

列车调整:根据车站处理情况,调整后续列车运行。

③值班主任。

报警:立即报110。

启动预案:宣布启动应急处理预案。

信息通报:发生斗殴或有人员受伤时,立即向分公司领导进行电话口头汇报,发布事件信息;同时检查行车调度员应急处理措施执行情况。

获取现场信息:立即使用CCTV、安防系统获取现场图像。

④行车值班员。

事件报告:

- 接到行车调度员通知后,立即向值班站长报告。
- 接到行车调度员通知后,立即安排人员通知驻站警察,电台通知站台岗人员。
- 如有人员受伤时,立即报120。
- 车站票、款被劫时,报行车调度员、票务室。

车站广播:执行车站疏散程序时,立即使用车站广播通知乘客疏散,远离事发区域。

获取现场录像资料:调整CCTV和安防系统监控头位置,尽可能获取现场录像资料。

⑤值班站长。

现场应急处理:

- 接到行车调度员通知时,立即组织增援保安人员到站台处理,如确认发生涉及人数较多或持有刀具、枪械、爆炸物等事件时,须提前执行车站疏散程序。
- 发生抢劫事件时,在保证自身安全的前提下,应组织堵截作案人员,须疏散围观人员;如作案人员已逃逸,就应积极寻找证人、协助当事人报案。
- 发生斗殴事件时,若事件涉及人数较多或持有刀具、枪械、爆炸物等,则应立即执行车站疏散程序。
- 通知车站各岗位注意自身安全。
- 通知售票员注意保管票、款。
- 视处理情况,向司机发"好了"信号。
- 确认是否有乘客受伤,若有则应转移至安全地点,等待120急救人员或自行组织送往医院。

后续工作:

- 警察到场后,根据其要求,配合相关工作;遇超越本职权限事宜时,立即报告。
- 警察需调用车站录像资料时,应积极配合,并立即向部门请示。
- 组织隔离物证区域。
- 配合120急救人员工作,为其提供方便。
- 车站票、款被劫时,组织客运值班员与票务室清点损失并做好记录。

六、车站、列车上危险化学物品泄露(含毒气袭击)应急处理

1. 危险物品

危险化学品是指属于爆炸品、压缩气体和液化气体、易燃液体、易燃固体、自燃物品和遇湿易燃物品、氧化剂和有机过氧化物、有毒品和腐蚀品等。常见的有:天那水、酒精、油漆、汽油、煤油、柴油、丙酮、苯、氯乙烯、液氯、二氧化硫、氟化氢、氰化物、农药杀虫剂等。

2. 处理原则

(1)车站须加强对禁止携带"三品"进站乘车的宣传,如发现乘客携带有"危险货物标志"

的物品时,立即制止其进站乘车;若发现乘客已上车,则立即向行车调度员和前方站报告。

(2)发现乘客携带的液体或气体泄漏时,在可能情况下尽快确认携带者,寻找泄漏物的包装物,尽可能确认泄漏物性质。

(3)发现炸药等爆炸品时,立即向110报告,通知驻站警察。发生少量泄漏且未发生人员中毒时,向所在市公安局公交分局报告,通知驻站警察。发生人员中毒、危化品大量泄漏时,立即向110、120、所在市安监局、所在市交通运输指挥中心报告,通知驻站警察。

(4)车站环控、隧道通风、列车空调运行模式和机电设备运行状态选择

①不明原因的人员中毒/怀疑为毒气(化学毒剂)袭击,发生在车站时,立即停止该车站的大系统及隧道通风系统运行,同时停止相邻两个车站的隧道通风系统运行。

②上述情况发生在列车时,到站后,停止该车站的大系统及隧道通风系统运行,司机立即关闭列车空调,乘客疏散完毕后,立即关闭车门。在没有证实气体的性质之前不能随便向外界排风。

③发生液体或气体泄漏,能确认泄漏性质时,视泄漏量、发生地点、物质性质等具体情况选择车站环控、隧道通风、列车空调运行模式和机电设备运行状态。如易燃液体、气体大量泄漏时,保持机电设备运行状态,防止意外火花引起爆炸。

(5)人员中毒判断

①发现危险化学品泄漏[发现泄漏物(含其包装物)或现场能闻到强烈的刺激性气味或其他特殊气味]时,群体性人员感到呼吸道、眼睛、皮肤等不适(窒息、灼烧、呕吐、流鼻血、眼睛刺痛、咽喉不适、呼吸困难、咳嗽、抽搐等),有人不明原因昏倒等。

②不明原因的群体性人员感到呼吸道、眼睛、皮肤等不适(窒息、灼烧、呕吐、流鼻血、眼睛刺痛、咽喉不适、呼吸困难、咳嗽、抽搐等),有人不明原因昏倒等。

(6)处理中安全注意事项:处理易燃液体、气体大量泄漏时,禁止在泄漏点和扩散核心区携带对讲机、手机等电子设备,禁止穿着带有铁钉的鞋和化纤类服装;使用铁器类工具时,注意不要磕碰地面、设备。

(7)发生火灾、爆炸时,按相应的火灾、爆炸应急处理程序处理。

3.应急处理措施

(1)发生在车站时的处理方法(见表2-7)。

车站发生危险化学品泄漏事件处理要点　　　　表2-7

事件描述	处 理 要 点
发生人员中毒(含有毒液体、有毒气体、化学毒剂等)	人员安全保障:事发站立即停止服务,组织疏散乘客,通知车站人员(站务人员、驻站维修人员、保安人员、保洁人员、商铺人员等)撤离。 撤离人员隔离:怀疑为化学毒剂袭击时,将疏散到站外安全地点的乘客与车站员工进行隔离,设置缓冲区,等待市专业部门处理。 环控模式:参考上述处理原则的"车站环控、隧道通风、列车空调运行模式和机电设备运行状态选择"相关内容。 行车安排:组织列车小交路运行。 可能情况下按《常见危险化学品应急处理和控制措施表》对受到伤害的人员进行急救

续上表

事件描述	处理要点
液体泄漏且未发生人员中毒	
少量泄漏	人员安全保障：立即隔离事发区域，确认是否有人员中毒征兆，若没有则进行以下工作。 泄漏物处理： ①地面时，立即用沙土吸附泄漏液体、在其周边设置围挡，来不及时，使用干粉灭火器向液面喷洒（注意不能直接喷向液面），控制其扩散流动速度。在确保自身安全情况下，由值班站长组织抓紧清扫，尽快使用容器将泄漏物和其包装物转移至站外安全地带。或由分公司有关人员、驻站警察赶到现场确认后进行处理。 ②电梯时，运行至适当位置后，等轿厢门打开后，关停电梯，按发生在地面时方法处理。通知机电人员断开其电源。 ③电扶梯时，关停电扶梯，使用拖布、擦布清理。 ④处理过程中，使用灭火器防护
大量泄漏	人员安全保障： ①事发站立即停止服务，组织疏散乘客，通知车站人员（站务人员、驻站维修人员、保安人员、保洁人员、商铺人员等）撤离。 ②确认是否有人员中毒征兆，若没有则进行以下工作。 泄漏物处理：首先判断泄漏液体性质，在确保自身安全情况下（如为易燃液体，不能在其周围使用对讲机、手机等电子设备；酸、碱等强腐蚀物品，需穿防护服），立即用沙土吸附泄漏液体，在其周边设置围挡，来不及时，使用干粉灭火器向液面喷洒（注意不能直接喷向液面），控制其扩散流动速度。后续处理交由市专业部门。 行车安排：组织列车小交路运行
气体泄漏且未发生人员中毒	
少量泄漏	人员安全保障：立即隔离事发区域，确认是否有人员中毒征兆，若没有则应进行处理。 泄漏物处理：尽可能关闭其容器阀门，将其移至站外
大量泄漏	人员安全保障：事发站立即停止服务，组织疏散乘客，通知车站人员（站务人员、驻站维修人员、保安人员、保洁人员、商铺人员等）撤离。 泄漏物处理：在没有人员中毒征兆的情况下，尽可能关闭其容器阀门（注意不能携带对讲机、手机等电子设备），移至站外。如不能，就可使用消防栓向泄漏区域喷洒水雾或将棉被等淋湿后，覆盖在其容器上。后续处理交由市专业部门。 人员急救：可能情况下按常见危险化学品应急处理和控制措施对受到伤害的人员进行急救。 行车安排：组织列车小交路运行

（2）发生在站停列车时的处理方法（见表2-8）。

在站列车发生危险化学品泄漏事件处理要点

表 2-8

事件描述	处 理 要 点
发生人员中毒(含有毒液体、有毒气体、化学毒剂)	人员安全保障：事发列车立即疏散，事发站立即停止服务，通知司机、车站人员(站务人员、驻站维修人员、保安人员、保洁人员、商铺人员等)撤离。 撤离人员隔离：怀疑为化学毒剂袭击时，将疏散到站外安全地点的乘客及车站员工进行隔离，设置缓冲区，等待市专业部门处理。 环控模式：参考上述处理原则的"车站环控、隧道通风、列车空调运行模式和机电设备运行状态选择"相关内容。 人员急救：可能情况下按常见危险化学品应急处理和控制措施对受到伤害的人员进行急救。 行车安排：组织列车小交路运行
液体泄漏且未发生人员中毒	
少量泄漏	人员安全保障： ①本列车立即清客。 ②确认是否有人员中毒征兆，若没有则进行以下工作： 泄漏物处理：由车站组织立即用沙土吸附泄漏液体、在其周边设置围挡；来不及时，使用干粉灭火器向液面喷洒(注意不能直接喷向液面)，控制其扩散流动速度。再根据《常见危险化学品应急处理和控制措施表》在确保自身安全情况下，视泄漏量、物质特性，由值班站长决定扣车处理或运行至就近存车线、回厂处理
大量泄漏	人员安全保障： ①事发列车立即疏散，事发站立即停止服务，通知司机、车站人员(站务人员、驻站维修人员、保安人员、保洁人员、商铺人员等)撤离。 ②确认是否有人员中毒征兆，若没有则进行以下工作： 泄漏物处理：首先判断泄漏液体性质，在确保自身安全情况下(如为易燃液体，不能在其周围使用对讲机、手机等电子设备，酸、碱等强腐蚀物品，需穿防护服)，立即用沙土吸附泄漏液体，在其周边设置围挡；来不及时，使用干粉灭火器向液面喷洒(注意不能直接喷向液面)，控制其扩散流动速度，并打开车门，后续处理交由市专业部门。 行车安排：事发列车扣车，组织列车小交路运行
气体泄漏且未发生人员中毒	
少量泄漏	人员安全保障：列车清客，确认是否有人员中毒征兆，若没有则进行处理。 泄漏物处理：尽可能关闭其容器阀门，将其移至车外；如不能保持车门处于打开状态，待其泄漏完毕后，运行至就近存车线或回厂处理
大量泄漏	人员安全保障： ①事发列车立即疏散，事发站立即停止服务，组织疏散乘客，通知车站人员(站务人员、驻站维修人员、保安人员、保洁人员、商铺人员等)撤离。 ②确认是否有人员中毒征兆，若没有则进行如下处理： 泄漏物处理：在没有人员中毒征兆的情况下，尽可能关闭其容器阀门(注意不能携带对讲机、手机等电子设备)，将其移至车外。如不能，在车内时，保持车门处于打开状态，可使用消防栓向对应的站台区域喷洒水雾或将棉被等淋湿后，覆盖在其容器上。后续处理交由市专业部门。 人员急救：在可能情况下按常见危险化学品应急处理和控制措施对受到伤害的人员进行急救。 行车安排：事发列车扣车，组织列车小交路运行

(3)发生在运行列车,维持进站后,后续工作按发生在站停列车情况处理。

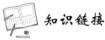 知识链接

地铁防爆事故预防措施

1. 车站的防爆措施

(1)值班站长和售检票员要认真履行岗位职责,注意观察进站乘客的动态,并巡视站厅及各出入口,发现可疑的物品或在车站逗留、形迹可疑的人要对其进行盘问并及时报告车站行车值班员。

(2)站台安全员在严格执行岗位职责的同时,要密切留意乘客携带物品的情况;发现乘客带有可疑物品要立即询问制止其上车并及时通知车站值班人员。

(3)车站所有工作人员要提高警惕,加强对墙角、垃圾桶等隐蔽部位的检查;发现可疑物品要及时通知车站值班人员并引导乘客远离可疑物品。

(4)车站行车值班员接到可疑物品报告后,立即通知车站公安人员到现场检查确认。乘客携带物品经检查为非危险物品的,可允许其乘车;如检查确认为危险物品的,或不能完全确认但怀疑为危险物品的,则应立即封锁现场,并设置隔离带,配合公安人员按专业程序处理,并做好车站人员疏散工作。

(5)车站工作人员应每天对车站进行全面检查,防止不法人员投放爆炸物品。对于可能造成危害的物品,要加强重视,责成责任人看管。

(6)车站对进站施工人员携带物品应检查有无易燃、易爆、有毒物品;施工许可使用的氧气、乙炔及其他易燃易爆品应在施工完毕后及时带走,不得允许在车站滞留。

(7)车站应在进出口或票亭显著位置悬挂"严禁携带'三品'进站乘车"标语或标识,并定时向乘客派发相关宣传材料。

2. 列车的防爆措施

(1)运营列车在每天运营结束后,司机负责检查确认车上无乘客遗留物品。若发现可疑物品则应立即与信号楼调度员联系,进行妥善处理。

(2)列车在每天日常清洁时,要防止无关人员上车。

(3)列车在每天参与运营上线前,司机负责检查确认车辆安全。

3. 控制中心的防爆措施

(1)严禁携带任何易燃易爆物品进入控制中心。

(2)因检修、安装设备需要,携带危险物品进入控制中心大楼施工的单位或个人,应按有关规定办理动火手续,采取措施,严格操作,确保安全。

(3)控制中心内的设备房,无人值班时必须把门锁死,严防无关人员进入。

4. 地铁所属变电站及车辆基地所属范围的防爆措施

(1)值班护卫队员每天定时进行内部巡查,发现可疑物品应及时向安保部保卫干事报告。

(2)护卫队员严格进出人员、物品的检查、验证和登记,每小时巡视1~2次。

(3)施工人员应按规定办理动火审批手续,若携带危险物品进场施工,则应采取安全防范措施,并在当天施工完毕后及时带走,不得滞留过夜。

单元2.5　大客流应急处理

大客流是指在某一时段集中到达的、客流量超过车站正常客运设施或客运组织措施所能承担流量的客流。城市轨道交通线路一般沿客流集中的交通走廊走向规划,并连接重要的客流集散点,如客运站、航空港、商业中心、体育场、会展中心等。在节假日或者体育、文艺等重大活动时可能导致突发性大客流,如果无良好的应对和处置办法,大量客流涌入站台,给售检票系统、进出站通道、列车运输带来较大的压力,使得非付费区、车站付费区、站台公共区的人员密度大大增加,在极限情况下会导致公共区超过最大人员荷载密度。此时如果发生突发事件,往往就会导致客流骚乱和乘客踩踏事件,造成大量人员伤亡的后果。

近年来,随着我国各地城市轨道交通线网形成规模,乘坐城市轨道交通的客流呈现几何增长态势,突发性大客流已成为威胁城市轨道交通车站运行的主要风险之一。如何有效地组织大客流情况下的城市轨道交通车站运营,使城市轨道交通的"快速、便捷、舒适、安全"的优势得到充分体现,这是衡量城市轨道交通运营单位工作质量的重要指标。目前各城市轨道交通运营单位都有应对大客流的应急处理预案和各种措施及工作程序,涉及车站服务、行车组织、线网控制、票务组织、设备维保等多方面的协作和管理。

一、大客流的安全风险

拥挤的城市轨道交通客流会相应带来严重的安全风险。其主要包括以下几方面:
(1)易发生乘客踩踏事件造成群死群伤。
如:1999年5月30日,白俄罗斯明斯克地铁由于车站人数过多,意外产生严重的混乱和拥挤,发生乘客踩踏事件,当场导致54名乘客被踩死。
2008年3月4日上午8时30分左右,北京地铁东单站5号线换乘1号线的南侧通道内,水平电动扶梯突然传出异响,乘客们惊慌失措,发生踩踏事故,至少造成11人受伤。
(2)易发生因站台拥挤乘客被挤落轨道风险。
如:2001年12月4日晚,北京地铁1号线1名在站台候车的女乘客,当列车驶入站台时,被拥挤的人流挤下站台当场被列车压死。
(3)易发生乘客在扶梯摔倒导致伤亡事件。
如:2010年12月14日,深圳地铁1号线国贸站发生电扶梯故障导致25名乘客受伤。
2011年7月5日,北京地铁4号线动物园站A出口上行自动扶梯发生故障导致1死30伤。

二、大客流的组织原则

1.统一指挥

由控制中心(OCC)成立应急指挥小组统一指挥,一般由各部门指定人员形成,大客流一旦产生,应急指挥小组则自动成立。

2.逐级负责

控制中心值班调度员、站长、值班站长、行车值班员、客运值班员、站务员各负其责。OCC

负责地铁线路的客流组织工作;车站的客流组织由站长和值班站长负责;值班员和站务员各自负责责任范围内的工作。

3. 分级控制

客流控制应遵循"由内至外、由下至上"的原则。按照站台、付费区、非付费区进行分级控制。

如果站台乘客数量大于站台容积能力,控制点就应选择在下站台的楼扶梯口,控制乘客前往站台的数量;如果站台乘客数量大于站台容积能力,付费区内的乘客也超出付费区的容纳力时,控制点就应选择在进站闸机处,控制乘客进入付费区的数量;如果大客流趋势继续蔓延,站台乘客数量大于站台容积能力,付费区内的乘客也超出付费区的容纳力,且站厅非付费区也出现拥挤时,就必须对出入口控制点进行控制,临时限制或者不允许乘客进站。直到站内大客流逐渐缓解,即可恢复正常。

三、大客流组织模式

(一) 突发性大客流组织模式

突发性大客流组织办法按照城市轨道交通企业制定的《突发性大客流应急预案》处理,轨道交通企业定期须开展应急演练,确保人员熟练掌握突发性大客流应急处理程序。突发性大客流组织模式如下所述。

1. 成立组织机构

大客流一旦发生,指挥机构自然成立。

2. 突发性大客流监测预警

由城市轨道交通各车站对现场进行实时监测,发现有大客流发生的趋势就要积极采取预防措施,并向控制中心(OCC)汇报;控制中心也可根据中央监控系统时刻关注现场客流动向,接到或是通过监控系统发现有大客流发生趋势时,要及时上报公司领导。

按照地铁大客流发展趋势,将大客流预警级别分为一般、一级、二级和三级预警共4级。

(1) 一般预警:主要体现为车站售票能力不足,每台自动售票机前排队购票人数较多,同时还不断有乘客涌入,准备进行购票;站台候车乘客可以保持顺畅流动,站台压力较小,有大客流发展趋势。

(2) 一级预警:主要体现为地铁站台候车乘客拥挤,人员流动缓慢;同时同方向连续两列列车进站时仅有少量乘客能够上车,站台乘客仍有增加的趋势,站台压力较大。

(3) 二级预警:主要体现为站台乘客拥挤,同方向连续两列列车进站后,仅有少量乘客能够上车;同时站厅乘客不断聚集,全部自动售票机前排队购票人数较多,人员流动缓慢,站台、站厅压力都很大。

(4) 三级预警:主要体现为站台、站厅人员爆满,同方向连续2列车通过都无法缓解站台压力,出入口乘客越来越多,人员流动性较差。

3. 突发大客流应急处置级别

突发大客流应急处置根据预警级别分别采取和实施先期处置、一级客流控制、二级客流控制和三级客流控制。

(1) 先期处置：当出现大客流迹象时，车站要及时掌握产生的原因、规模，预计可能持续的时间；值班站长向站长、部门领导、控制中心进行信息报告；站台岗时刻关注进入站台乘客动态，做好站台客流疏导，避免人流在楼扶梯口处过多聚集。

(2) 一级客流控制：

①控制时机：当车站站台乘客较拥挤，同方向连续两列列车经过后站台还有大量乘客滞留上不了车，并且还有持续不断的乘客进入站台。

②应对措施：撤除临时兑零点，减少售票点，减缓售票速度；在站厅与站台的楼梯（或电扶梯）口做好限流措施，将站厅与站台之间的扶梯改为向上方向，维护好上下站台乘客秩序，避免上下站台客流产生交叉、堵塞通道及发生踩踏事件；若还不能控制时，现场采用设置隔离围栏、警戒绳等措施在站厅通向站台楼梯口进行拦截乘客，分批向站台放行乘客。加强站台巡视，做好宣传疏导工作，维护站台乘客的安全。加强广播宣传解释，稳定乘客情绪，必要时在站台摆放或张贴宣传告示。

(3) 二级客流控制：

①控制时机：当车站站台及站厅付费区都较为拥挤，在采取一级客流控制措施后，还有持续不断的乘客通过闸机进入付费区，站厅付费区乘客滞留时间超过一次列车间隔时间不能下到站台，站厅付费区乘客严重影响到站台向上的出站乘客。

②应对措施：组织车站人员维持秩序，撤除兑零点，关闭部分或全部TVM，减缓售票速度；值班站长及时按照现场处置工作负责人的命令组织当班员工疏导站台、站厅付费区客流，增派人员到站台、站厅维持候车秩序，利用广播宣传引导，注意站台乘客的候车动态；向行车调度员请求加开客车运送站台的乘客；在进站闸机处，关闭部分或全部进站闸机，将双向闸机设置为只出不进模式，通过现场情况可采用在闸机通道外设置栏杆的形式拦截乘客进入付费区，维护好上下站台及进出付费区乘客秩序，避免上下站台客流及进出付费区客流产生交叉、堵塞通道及发生踩踏事件；根据付费区内客流减缓情况分批放行非付费区客流进入付费区，并适时调整售票速度；根据站台客流减缓情况分批放行站厅付费区客流进入站台；站厅、站台客流控制时要注意留有足够的缓冲区；加强站台、站厅巡视，做好宣传引导，维护车站乘客的安全；加强广播宣传工作，稳定乘客情绪，在站台、站厅摆放或张贴宣传告示。

(4) 三级客流控制：

①控制时机：当车站站台及站厅都较为拥挤，采取二级客流控制措施后，还有持续不断的乘客通过出入口进入站厅；站厅非付费区乘客滞留时间超过10min不能购票进闸，站厅非付费区、付费区乘客严重影响到出站客流。

②应对措施：维护好上下站台、进出付费区及进出出入口的乘客秩序，避免进站客流与出站客流产生严重交叉、堵塞通道及发生踩踏事件；加强站台、站厅及出入口巡视，做好宣传工作，维护车站乘客的安全；加强广播宣传引导，稳定乘客情绪，在站台、站厅及出入口摆放或张贴宣传告示；控制进入车站乘客人数，在站外设置迂回的限流隔离栏杆，延长进站时间，或组织乘客排队分批进站；采取出入口分流，一部分只出不进，一部分只进不出，有必要时可选择关闭部分出入口，最大程度缓解站厅及站台客流压力；出入口根据站厅客流减缓情况分批放行出入口外客流进入站厅非付费区，适时开关TVM、闸机，施行或取消票务中心售卖预制票，调整售

票速度;根据站台客流减缓情况分批放行站厅付费区客流进入站台。

大客流组织管理模式,如图2-3所示。

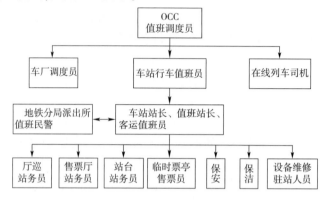

图2-3 大客流组织管理模式

(二)可预见性大客流组织模式

1. 形成指挥机构,集中领导,发挥客流组织整体指挥作用

因为大客流组织关系到城市轨道运营企业的各个部门,客运部门负责各个车站的现场客流组织和客运服务,设施维修部门负责提供设施设备运转保障,其他部门提供后勤、物资等相关保障,所以在指挥机构统一协调组织下,各部门密切配合,大客流组织工作将会更加高效、全面地开展。一般视大客流预测规模,成立城市轨道交通运营企业相关领导牵头组成的领导小组,并设置客运部门牵头的现场指挥小组。

2. 周密部署,充分做好大客流组织的准备工作

充分的准备工作是应对节假日、大型活动大客流的必要前提。在可预见性大客流来临前期,应做好的准备工作具体包括:编制大客流组织方案、开展专项安全检查、客流组织备品的补充与调配、开展大客流组织方案培训和演练。其中编制大客流组织方案最为重要,客流组织方案主要内容包括:客流预测及客流特征分析、车站设施设备运输能力分析、人员安排(包括具体地点、职责、上班时间、携带备品等)、备品准备及需求、各级客流控制具体措施、票务组织措施等。

四、大客流应对组织与保障措施

为确保大客流情况下地铁运营组织的安全、有序、可控,有效减少因大客流冲击导致乘客伤亡事故发生,地铁运营单位应从行车组织、客运组织、票务组织、设备维修及技术人员保障、外单位协调保障等方面,提出地铁大客流应对措施。

1. 行车组织应对措施

按照"以车(设备)定运"原则,最大限度挖掘运输潜力,增加上线运能;同时,由各线路控制中心采取固定与灵活相结合的方式,充分利用列车资源,灵活科学调度,缓解大客流车站的客运压力。行车组织措施主要有以下几项:

(1)及时使用备用车。控制中心根据现场客流情况,灵活安排备用车在高峰时段上线运输;备用车投入服务站点需结合车站客流、站台大小、是否是换乘站等因素综合考虑。

（2）合理组织空客车(受备用车数量限制)。对高峰时段客流与运能矛盾异常突出的大客流车站,尤其是换乘站,控制中心可结合抽取终点站部分列车不载客直接运行到大客流车站投入服务的方式进行缓解。

（3）灵活调整行车交路。对于各区段客流不均衡的线路,可采用灵活调整部分列车行车交路方式,将部分列车经中间折返站折返小交路运行,加大高峰区段行车密度方式,疏导高峰区段客流。

（4）组织列车越站运行。对于换乘车站,在站台出现危及乘客人身安全的不可控局面时,控制中心可及时组织列车越站运行,避免因乘客下车对车站站台造成进一步冲击。由于列车越站对乘客服务影响较大,并且列车越站不能实际输运站台乘客,故非紧急情况下不建议采取该项措施。

2. 车站的客流组织措施

（1）车站应及时了解产生大客流的原因、规模、可能持续的时间,以及车站现有可支配人员,如车站现有人员无法应对大客流的组织要求,值班站长应组织驻站人员参与客流控制,同时通知公安,报告行车调度员并提出支援请求。

（2）利用广播系统做好乘客宣传引导,及时组织人员维持秩序,避免拥挤,防止发生踩踏事故;理顺购票队伍,增设兑零点,对乘客做好疏导,服务工作。

（3）站台拥挤时,立即安排人员到站台维持候车秩序,利用广播提醒乘客注意安全。当列车进站时,应加强对站台乘客候车动态及站台屏蔽门工作状态的监控,防止上下车乘客互相拥挤,延误列车停站时间。开车前应确认乘客上下完毕后方可关闭车门。

（4）按照由下至上、由内至外的原则,在车站出入口、入闸机组、站厅与站台的楼梯扶梯处进行三级客流控制,防止站厅、站台拥挤。

（5）当客车运行故障,导致客车晚点引起车站乘客拥挤时,车站应及时通知公安协助,通过广播做好乘客解释和引导工作。站务人员应在出入口、票亭及进闸机前摆放立柱告示,告知购票乘客列车延误信息,同时做好退票和公交接驳的工作准备。

（6）由于特殊气象(如暴雨)导致的大客流,车站及时组织滞留在车站及出入口乘客的有序疏散,及时启动预案和应急处理程序;必要时请求公安配合,并调集站务、机电、保洁等所有驻站的工作人员做好抗灾准备。

3. 票务组织应对措施

（1）预制票的制作:车站提前申报应对大客流的预制票,中央 AFC(自动售检票)系统提前根据车站需要在单程票内写入设定的金额和起始站名,由车站票务中心或临时增加的票亭售出,以满足大客流时的需要。

（2）售票亭的准备:车站根据大客流的进出方向,选择在进站客流集中的位置,设置临时售票亭。站厅面积较小的车站,可将临时售票亭设置在进站客流较多的通道内,但临时售票亭的位置不能影响客流的组织流线。

（3）增加备用金:大客流来临之前,车站应根据客流预测和以往大客流所消耗的备用金,在大客流发生前,申领和储备充足的备用金。

(4) 调整售检票的速度：当大客流发生初期，站台客流压力不大时，除 TVM 正常发售单程票外，可在票务中心及临时售票亭增加发售预制票或应急纸票。当站台客流压力较大时，车站需减缓售检票的速度，可以通过取消售卖预制票、纸票，以及关闭部分 TVM 等措施。

(5) 票务应急处理：如果大客流持续时间较长，TVM 发售单程票及预制票无法满足需求时，可使用应急纸票应对大客流。另外，在安排好 AFC 日常检修基础上，部分大客流站要有 AFC 人员驻站，以确保 AFC 设备的正常工作；特殊情况下，可采取 AFC 的非正常运营模式，即进出站免检模式、列车故障模式、时间免检模式、紧急放行模式等。

4.设备维修及技术人员保障措施

确保良好稳定的设备运行状况才能为大客流运输提供有力的保障，在客运量激增情况下，各类设备面临长时间超负荷运作，而车站进行大客流运输时一旦发生车辆、信号等设备故障，运能必将急剧下降，导致车站客流无法正常运输，造成大量乘客滞留车站，进一步增加发生乘客伤亡的事故风险。因此，设备部门需建立科学、合理的设备检修规程，狠抓设备检修质量，加密检修频率，确保在最大限度地提供列车上线数量的基础上有力保障各设备运行质量。此外，随着地铁线网的不断扩大，线路、站点不断延伸，为加强对现场作业指导，加快突发事件的应急响应，有必要在关键部位加强各设备，以及站务、乘务技术骨干保障力量。技术支援保障点设置可从以下几方面考虑：

(1) 在线路两端终点站设置支援保障点，遇临时任务、终点站折返道岔故障或其他突发情况时，及时应对，满足运营需求。

(2) 在各大换乘站点或特殊服务保障点（如举办临时活动的站点）设置值班点，密切关注客流变化情况，遇客流骤增或其他突发情况，采取果断措施处置，确保行车和客流有序、可控。

(3) 在各区域控制中心设置值班点，执行上级下达的各项临时指令，处理应急突发事件，及时调整运力运能。

五、大客流控制应急处理程序

（一）突发性大客流

(1) 车站发现大量乘客涌入车站

①厅巡站务员。发现某出入口不断有大量乘客涌入车站，立即报告车控室。

②行车值班员。接报后立即通过 CCTV 观察站外情况，发现出入口附近有大量人员聚集，立即将情况报告值班站长和行车调度员。

③值班站长。接报后立即通知厅巡到外面了解情况，并要求客运值班员准备 2 份预制票配给 2 个厅巡，要求保安把临时票亭推至相应位置。

④客运值班员。接报后立即准备好预制票。

⑤票务站务员。加快兑零和充值速度。

(2) 启动应急预案并安排人员到岗

①值班主任。与行车调度员确认大客流概况，并向各调度通报，启动相对应的大客流应急预案，并向主管领导汇报。

②行车调度员。根据大客流概况和应急预案判断是否对全线列车进行调整，如果需调整

就将调整情况通知各车站和司机。

③值班站长。如发现客流持续增大,立即要求临站派人支援,报告站长和站务室领导。

④行车值班员。通过 CCTV 不断监控车站客流情况,播放相应的安全广播,要求环控调度员加强送风和排风,通知地铁公安到场维持秩序。

⑤客运值班员。安排站务员在临时票亭出售预制票,给售票员配备足够的零钞;到站厅检查 AFC 设备的状态,维持车站客流秩序。

⑥站务员。除正常票务岗站务员继续通过 BOM 处理乘客事务和充值,临时票亭的站务员在票亭出售预制票,其余站务员在关键位置引导乘客。

⑦保安。拿手提广播在站厅或站台引导和组织乘客。

(3)站台乘客已开始出现拥挤

①站台岗站务员、站台保安。发现站台乘客拥挤,立即报告车控室。

②行车值班员。接到站台汇报后立即通过 CCTV 观察站台情况,发现站台人员拥挤,立即报告行车调度员、值班站长。

③行车调度员。将大客流概况向调度主任汇报,根据预案和指示确定是否进行列车调整,如果调整就将调整情况通知各车站和司机。

④值班站长。接到行车值班员汇报后果断下令实施第一级客流控制,停止出售预制票,派人到站楼梯处阻止乘客去站台,关闭部分进站闸机和 TVM,指示站务人员并播放广播做好解释工作。

⑤客运值班员。指示售票员停止出售预制票,组织站务员到站厅楼梯处阻止乘客去站台,维持好站厅秩序。

⑥站务员。出售预制票的售票员停止出售预制票,收拾好钱票后到站厅楼梯处阻止乘客去站台。

⑦支援人员。在站台维持秩序。

(4)站厅付费区开始出现拥挤

①值班站长。发现站厅付费区拥挤,立即下令实施第二级客流控制,关闭全部进站闸机和 TVM。

②行车值班员。按值班站长的指令在 SC 上关闭全部进站闸机和 TVM,播放相应的广播,建议乘客改乘其他交通工具,并向行车调度员报告车站已实施第二级客流控制。

③客运值班员。组织站务员使用手提广播建议乘客使用其他交通工具,维持好车站乘客秩序。

④站务员。使用手提广播建议乘客使用其他交通工具,维持好站厅乘客秩序。

⑤支援人员。在站台维持秩序。

(5)站厅付费区开始出现拥挤

①值班站长。发现站厅非付费区也拥挤后立即实施第三级客流控制,请求地铁公安配合,派厅巡和站厅保安到出入口阻止乘客进站,只出不进。

②行车值班员。通知地铁公安进行配合,通过 CCTV 监控 A 口及站厅客流情况,播放相应的广播,向行车调度员报告车站已实施第三级客流控制。

③客运值班员。组织站务员使用手提广播劝导乘客使用其他交通工具,维持好车站乘客

秩序。

④站务员。使用手提广播建议乘客使用其他交通工具,维持好站厅乘客秩序。

⑤支援人员。在站台维持秩序。

(6)客流开始缓解

①站台岗站务员、站台保安。发现站台乘客已不拥挤,立即报告车控室。

②行车值班员。通过CCTV发现站台乘客和站厅乘客已不拥挤,或接到站台站务人员报告后立即报告值班站长。

③值班站长。接报后通知行车值班员开启全站的进站闸机和TVM,通知出入口工作人员可以让乘客进站,恢复正常运营。

④行车值班员。按值班站长的要求开启关闭的AFC设备,报告行车调度员和站长。

⑤行车调度员。向值班主任汇报车站大客流已缓解,车站恢复正常运营。

⑥值班主任。向主管领导汇报大客流已经缓解,车站恢复正常运营。

⑦客运值班员。带领站务员回票务室结算预制票。

⑧站务员。继续做好日常站务工作。

⑨支援人员。回到原车站。

(二)可预见性大客流

可预见性大客流在车站的处理方式和程序与突发性大客流基本相同。它与突发性大客流不同的地方主要体现在控制中心的一些应对措施上。

1. 上下班高峰期,OCC应对处理程序

(1)值班主任

①加强对客车运行情况和大站客流情况的监视;

②加强AFC系统CC数据收集,视情况组织加开客车;

③通知地铁公安协助。

(2)行车调度员

①按列车运行图执行;

②发现乘客较多时:

a. 通知车站注意客流控制;

b. 通知司机进站加强瞭望及客车如未上满客时适当延长停车时间(人潮站);

c. 根据值班主任指示,组织加开客车疏导乘客。

(3)电力调度员

①防止人员误入变电所;

②加强对各变电所运行情况的检查。

(4)环控调度员

①加强设备监控;

②保持车站温、湿度处于一个良好的状态。

(5)设备调度员

通知各专业的维修人员加强设备巡检。

2. 节假日及重大活动，OCC 应对处理程序

(1) 值班主任

①根据节日性质及节日、活动的具体地点、时间，决定在折返线或存车线预放备用车；

②加强 AFC 系统 CC 数据收集，根据现场情况决定加开备用车的行车组织方案；

③根据需要调配突击队、机动队员支援突发大客流的车站；

④通知地铁公安协助；

⑤值班主任报告公司值班领导、运营部值班领导。

(2) 行车调度员

①按要求把备用车安排到预定的存放地点；

②通知各站，密切监视客流动态，当接到车站司机报"乘客上不了车"时，报告值班主任；

③执行值班主任"加开客车"命令，通知司机入站时加强瞭望，注意行车安全，当客车如未上满客时适当延长停站时间；

④通报 AFC 系统各类应急模式，要求全线配合。

(3) 电力调度员

电力调度员加强对各变电所运行情况的检查。

(4) 环控调度员

①注意观察客流情况；

②根据温、湿度情况增开冷水机组，或改为全新通风空调模式运行。

(5) 设备调度员

设备调度员通知各专业的维修人员加强设备巡检。

单元 2.6　城市轨道交通大面积停电应急处理

城市轨道交通大面积停电是威胁城市轨道交通安全运营的一个重要因素。城市轨道交通大面积停电，通常是指城市轨道交通系统整体或较大范围内电力供应中断，严重影响列车运行及乘客的正常出行。

一、城市轨道交通大面积停电的成因和危害

1. 城市轨道交通系统大面积停电的构成因素

造成城市轨道交通大面积停电的构成因素主要如下：

(1) 电力设备故障：城市轨道交通电力设备故障，包括变电所的变压器发生故障、整流机组故障、断路器故障、传输电缆故障、接触网（轨）故障以及电力 SCADA 系统故障等。

(2) 外界电网故障：当城市轨道交通所在市域的电力网发生故障时，也很有可能造成城市轨道大面积停运。

(3) 其他因素：自然气象灾害可能会对电网造成影响，进而引起停电；人为刻意的破坏，例如恐怖袭击、爆炸、火灾都有可能会引起大面积停电；相关的地面施工和其他行为也有可能对电力系统造成破坏。

2. 城市轨道交通系统大面积停电的危害性

2007年10月23日,日本东京地铁大江户线由于变电所出现问题突然停电,造成全线停运,1300人被困在地铁列车上。工作人员打开紧急逃生门疏散乘客,但一次只能通过1人,于是有乘客被困车厢约2h,之后,10人因身体不适被送往医院治疗。日本东京都交通局表示,这次停电30min之后,部分列车恢复运行,但仍有部分区间列车停驶,直至3h之后才全部恢复。这场停电事故总共导致大江户线72班地铁列车停驶,9.3万人行程受到影响。

(1)可造成城市轨道交通局部或全线运营中断,影响乘客正常出行,对城市地面交通带来极大压力。由于城市轨道交通以电作为动力,一旦供电中断,列车就面临运行瘫痪的危险,电客车停止运行并可能停在隧道。在现代城市中,城市轨道交通作为一种快速、大容量的交通工具,在城市交通体系中承担着极其重要的责任。如果供电中断造成城市轨道交通停运,乘坐城市轨道交通的这部分客流就必然会在短时间内迅速转向地面交通,这对地面交通将是一个巨大的考验。而由于人数的突然增加,也必然会影响到地面交通的服务质量,造成乘客出行时间的增加和出行效率的降低。

(2)在人员疏散过程中产生瞬间大客流,容易引起乘客恐慌,可能会造成踩踏、挤压等乘客伤害事件。城市轨道交通在一种相对密闭的环境中运行,在地下区段没有自然采光,仅靠灯光照明。大面积停电之后如果应急照明不能及时启动,乘客将被置于黑暗之中。即便有应急照明可以使用,其照明的广度和亮度也不足以与正常照明相比,在这种毫无思想准备的情形之下,会给乘客带来压抑和恐惧。此外,如果大面积停电发生在客流高峰时段,疏散的难度必然加大。一旦客运组织不利,就很容易发生踩踏、挤压等乘客伤害事件,给乘客造成心理和身体上的双重伤害。

(3)由于供电中断,可能造成通信、信号、机电等系统不能正常使用,从而引发次生故障和灾害。如:通信受影响,应急指挥、旅客疏导不灵敏;空调、通风设备停运,列车、车站环境质量变差;排水不畅引发水淹钢轨、隧道;人员可能被困在电梯中;给水中断,消防、生活用水不能保证;可能发生火灾、治安等事件。车站、列车照明仅能维持较短时间在正常情况下,大面积停电后诸如通信、信号等系统应由UPS供电,以保证其能够在一段时间内继续使用。然而,一旦停电时间过长或UPS本身出现问题,将无法保证这些系统的正常使用,会给城市轨道交通带来潜在的次生影响。如果不能及时应对,也会给乘客疏散、列车调整、应急指挥、故障抢险等工作带来更大的困难,甚至危及乘客和员工的安全。

(4)影响城市轨道交通在公众中的形象。在发生大面积停电事件之后,乘客的利益受到损害,他们对城市轨道交通的认知度和忠诚度随之降低。由于涉众之广、影响之大,会使城市轨道交通企业的形象受到严重的负面影响,并在短时期内无法消除。

二、城市轨道交通大面积停电的处理原则

城市轨道交通大面积停电突发事件的一大预防难点就在于其不可预知性,无论是其影响范围还是其危害程度都难以预测。所以当停电突发事件发生时必须把握相应的救灾原则,进而及时救灾,降低事故影响。处理城市轨道交通大面积停电突发事件的主要原则如下:

(1)处置供电系统突发停电事件要求判断正确、反应快速、措施稳妥。按"以人为本、服务乘客、快速处置、尽快恢复、减少对运营造成的影响"为原则。

(2)实行高度集中、统一指挥,各岗位员工要听从指挥和分工。
(3)做好停电后的设备保护工作。
(4)根据需要,在确保安全的情况下,恢复供电后尽快投入运营。

三、城市轨道交通大面积停电应对措施

1. 控制中心的应急处理工作

(1)立即启动应急预案,向相关部门通报信息。

(2)电力调度员判断故障原因、调整运行方式,尽快恢复供电且优先恢复折返站交流供电分区的供电。若是地方供电公司原因引起失电,则加强与地方供电公司调度的联系,配合做好故障处理的有关要求,并做好恢复送电的准备工作。

(3)行车调度员通知失电范围内的车站将站台门置于"常开"位,并将 PSL(安全门控制台)打至"互锁解除"位;通知失电的折返站人工办理列车进/出折返线的进路;要求司机加强列车状态监控,发现网压异常时尽量维持进站。行车调度员根据列车折返完成情况,控制好行车间隔。

(4)环控调度员加强对 FAS、BAS 监控,确认失电车站的事故照明和导向是否正常开启,确认残疾人电梯内是否困人,确认环控设备故障情况,并为恢复送电做好准备。

(5)设备调度员通知供电、通信、信号、机械自动化、工务等专业人员前往失电车站和变电所检查设备动作情况,为恢复供电做好准备。信号专业派人赶到折返站配合车站人员确认信号设备动作情况,为道岔设备恢复正常运用做好准备。

(6)客运值班员向未受影响的车站通报故障信息和列车运行晚点情况,及时与客服热线更新最新运营信息。

控制中心根据停电的发展情况,做好城市轨道交通部分车站中断运营的准备工作。

2. 车站的应急处理工作

(1)增派工作人员、公安人员到站台,加强维持站台秩序。当站台门打至"常开位"时,及时做好乘客防护工作,防止乘客落入轨行区。

(2)控制进站客流,及时回收单程票,并向乘客做好 IC 卡更新等的解释工作。

(3)确认车站事故照明和导向工作情况,如有异常及时报设备调度员,并穿上荧光衣,带好应急灯、手提广播,引导乘客出站。

(4)确认残疾人电梯内是否有人,并检查电扶梯是否有乘客跌伤。

(5)加强车站防火巡查和治安保卫工作。

(6)若折返站失电时,车站应立即派人带好无线手持台下线路,人工办理列车折返进路。

(7)必要时,根据控制中心指令做好关站的准备工作。

3. 司机的应急处理工作

(1)加强列车运行状态监控和区间线路观察,如因区间照明亮度受影响,可以降低运行速度;在失电车站限速进站,并加强对站台轨行区的观察,以确保行车安全。

(2)发现列车网压偏低时,及时通知行车调度员并做好乘客广播宣传工作(在空调季节,将列车空调改为通风状态,以减少列车负荷用电)。

(3)在列车快到失电车站于停车前要进行人工广播,提醒乘客要按车站工作人员的引导出站。

(4)发现区间有积水情况时,及时通知行车调度员。

(5)在折返站折返时,要确认道岔开通方向是否正确及线路是否出清。

4.相关专业人员的应急处理工作

(1)驻站人员听从车站值班站长安排,配合车站做好应急处置工作。

(2)检查各自专业所属设备故障情况,并防止故障的进一步扩大。

(3)确认 UPS 能正常工作,在快没电前应及时通知设备调度员。

(4)做好恢复供电前的准备工作,并确保各自专业设备房的消防安全。

(5)恢复送电后,确认各自专业的设备功能满足正常运营条件后,向设备调度员汇报。

(6)在停电期间,车辆段信号楼的调度应密切关注基地信号设备的运行情况,做好非正常接发列车的准备工作,安排段内所有列车降弓,工程车司机做好动车救援准备。

四、城市轨道交通大面积停电,车务、客运部门应急处理程序

1. OCC 应急处理程序

(1)正线接触网供电故障应急处理程序

①值班主任。向当值调度宣布进入接触网供电故障处理状态;确认故障影响范围,制订行车方案指令行车调度员执行,要求电力调度员尽快组织处理;向客运部、安保部、公司分管领导汇报;和电力调度员制订越区供电方案及了解影响;及时向电力调度、设备调度员了解故障处理进展情况。

②行车调度员。如接触网断线或绝缘子击穿短路引起跳闸,则扣停接近故障地点的列车在车站并通知司机;要求受影响区域正在运行的司机驾驶列车滑行到达前方站;确认在故障区停留列车的位置及列车服务号;通知各站及车厂信号楼调度员故障情况;电力调度员要求时,通知故障区域的列车降下受电弓;必要时,准备列车救援;如刮弓或支柱定位故障,则扣停接近列车并退回发车站;如来不及,则要求司机降下受电弓滑行过故障区段;列车停在区间不能动车时,行车调度员按规定组织车站和司机隧道落客,通知相关车站;组织非故障区间列车维持运营;执行越区供电后的运行方案;组织故障区间故障抢修,检查安全防护措施实施情况;故障恢复,确认送电按图调整运行。

③电力调度员。指示有关人员确认接触网故障的位置及影响范围;通知值班主任故障范围,必要时停电抢修接触网;要求行车调度员通知司机降下受电弓或限速降弓运行;注意停电区段并采取安全措施;确定停电区段内的刀闸、开关分开;通知设备调度员故障情况,并要求其尽快派出抢险车。

④环控调度员。确定停电影响范围和是否有列车停在区间内;有列车停站区间内时监控 BAS 执行阻塞模式;按电力调度员要求,如有限制电负荷需要或控制三类负荷需求,则对相关车站下达停开部分或全部环控设备的命令;通知站务检修人员配合抢修;在事故处理过程中,注意值班主任、行车调度员、电力调度员、设备调度员的通知;恢复设备运行。

(2)主所跳闸的供电故障应急处理程序

①值班主任。向当值调度员宣布：进入主所跳闸供电故障处理状态；要求电力调度员组织处理，尽快恢复供电，与电力调度员协商处理办法；向客运部、安保部、公司分管领导汇报；影响运营时，根据电力调度员提供的影响范围和行车调度员制订行车方案。

②行车调度员。通知全线司机故障情况及留意网压显示，发现低于1200V时报告行车调度员，如列车无网压时，尽量惰行进站；通知全线及车厂信号楼调度员故障情况；遇网压低于1200V，则按值班主任的方案组织行车；并通知各站做好客运服务工作。

③电力调度员。指示主所值班员确认故障部位及影响范围；全所失压通知值班主任、环控调度员和设备调度员，并尽快与地方电力调度联系，确认故障原因并要求地方电力调度尽快恢复供电；一条进线失压，切开进线开关，投入35kV母联开关，恢复三类负荷供电；35kV馈线开关故障，切除故障馈线开关、电缆及相关变电所进线开关，通过变电所35kV联络开关恢复供电，恢复三类负荷供电。

④环控调度员。通知站务检修人员检查受影响情况；根据电力调度员要求通知受影响车站关闭三类负荷；根据供电恢复情况，指挥车站恢复部分或全部车站机电设备的运行。

（3）降压变电所供电故障应急处理程序

①值班主任。向当值调度宣布：进入降压变电所供电事故处理状态；要求电力调度员组织处理，尽快恢复供电；向客运部、安保部、公司分管领导汇报。

②行车调度员。如果影响车站站台照明、亮度，则通知有关列车司机降低进站速度40km/h，并加强瞭望；通知相关车站做好乘客引导工作。

③电力调度员。一个开关故障，影响一个所三类负荷，通知设备调度员组织人员检修；进线失压，会引起该供电区内自本所以下的所有车站三类负荷停电，尽快调整运行方式恢复供电或转移负荷；35kV母线故障，切开全部35kV开关把该变电所退出运行，通过下一个变电所的35kV联络开关恢复受影响变电所供电；变压器故障，撤除故障变压器，停止故障所的三类负荷，更换故障的保护元件。

④环控调度员。通知车站关闭三类负荷；通知站务检修人员进行抢修；要求站务检修人员对低压设备进行检查；根据站务人员检查情况，判断是否需要机电派人协助抢险并通知设备调度员；根据变电所送电情况恢复部分或全部车站机电设备运行；注意车站客流情况防止新风量不足导致乘客缺氧。

（4）中间牵引所跳闸的供电事故应急处理程序

①值班主任。向当值调度宣布：进入相应的牵引所供电事故处理状态；要求电力调度员组织处理，尽快恢复供电，和电力调度员协商处理办法；向客运部、安保部、公司分管领导汇报；影响运营时，根据电力调度员提供的影响范围和行车调度员制订行车方案。

②行车调度员。确定故障区列车服务号、停留地点，列车在区间时，要求故障区司机尽量惰行进站；电力调度员要求时，通知故障区列车降下受电弓；指示各站扣停将要进入无电区的列车，同时通知司机；通知各站及车厂信号楼调度员；执行值班主任应急方案，组织好相关列车运营。

③电力调度员。向值班主任、设备调度员通报有关故障情况；通知变电所值班人员检查设备及所内PC机记录，根据值班员汇报判断故障性质及影响范围；控制电源失压引起两所设备停电及时恢复送电；为框架保护联跳，退出故障所进行越区供电；全所失压通知环控调度员控制三类负荷；直流馈线电缆故障退出故障电缆实行越区供电；接触网故障引起的组织抢修接触

网,同时对变电所相关开关设备进行检查。

④环控调度员。确定停电影响范围和是否有列车停在区间内;有列车停在区间内时监控BAS执行阻塞模式;按电力调度员要求,如有限制电负荷需要或控制三类负荷需求,则对相关车站下达停开部分或全部环控设备的命令;在事故处理过程中,注意值班主任、行车调度员、电力调度员、设备调度员的通知;恢复设备运行。

2. 司机应急处理程序

司机遇到线路停电应迅速报告行车调度员,报告内容包含停电时间、地点、列车情况(正常照明、事故照明)、影响情况、报告人的职务和姓名。

信息报告后,即按行车调度员指示执行,维持客车惰行,尽可能进站对标停车;如果客车一部分停在站内或停在隧道内,司机应立即报告行车调度员;并按照行车调度员的指示执行;不断用广播安慰列车内的乘客,不要恐慌,注意安全。救援人员到达后,司机打开距离车站较近一端的车门,乘客在救援人员的带领下进入车站并根据车站的疏散程序进行疏散。

3. 车站应急处理程序

车站发生停电后立即向控制中心、客运部、安保部、公司分管领导报告,报告内容包含停电时间、地点、车站情况(正常照明、事故照明)、影响情况(行车设备、售检设备、广播、监视器)、报告人的职务和姓名。

各岗位人员具体应急处理如下:

①值班站长。指示票务岗停止售票,客运值班员、站务员拿应急灯到站台;根据现场的实际情况,在得到行车调度员的同意后关闭车站;接到疏散的命令,即用广播疏散站厅的乘客;不断用广播安慰站台的乘客,"不要恐慌,注意上下车的安全";广播通知恢复供电的信息;来电后报告行车调度员,通知站厅、站台的员工,保安将应急灯放回原位,恢复运营服务。

②行车值班员。发现停电后,即报告行车调度员、电力调度员、警务站和站务中心;根据行车调度员命令做好行车组织工作,必要时联系行车调度员,要求列车进行限速;接到行车调度员命令,车站退出运营;通过监视器加强对站台监视,注意站台安全。

③客运值班员。按值班站长的指示,拿应急灯下站台维持秩序;与站台的员工、保安一起,照顾好上车的乘客以确保安全;与站务员及保安一起,照顾站厅的乘客;协助站务员疏散站厅的乘客;安排票务岗和站厅岗站务员回岗恢复服务工作。

④站台站务员。发生低压配电没电及故障照明故障,拿出应急照明,并向值班站长报告;防护站台的安全,按规定立岗接车。

⑤站厅站务员。拿手提广播到站台维持秩序;用广播提醒乘客上车注意列车与站台的空隙;听从值班站长的指挥关闭车站出入口。

⑥票务岗站务员。停止售票,将票与款收好锁好,听从值班站长指挥,做好解释疏导工作,维护车站秩序。

单元2.7　城市轨道交通车站发生火灾的应急处理

城市轨道交通是缓解城市交通的有效工具,有很多优点,但是也存在一些安全问题,特别是发生火灾后,如何救援、如何疏散是城市轨道交通企业要面对的重大问题。城市轨道交通人员密集、疏散通道狭窄、救援困难,比普通地面建筑火灾具备更大的危险性。

一、城市轨道交通火灾特征和危害性

1. 不确定性强

城市轨道交通点多线长面广,客流量大,发生火灾的时间和地点不确定,火灾隐患点多且多处于视线死角,发生初期极具隐蔽性,不易发觉;一旦发现,就已达到一定的危害范围和程度,造成疏散和救援困难。

2. 火灾扩散蔓延快

受城市轨道交通隧道空间限制,火焰向水平延伸,如果发生火灾时未及时控制通风设备,炽热气流就可以传播很远,遇到易燃物品迅速燃烧,实验测得最远引燃距离为50倍洞径。在隧道里,热量不易散出,火势猛烈阶段,温度可达1000℃以上,甚至改变气流方向的变化,对逃生人员影响极大。

3. 逃生条件差

城市轨道交通运营环境的特定性,决定了供乘客安全逃生途径的单一性。除安全疏散通道外,既没有供乘客使用的垂直电梯(设计上仅考虑残疾人专用电梯),也没有紧急避难场所,突发火灾事故中,大量乘客同时涌向狭窄的通道及楼梯,另有检票机等障碍物挡道,严重影响乘客快速逃生;并且火灾发生时允许逃生的时间短。

城市轨道交通火灾是发生在封闭受限制空间的火灾,一般属于不完全燃烧。目前,已知的火灾中有毒烟气的种类(或成分)有数十种,包括无机类有毒有害气体(CO、CO_2、NO_X、HCL、HBr、H_2S、NH_3、HCN、P_2O_5、HF、SO_2等)和有机类有毒有害气体(光气、醛类气体、氰化氢等)。我国有关统计结果表明,吸入烟气致死占火灾死亡人数的70%~75%,其中大部分是吸入了烟尘及有毒气体昏迷后而致死的。美国有关统计大约有2/3的烟气中毒遇害者是在离起火点很远处的走廊或者房间。

针对城市轨道交通火灾事故,日本消防部门曾做过实验,日本地铁的车厢虽被确认具有不易燃烧性,但起火后,快则1.5min、慢则8min之后就会产生对人体有害的气体。2~5min内,车厢内烟雾弥漫就无法看清楚逃生出口,相邻的车厢在5~10min内也会出现相同情形。试验证明,允许乘客逃生只有5min左右的时间。另外城市轨道交通突发火灾时,险恶的灾害环境,使乘客容易产生恐慌及焦虑心理,对自救意识较差的乘客而言,从众是多数人的选择,争先恐后拥向出口处时,被踩、挤、压而倒地后,易导致群死群伤。我国研究机构联合地铁公司做过测试,人们在地铁火灾事故中如果不能在6 min内迅速有效地逃生,就很难有生还的可能。

4. 灭火救援疏散困难

城市轨道交通出入口少,通道狭窄,疏散距离长,空间密闭,火灾发生后,隧道内烟雾大且扩散速度大于逃生速度,人员密集,能见度低,易造成混乱,发生挤伤和踩踏现象;而且火灾造成的浓烟、毒气、高温、缺氧、停电、视线不清、通信中断造成指挥和疏散非常困难;大型的消防及救援设备无法进入现场,灭火和救援难以进行。表2-9所示为近年来世界各地城市轨道交通火灾情况。

近年来世界各地城市轨道交通火灾情况　　　　　　　表2-9

时间	地点	起火原因	伤亡损失
1991.4.16	瑞士苏黎世地铁	机车电线短路,停车后与另一地铁列车相撞起火	58人重伤
1995.4.28	韩国大邱市地铁	施工煤气泄漏发生爆炸	103人死亡,230人受伤
1995.10.28	阿塞拜疆巴库地铁	机车电路老化短路,多数人死于烟气中毒	558人死亡,269人受伤
1996.6.11	俄罗斯莫斯科地铁	列车在行进途中突然发生爆炸	4人死亡,7人受伤
2000.2.18	韩国大邱市地铁	精神病患者纵火	198人死亡,147人受伤,289人失踪
2000.11.11	奥地利地铁	电暖空调过热,使保护装置失效	155人死亡,18人受伤
2004.2.6	俄罗斯莫斯科地铁	上班高峰发生爆炸	40人死亡,120人受伤

二、城市轨道交通车站发生火灾的应急处置原则和响应级别

1. 车站火灾应急处置原则

城市轨道交通车站火灾有着致灾因素多、损失大、处置难、影响大等显著特点,为提高城市轨道交通火灾应急处理能力,各城市轨道交通运营企业形成了以"集中领导、统一指挥,救人第一、协同作战"为火灾突发事件应急的基本方针。在具体应对中,应遵循以下原则:

(1)处理车站火灾事件的重要原则首先是保障乘客和员工的人身安全;其次是在保证员工自身安全的情况下尝试扑灭火灾。

(2)车站发生火灾,应遵循通报迅速的原则,并须及时向119、110、120、OCC、地铁公安报告。

(3)开启站厅火灾排烟模式,并根据火势情况,采取灭火措施。

(4)疏散乘客应尽量绕开火灾区域,及时将乘客疏散到站外安全地点;车站保洁、银行、商铺等工作人员应到紧急出入口或后备紧急出入口集中;设备区工作人员由车站通过人工广播通知撤离。如果火灾发生在站厅,火势较大,影响到整个站厅公共区,站台乘客无法从站厅向站外疏散时,立即请求行车调度员安排空车疏散站台乘客,站台保安到站台和站厅之间的通道处阻拦乘客进入站厅。

(5)执行紧急疏散时,尽可能稳定乘客情绪,要特别关注老、幼、残等人士,防止踩踏等次生灾害事件发生。

(6)如火势很大时,在乘客疏散完毕后,应组织车站员工疏散,并做好引导消防人员的导向指引。

(7)值班站长在上级领导到来之前担任事故处理临时负责人。

(8)行车调度员应及时扣停有关列车;来不及扣停的应退回后方站,避免产生更大的影响。若接到车站请求派空车疏散时,即安排邻站列车清客,到事发站接载站台滞留的乘客。

2. 车站火灾应急处置响应级别

根据城市轨道交通火灾的特点,各城市轨道交通企业建立健全了火灾事故应急处置组织机构和分级响应机制,明确了各成员单位的分工和职责,确定了不同等级火灾事故应急救援的

启动程序和响应措施。

(1) 一级处置

仅局限于火情能直观确认在小范围内，周边无可燃物品，可判定火势无法蔓延，现场烟雾较小，能立即扑灭。一级处置应立即疏散事发区域周边乘客，直接对火势进行扑救，向车控室/OCC报告；根据情况启动站台火灾排烟模式，不需启动车站紧急疏散程序，不影响行车组织，不需向外单位执行信息通报程序。

(2) 二级处置

现场火势猛烈或燃烧产生的烟雾较大（含燃烧部位不明确，无法现场判断），对乘客造成影响；火情事件导致乘客恐慌，并自行疏散。二级处置应立即疏散事发区域周边乘客，并组织人员对火势实施扑救，开启站台火灾排烟模式，并启动车站紧急疏散程序，车站临时关闭；乘客疏散完毕后，根据现场情况（火情是否能控制）执行员工疏散程序，列车不停站通过事发车站，执行相应信息通报程序。应急救援结束后，根据公安部门或抢险救援领导小组指令恢复车站运营。

(3) 三级处置

发生纵火或爆炸等袭击事件、火灾已蔓延至轨行区或相邻防火分区即可认定并启动三级处置。三级处置应立即启动车站紧急疏散程序，启动站台火灾排烟模式，并对事故现场实施控制（阻止火势蔓延），避免事态恶化，事发车站临时关闭；乘客疏散完毕后，立即执行员工疏散程序，事发车站所在区间停运，组织小交路运行，执行相应信息通报程序。应急救援结束后，根据公安部门或抢险救援领导小组指令恢复车站运营。

执行二、三级处置级别时，车站应立即执行车站紧急疏散程序，启动站台火灾排烟模式；车站和OCC均应立即向110/120报警，通知驻站公安；其他驻站人员应协助车站对设备区人员展开疏散工作，以及设备保障工作；各生产调度通知维修人员和救援队出动，相邻车站听从调度安排赶往增援。

执行二级处置时乘客疏散完毕后，如确认火情已扑灭，可不执行员工疏散程序；如火势无法控制，就应立即下达员工疏散命令。

三、城市轨道交通车站发生火灾（爆炸）的应急处置程序

1. 车站站厅火灾（爆炸）应急处置程序

(1) 站务人员和保安人员

站务人员和保安人员主要负责扑救初起火灾、阻止火势蔓延、组织乘客疏散工作、救助受伤乘客。

① 一级处置。

a. 立即疏散事发区域乘客，使用灭火器材尝试灭火；

b. 报告车控室。

② 二级处置。

a. 第一时间，报告车控室；

b. 立即疏散事发区域乘客，使用灭火器材尝试灭火；

c. 接到车站紧急疏散命令后，按包保区域组织乘客疏散；

d. 准备湿毛巾放置在疏散路线旁;

e. 向值班站长汇报岗位执行情况和乘客疏散结果;

f. 在各出入口悬挂告示;

g. 根据值班站长指令执行疏散程序。

③三级处置。

a. 第一时间,报告车控室;

b. 立即疏散事发区域乘客,使用灭火器材尝试灭火和阻止火势蔓延;

c. 在确保自身安全前提下,尽一切可能组织搜救生还者;

d. 接到车站紧急疏散命令后,组织包保区域乘客疏散;

e. 准备湿毛巾放置在疏散路线旁;

f. 向值班站长汇报岗位执行情况和乘客疏散结果;

g. 在各出入口悬挂告示,确认包保区域人员疏散完毕后,赶往紧急出入口集合。

(2)行车值班员

①一级处置。

a. 接到人员报告、FAS报警信息或通过CCTV、车站安防系统实时画面观察到火灾信息时,立即通知值班站长,向OCC报告;

b. 对事故现场进行实时跟进。

②二级处置。

a. 接到人员报告、FAS报警信息或通过CCTV、车站安防系统实时画面观察到火灾信息时,立即通知值班站长,向OCC报告;

b. 接到值班站长执行车站紧急疏散命令后,立即在IBP盘站厅火灾排烟模式按钮、操作闸机紧急释放按钮(要求在10s内完成),播放车站紧急疏散广播(尽可能与报告同步进行),在PIS公布相关信息(有可能情况下);

c. 如现场直观发现火灾,事态特征明显(浓烟、火苗)时,有权自主决定采取上述行动后,向值班站长通报;

d. 向OCC通报事件,并向119、110报警,通知驻站公安;

e. 通过系统确认垂直电梯归首、火灾区域防火卷帘状态以及确认门禁执行情况;

f. 向值班站长或现场人员确认设备执行情况;

g. 通过CCTV监控现场情况;

h. 火灾区域较大,行车调度员决定采用空车接走站台乘客时,立即通知值班站长或直接通知站台工作人员,组织乘客上车,待乘客上车后,随列车撤离;

i. 在值班站长下达撤离命令前,须坚守本岗位。

③三级处置。

a. 接到人员报告、FAS报警信息或通过CCTV、车站安防系统实时画面观察到火灾/爆炸信息时,立即报告值班站长;

b. 接到值班站长执行车站紧急疏散命令后,立即在IBP盘站厅火灾排烟模式按钮、操作闸机紧急释放按钮(要求在10s内完成),播放车站紧急疏散广播(尽可能与报告同步进行),在PIS公布相关信息(有可能情况下);

c. 如现场直观发现火灾,事态特征明显(浓烟、火苗)时,有权自主决定采取上述行动后,向值班站长通报;

d. 向 OCC 通报事件,并向 119、110 报警,通知驻站公安;

e. 通过系统确认垂直电梯归首、火灾区域防火卷帘状态以及确认门禁执行情况;

f. 向值班站长或现场人员确认设备执行情况;

g. 通过 CCTV 监控现场情况;

h. 火灾区域较大,行车调度员决定采用空车接走站台乘客时,立即通知值班站长或直接通知站台工作人员,组织乘客上车,待乘客上车后,随列车撤离;

i. 在值班站长下达撤离命令前,须坚守本岗位,如危及自身安全,需撤离时,就应与 OCC 留下 2 个以上联系方式。

(3)值班站长

值班站长担任事故处理主任,负责现场指挥。

①一级处置。

a. 组织相关岗位人员立即疏散周边乘客;

b. 在确保灭火人员人身安全的情况下,组织人员灭火(如为电气火灾或即将波及带电设备时,尝试切断相应设备电源或通知机电人员);

c. 视需要要求行车值班员启动站厅火灾排烟模式,视火势大小、初步判断的火灾原因、扑救成效,决定是否需升级处置级别。

②二级处置。

a. 接到行车值班员通知后,立即到现场确认情况或通过现场工作人员了解现场情况[了解内容:火势大小、火灾区域、火灾性质(电气/危化品/人为纵火/失火等)、人员伤亡情况、是否影响行车等],并及时将确认结果通知行车值班员,决定是否需升级处置级别;

b. 如现场火势猛烈或燃烧产生的烟雾较大,对乘客造成影响或火情事件导致乘客自行疏散,立即对车站下达"紧急疏散"命令;

c. 下达"紧急疏散"命令后,组织各岗位进行车站紧急疏散(注意电梯内是否有人员被困),及时对各岗位执行情况和乘客疏散结果进行确认;

d. 与行车值班员确认排烟模式是否已开启;

e. 安排人员赶往司机立岗处,及时将情况和需要配合的工作通知司机,如刚好有列车到站时,立即安排人员与司机组织站台乘客上车,尽快驶离事发车站;

f. 火灾区域较大,行车调度员决定采用空车接走站台乘客时,立即安排人员把守站台通往站厅的通道,阻止乘客进入火灾区域,并组织乘客尽快上车,驶离车站;

g. 站台乘客无法通过站厅疏散时,请求加开列车疏散站台乘客;

h. 站台有列车且无法动车时,立即疏散车上乘客;

i. 换乘站通道发生火灾时,立即安排人员赶往换乘通道,组织乘客疏散,关闭换乘通道,阻止乘客进入事故站厅;

j. 如需关闭扶梯时,须现场确认,防止发生因急停导致人员踩踏等次生灾害事件发生;

k. 安排人员准备湿毛巾放置在疏散路线旁,如有人员受伤或窒息时,安排人员救助至地面,配合医务人员对其施救;

l. 安排人员到出入口引导救援人员,组织车站人员撤离;

m. 在确保灭火人员人身安全的情况下,组织人员对火势实施扑救(如为电气火灾或即将波及带电设备时,尝试切断相应设备电源或通知机电人员);

n. 乘客疏散完毕后,如确认火情已扑灭,可不执行员工疏散程序,如火势无法控制,立即下达员工疏散命令,待所有人员疏散完毕后车站临时关闭;

o. 安排人员在各出入口悬挂告示。

③三级处置。

a. 接到行车值班员通知后,立即到现场确认情况或通过现场工作人员了解现场情况[了解内容:火势大小、火灾区域、火灾性质(电气/危化品/人为纵火/失火等)、人员伤亡情况、是否影响行车等],并及时将确认结果通知行车值班员;

b. 发现/接到站厅爆炸信息、火灾已蔓延至轨行区或相邻防火分区,对乘客造成影响或火情事件导致乘客自行疏散,立即宣布执行车站紧急疏散程序;

c. 下达车站紧急疏散命令后,组织各岗位进行车站紧急疏散(注意电梯内是否有人员被困),及时对各岗位执行情况和乘客疏散结果进行确认;

d. 与行车值班员确认排烟模式是否已开启;

e. 安排人员赶往司机立岗处,及时将情况和需要配合的工作通知司机,如刚好有列车到站时,立即安排人员与司机组织站台乘客上车,尽快驶离事发车站;

f. 火灾区域较大,行车调度员决定采用空车接走站台乘客时,立即安排人员把守站台通往站厅的通道,阻止乘客进入火灾区域,并组织乘客尽快上车,驶离车站;

g. 站台乘客无法通过站厅疏散时,请求加开列车疏散站台乘客;

h. 站台有列车且无法动车时,立即疏散车上乘客;

i. 换乘站通道发生火灾/爆炸时,立即安排人员赶往换乘通道,组织乘客疏散,关闭换乘通道,阻止乘客进入事故站厅;

j. 在确保自身安全前提下,尽一切可能组织搜救生还者;

k. 如需关闭扶梯时,须现场确认,防止发生因急停导致人员踩踏等次生灾害事件发生;

l. 安排人员准备湿毛巾放置在疏散路线旁,如有人员受伤或窒息时,安排人员救助至地面,配合医务人员对其施救;

m. 安排人员到出入口引导救援人员,组织车站人员撤离;

n. 乘客疏散完毕后立即下达员工疏散命令,待所有人员疏散完毕后车站临时关闭;

o. 安排人员在各出入口悬挂告示。

(4)调度中心值班主任

调度中心值班主任负责调度指挥。

①一级处置。

a. 接行车调度员汇报火情信息后,初步了解着火位置、火势大小、设备受损及人员伤亡情况;

b. 密切关注现场情况。

②二级处置。

a. 接行车调度员汇报车站站厅火灾信息后,立即向各岗位宣布启动车站站厅火灾应急处置程序；

　　b. 指令信息发布人员使用各种群发通信方式向各级领导及相关部门发布火灾信息，并向 119、110 报警；

　　c. 下达列车调整方案，向行车调度员提供技术支援；

　　d. 掌握现场抢险救援进展情况，加强对现场的视频监控，协调各岗位的工作。

　　③三级处置。

　　a. 接行车调度员汇报车站站厅火灾/爆炸信息后，立即向各岗位宣布启动车站站厅火灾/爆炸应急处置程序；

　　b. 指令信息发布人员使用各种群发通信方式向各级领导及相关部门发布事故信息，并向 119、110 报警；

　　c. 下达列车调整方案，向行车调度员提供技术支援；

　　d. 掌握现场抢险救援进展情况，加强对现场的视频监控，协调各岗位的工作。

　　(5)行车调度员

　　行车调度员负责应急信息汇总及设备操作。

　　①一级处置。

　　a. 接到车站站厅火灾的报告时，立即报值班主任及 OCC 全体当班调度；

　　b. 初步了解着火位置、火势大小、设备受损及人员伤亡情况，及时跟进现场情况。

　　②二级处置。

　　a. 接到车站站厅火灾的报告时，立即报值班主任及 OCC 全体当班调度；

　　b. 同时初步了解着火位置、火势大小、设备受损及人员伤亡情况；

　　c. 立即对行车组织进行调整，采取不停站通过或担任救援疏散任务；

　　d. 终点站发生火灾时，立即组织折返列车停止作业，尽快驶离事发车站；

　　e. 可根据疏散工作需要，安排空车前往事发车站，疏散站台乘客；

　　f. 事故发生在通道换乘站时，立即通知非事发站关闭换乘通道；

　　g. 换乘站站厅火灾时，各线路列车原则上不停站通过，必要时应担负协助乘客疏散工作；

　　h. 向全线列车司机和车站发布事件及列车调整信息，维持最大限度运营；

　　i. 通知维修工程部、自动监控部生产调度安排救援；

　　j. 加强与车站及抢险救援队的联系，加强对现场的视频监控，掌握抢险进展情况。

　　③三级处置。

　　a. 接到车站站厅火灾/爆炸的报告时，立即报值班主任及 OCC 全体当班调度；

　　b. 同时初步了解着火位置、火势大小、设备受损及人员伤亡情况；

　　c. 立即对行车组织进行调整，采取不停站通过或担任救援疏散任务；

　　d. 终点站发生火灾时，立即组织折返列车停止作业，尽快驶离事发车站；

　　e. 可根据疏散工作需要，安排空车前往事发车站，疏散站台乘客；

　　f. 事故发生在通道换乘站时，立即通知非事发站关闭换乘通道；

　　g. 换乘站站厅火灾/爆炸时，各线路列车原则上不停站通过，必要时应担负协助乘客疏散工作；

　　h. 向全线列车司机和车站发布事件及列车调整信息，维持最大限度运营；

i. 通知维修工程部、自动监控部生产调度安排救援；

j. 加强与车站及抢险救援队的联系，加强对现场的视频监控，掌握抢险进展情况。

(6) 环控调度员

环控调度员负责环控设备操作和监控。

① 一级处置。

a. 接到中央 FAS 系统火灾报警信息后，立即与事发车站联系确认现场情况；

b. 密切关注现场情况。

② 二级处置。

a. 接到中央 FAS 系统火灾报警信息后，立即与事发车站联系确认现场情况；

b. 及时与车站进行确认车站站厅火灾排烟模式执行情况，如有问题立即通知维修工程部、自动监控部生产调度派人到现场处置；

c. 通知维修工程部、自动监控部生产调度安排人员支援；

d. 加强与车站及抢险救援队的联系，掌握抢险进展情况；

e. 抢险结束后，及时组织恢复环控设施正常运行。

③ 三级处置。

a. 接到中央 FAS 系统火灾报警信息后，立即与事发车站联系确认现场情况；

b. 及时与车站确认车站站厅火灾排烟模式执行情况，如有问题立即通知维修工程部、自动监控部生产调度派人到现场处置；

c. 通知维修工程部、自动监控部生产调度安排人员支援；

d. 加强与车站及抢险救援队的联系，掌握抢险进展情况；

e. 抢险结束后，及时组织恢复环控设施正常运行。

(7) 电力调度员

电力调度员负责电力设备的操作和监控。

① 一级处置。

接火情信息后，监控好电力设备的运行。

② 二级处置。

a. 接火情信息后，检查车站供电是否受到影响，监控好电力设备的运行；

b. 根据消防部门要求和抢险救援总指挥指令，做好停电救援准备。

③ 三级处置。

a. 接火情信息后，检查车站供电是否受到影响，监控好电力设备的运行；

b. 根据消防部门要求和抢险救援总指挥指令，做好停电救援准备。

(8) 当值列车司机

当值列车司机根据行车调度员的指示，保障列车运行安全。

a. 如进站时发现站台异常(含停站未开门和开门上下客作业过程)，向行车调度员报告，根据行车调度员指令处置，并根据现场情况通过广播安抚乘客；

b. 如运行中接到车站发生火灾、爆炸通知后，按 OCC 指令禁止列车进入事发车站，进入区间的列车安排退回，若不能退回，则不停站通过事发车站，同时利用广播安抚乘客；

c. 终点站发生火灾/爆炸时立即停车(向行车调度员申请退回或在隧道疏散)；

d. 如需列车前往该站站台疏散乘客时,按 OCC 指令在邻站清客后前往该站站台及时疏散乘客,凭站台工作人员"好了"信号,待其上车后,关门动车;

e. 线上所有当值列车司机接 OCC 指令后,使用列车广播向乘客发布"某站停止服务"的信息。

2. 车站站台火灾(爆炸)应急处置序

(1)站务人员和保安人员

站务人员和保安人员,主要负责扑救初起火灾、阻止火势蔓延、组织乘客疏散工作、救助受伤乘客。

①一级处置。

a. 立即疏散事发区域乘客,使用灭火器材尝试灭火;

b. 报告车控室。

②二级处置。

a. 第一时间,报告车控室;

b. 立即疏散事发区域乘客,使用灭火器材尝试灭火;

c. 接到车站"紧急疏散"命令后,按包保区域组织乘客疏散;

d. 准备湿毛巾放置在疏散路线旁;

e. 向值班站长汇报岗位执行情况和乘客疏散结果;

f. 在各出入口悬挂告示;

g. 根据值班站长指令执行疏散程序。

③三级处置。

a. 第一时间,报告车控室;

b. 立即疏散事发区域乘客,使用灭火器材尝试灭火和阻止火势蔓延;

c. 在确保自身安全前提下,尽一切可能组织搜救生还者;

d. 接到车站"紧急疏散"命令后,组织包保区域乘客疏散;

e. 准备湿毛巾放置在疏散路线旁;

f. 向值班站长汇报岗位执行情况和乘客疏散结果;

g. 在各出入口悬挂告示,同时确认包保区域人员疏散完毕后,赶往紧急出入口集合。

(2)行车值班员

①一级处置。

a. 接到人员报告、FAS 报警信息或通过 CCTV、车站安防系统实时画面观察到火灾信息时,立即通知值班站长,向 OCC 报告;

b. 对事故现场进行实时跟进。

②二级处置。

a. 接到人员报告、FAS 报警信息或通过 CCTV、车站安防系统实时画面观察到火灾信息时,立即通知值班站长,向 OCC 报告;

b. 接到值班站长执行车站紧急疏散命令后,立即在 IBP 盘站厅火灾排烟模式按钮、操作闸机紧急释放按钮(要求在 10s 内完成),播放车站紧急疏散广播(尽可能与报告同步进行),在 PIS 公布相关信息(有可能情况下);

c. 如现场直观发现火灾,事态特征明显(浓烟、火苗)时,有权自主决定采取上述行动后,向值班站长通报;

d. 向 OCC 通报事件,并向 110、120 报警,通知驻站公安;

e. 通过系统确认垂直电梯归首、火灾区域防火卷帘状态以及确认门禁执行情况;

f. 向值班站长或现场人员确认设备执行情况;

g. 通过 CCTV 监控现场情况;

h. 在值班站长下达撤离命令前,须坚守本岗位。

③三级处置。

a. 接到人员报告、FAS 报警信息或通过 CCTV、车站安防系统实时画面观察到火灾/爆炸信息时,立即报告值班站长;

b. 接到值班站长执行车站紧急疏散命令后,立即在 IBP 盘站厅火灾排烟模式按钮、操作闸机紧急释放按钮(要求在 10s 内完成),播放车站紧急疏散广播(尽可能与报告同步进行),在 PIS 公布相关信息(有可能情况下);

c. 如现场直观发现火灾,事态特征明显(浓烟、火苗)时,有权自主决定采取上述行动后,向值班站长通报;

d. 向 OCC 通报事件,并向 110、120 报警,通知驻站公安;

e. 通过系统确认垂直电梯归首、火灾区域防火卷帘状态以及确认门禁执行情况;

f. 向值班站长或现场人员确认设备执行情况;

g. 通过 CCTV 监控现场情况;

h. 在值班站长下达撤离命令前,须坚守本岗位,如危及自身安全,需撤离时,与 OCC 留下两个以上联系方式。

(3)值班站长

值班站长担任事故处理主任,负责现场指挥。

①一级处置。

a. 组织相关岗位人员立即疏散周边乘客;

b. 在确保灭火人员人身安全的情况下,组织人员灭火(如为电气火灾或即将波及带电设备时,尝试切断相应设备电源或通知机电人员);

c. 视情况需要要求行车值班员启动站厅火灾排烟模式,视火势大小、初步判断的火灾原因、扑救成效,决定是否需升级处置级别。

②二级处置。

a. 接到行车值班员通知后,立即到现场确认情况或通过现场工作人员了解现场情况[了解内容:火势大小、火灾区域、火灾性质(电气/危化品/人为纵火/失火等)、人员伤亡情况、是否影响行车等],并及时将确认结果通知行车值班员,决定是否需升级处置级别;

b. 如现场火势猛烈或燃烧产生的烟雾较大,对乘客造成影响或火情事件导致乘客自行疏散,立即下达车站紧急疏散命令;

c. 下达车站紧急疏散命令后,组织各岗位进行车站紧急疏散(注意电梯内是否有人员被困),及时对各岗位执行情况和乘客疏散结果进行确认;

d. 与行车值班员确认排烟模式是否已开启;

e. 如需关闭扶梯时,须现场确认,防止发生因急停导致人员踩踏等次生灾害事件发生;

f. 安排人员准备湿毛巾放置在疏散路线旁,如有人员受伤或窒息时,安排人员救助至地面,配合医务人员对其施救;

g. 安排人员到出入口引导救援人员,同时组织车站人员撤离;

h. 在确保灭火人员人身安全的情况下,组织人员对火势实施扑救(如为电气火灾或即将波及带电设备时,尝试切断相应设备电源或通知机电人员);

i. 乘客疏散完毕后,若确认火情已扑灭,即可不执行员工疏散程序;若火势无法控制,则立即下达员工疏散命令,待所有人员疏散完毕后车站临时关闭;

j. 安排人员在各出入口悬挂告示。

③三级处置。

a. 接到行车值班员通知后,立即到现场确认情况或通过现场工作人员了解现场情况[了解内容:火势大小、火灾区域、火灾性质(电气/危化品/人为纵火/失火等)、人员伤亡情况、是否影响行车等],并及时将确认结果通知行车值班员;

b. 发现/接到站厅爆炸信息、火灾已蔓延至轨行区或相邻防火分区,对乘客造成影响或火情事件导致乘客自行疏散,立即宣布执行车站紧急疏散程序;

c. 下达车站紧急疏散命令后,组织各岗位进行车站紧急疏散(注意电梯内是否有人员被困),及时对各岗位执行情况和乘客疏散结果进行确认;

d. 与行车值班员确认排烟模式是否已开启;

e. 在确保自身安全前提下,尽一切可能组织搜救生还者;

f. 如需关闭扶梯时,须现场确认,防止发生因急停导致人员踩踏等次生灾害事件发生;

g. 安排人员准备湿毛巾放置在疏散路线旁,如有人员受伤或窒息时,安排人员救助至地面,配合医务人员对其施救;

h. 安排人员到出入口引导救援人员,同时组织车站人员撤离;

i. 乘客疏散完毕后立即下达员工疏散命令,待所有人员疏散完毕后车站临时关闭;

j. 安排人员在各出入口悬挂告示。

(4)调度中心值班主任

调度中心值班主任负责调度指挥工作。

①一级处置。

a. 接行车调度员汇报火情信息后,初步了解着火位置、火势大小、设备受损及人员伤亡情况;

b. 密切关注现场情况。

②二级处置。

a. 接行车调度员汇报车站站厅火灾信息后,立即向各岗位宣布启动车站站厅火灾应急处置程序;

b. 指令信息调度员使用"企信通"向各级领导及相关部门发布火灾信息,并向110、120报警;

c. 下达列车调整方案,向行车调度员提供技术支持;

d. 掌握现场抢险救援进展情况,加强对现场的视频监控,协调各岗位的工作。

③三级处置。

a. 接行车调度员汇报车站站厅火灾/爆炸信息后,立即向各岗位宣布启动车站站厅火灾/爆炸应急处置程序;

b. 指令信息调度员使用"企信通"向各级领导及相关部门发布事故信息,并向110、120报警;

c. 下达列车调整方案,向行车调度员提供技术支援;

d. 掌握现场抢险救援进展情况,加强对现场的视频监控,协调各岗位的工作。

(5)行车调度员

行车调度员负责应急信息汇总及设备操作。

①一级处置。

a. 接到车站站厅火灾的报告时,立即报告值班主任及OCC全体当班调度;

b. 初步了解着火位置、火势大小、设备受损及人员伤亡情况,及时跟进现场情况。

②二级处置。

a. 接到车站站台火灾的报告时,立即报告值班主任及OCC全体当班调度;

b. 同时初步了解着火位置、火势大小、设备受损及人员伤亡情况;

c. 立即对行车组织进行调整,采取不停站通过;

d. 终点站发生火灾时,立即组织折返列车停止作业,尽快驶离事发车站;

e. 上下重叠侧式站台可根据疏散工作需要,安排乘客前往非事故站台通过列车协助疏散;

f. 换乘站站台火灾时,其他线路列车原则上不停站通过(同台换乘车站均执行区间停运,组织小交路运行),必要时可协助疏散事发线路站台乘客;

g. 向全线列车司机和车站发布事件及列车调整信息,维持最大限度运营;

h. 通知维修工程部、自动监控部生产调度安排救援;

i. 加强与车站及抢险救援队的联系,加强对现场的视频监控,掌握抢险进展情况。

③三级处置。

a. 接到车站站台火灾/爆炸的报告时,立即报告值班主任及OCC全体当班调度;

b. 同时初步了解着火位置、火势大小、设备受损及人员伤亡情况;

c. 立即对事发车站所在区间停运,组织小交路运行,禁止列车进入事发车站,进入区间的列车安排退回,若不能退回,则不停站通过事发车站;

d. 终点站发生火灾/爆炸时,立即组织折返列车停止作业,尽快驶离事发车站;

e. 上下重叠侧式站台可根据疏散工作需要,安排乘客前往非事故站台通过列车协助疏散;

f. 换乘站站台火灾/爆炸时,其他线路列车原则上不停站通过(同台换乘车站均执行区间停运,组织小交路运行),必要时可协助疏散事发线路站台乘客;

g. 向全线列车司机和车站发布事件及列车调整信息,维持最大限度运营;

h. 通知维修工程部、自动监控部生产调度安排救援;

i. 加强与车站及抢险救援队的联系,加强对现场的视频监控,掌握抢险进展情况。

(6)环控调度员

环控调度员负责环控设备操作和监控。

①一级处置。

a. 接到中央 FAS 系统火灾报警信息后,立即与事发车站联系确认现场情况;

b. 密切关注现场情况。

② 二级处置。

a. 接到中央 FAS 系统火灾报警信息后,立即与事发车站联系确认现场情况;

b. 及时与车站进行确认车站站厅火灾排烟模式执行情况,如有问题立即通知维修工程部、自动监控部生产调度派人到现场处理;

c. 通知维修工程部、自动监控部生产调度安排人员支援;

d. 加强与车站及抢险救援队的联系,掌握抢险进展情况;

e. 抢险结束后,及时组织恢复环控设施正常运行。

③ 三级处置。

a. 接到中央 FAS 系统火灾报警信息后,立即与事发车站联系确认现场情况;

b. 及时与车站进行确认车站站厅火灾排烟模式执行情况,如有问题立即通知维修工程部、自动监控部生产调度派人到现场处理;

c. 通知维修工程部、自动监控部生产调度安排人员支援;

d. 加强与车站及抢险救援队的联系,掌握抢险进展情况;

e. 抢险结束后,及时组织恢复环控设施正常运行。

(7) 电力调度员

电力调度员负责电力设备的操作和监控。

① 一级处置。

接火情信息后,监控好电力设备的运行。

② 二级处置。

a. 接火情信息后,检查车站供电是否受到影响,监控好电力设备的运行;

b. 根据消防部门要求和抢险救援总指挥指令,做好停电救援准备。

③ 三级处置。

a. 接火情信息后,检查车站供电是否受到影响,监控好电力设备的运行;

b. 根据消防部门要求和抢险救援总指挥指令,做好停电救援准备。

(8) 当值列车司机

当值列车司机根据行车调度员的指示,保障列车运行安全。

a. 如进站时发现站台异常(含停站未开门和开门上下客作业过程),向行车调度员报告,根据行车调度员指令处置,并根据现场情况通过广播安抚乘客;

b. 如运行中接到车站发生火灾、爆炸通知后,按 OCC 指令禁止列车进入事发车站,进入区间的列车安排退回,若不能退回,则不停站通过事发车站,同时利用广播安抚乘客;

c. 终点站发生火灾/爆炸时立即停车(向行车调度员申请退回或在隧道疏散);

d. 线上所有当值列车司机接 OCC 指令后,使用列车广播向乘客发布"某站停止服务"的信息。

四、城市轨道交通车站火灾防范与处置要点

通过对城市轨道交通火灾的特性分析和城市轨道交通所应采取的防范措施,以及城市轨

道交通火灾疏散问题的分析,可以采用以下共性措施予以防范和处置。

（1）城市轨道交通火灾产生的烟气、毒气,以及疏散出口的数量、障碍和缺乏合理明显的疏散路线,是城市轨道交通火灾导致重大伤亡的主要原因。

（2）城市轨道交通火灾的防范,除了装置防排烟设施、必备的消防设施、合理的疏散路线和出口以及高效的应急预案外,更重要的还是必须从车站建筑材料、电气设备安装等方面消除城市轨道交通火灾发生的本质因素(可燃物及着火源等)。

（3）列车在运行过程中发生火灾应尽可能地驶向前方车站,利用车站站台疏散乘客,并利用车站隧道防排烟系统排出烟气。如果列车停在区间,隧道通风系统应向多数乘客疏散方向相反的方向送风,并严格地掌握送风的强度和时间,否则将导致适得其反的效果。

实训 2.1　屏蔽门故障应急处理演练

1. 任务说明

选作任务 1：整侧屏蔽门无法开启演练

某日列车到达某站上行线,整侧屏蔽门无法打开,BAS、MCP 盘中显示故障信息。学生根据以下预设条件分组进行演练。参考附录 B 附表 1。

（1）列车进站停稳,开启车门、屏蔽门后,但整侧屏蔽门没有开启,司机使用 PSL 手动操作仍无法开启,立即报告车控室。

（2）车站立即采取就地开启屏蔽门应对,引导乘客上下车。

（3）车站做好安全防护,使用互锁解除接发列车。

（4）抢修人员到达现场,故障排除,应急结束。

选作任务 2：单档屏蔽门无法开启演练

某日列车到达某站上行线,单档屏蔽门无法开启。学生根据以下预设条件分组进行演练。参考附录 B 附表 2。

（1）列车进站停稳,开启车门、屏蔽门后,其中第 8 档屏蔽门无法打开。行车值班员接报(或通过 BAS 获悉)后,立即报告值班站长。

（2）车站立即采取措施做好安全防护,引导乘客上下车,指示司机发车。

（3）抢修人员到达现场,故障排除,应急结束。

选作任务 3：单档屏蔽门无法关闭演练

某日列车在某站上行线出发,一档屏蔽门无法关闭。学生根据以下预设条件分组进行演练。参考附录 B 附表 3。

（1）列车关闭车门、屏蔽门后,站台岗发现一档屏蔽门无法关闭,立即采取措施隔离该门,并报告车控室。

（2）车站手动关闭故障滑动门,设置安全防护栏,张贴故障告示。

（3）抢修人员到达现场,故障排除,应急结束。

2. 任务目标

（1）培养学生实践掌握站务岗位应对屏蔽门故障突发事件应急处理能力。

(2)培养学生实践掌握车站各岗位人员在突发事件发生后紧张有序的协调配合能力。

(3)培养学生安全防护意识和能力。

(4)培养学生理论应用于实践的能力。

3. 任务要求

(1)学生可按6~8人一组,分演车站不同岗位工种,按照演练步骤,根据本单元所学内容,制订本组的演练方案,桌面演练应急处理情况。

(2)学生可反复演练,逐步完善演练效果。

(3)各组设置观察员1名,用摄像机、手机等视录设备将演练过程拍摄下来,使用观察清单记录和分析该小组演练问题及演练程序中关键点的时间把控程度。演练视频也是教师评价依据之一。

(4)演练后应对演练效果进行评价,并汇报说明演练中存在的问题,提出改进措施。

4. 任务实施与评估标准

任务实施:能正确运用车站突发事件处理原则,遵循应急规章规范,按照应急预案基本程序编制小组演练方案;依据演练方案完整有序地完成桌面演练;演练完毕做好自我评估总结和汇报工作。

评估标准:演练方案思路清晰、程序正确完整;桌面演练准备得当,组织有力,分工明确,小组成员扮演各岗位的应急工作程序执行准确,节奏紧凑,动作和用语规范,预案关键点控制得当;本组演练总结客观全面,意见中肯,能发现本组演练中的问题和不足并提出改进意见,汇报话语流畅,表达准确、得体、清楚。

实训2.2 乘客受伤(急病)救助演练

1. 任务说明

某车站运行秩序正常,10:00站台岗站务员报告站台有乘客受伤(或突发急病),车站及时电话通知120,并到现场处理,10:20受伤(或突发急病)乘客被120送往医院,车站恢复正常。学员根据以下预设条件分组进行演练。参考附录B附表4。

· 乘客若为轻微外伤,车站人员进行简单清洗和包扎后,乘客自行离开。

· 乘客若发生骨折、重伤或急病时:

(1)行车值班员应立即打电话通知120、OCC行车调度员、驻站民警、安保部、站务中心,做好乘客广播等疏导工作。

(2)值班站长维持好车站服务秩序,避免乘客围观,做好指挥和协调工作。

(3)客运值班员到现场照顾好乘客,并随时观察乘客伤势和病情等候120到达。

(4)站务员、站台安全员寻找2名目击证人,留下联系方式,以便取证。

(5)120将乘客送往医院后,车站工作人员及时填写事故处理经过,并将处理结果及时上报安保部、站务中心和OCC行车调度员,做好与安保部的交接工作。

2.任务目标

(1)车站各岗位人员在演练中明确遇到突发事件时是否按规定程序上报和处理。

(2)培养车站各岗位人员在非正常情况下的协调配合能力。

3.任务要求

(1)学生可按5～6人一组,分演车站不同岗位工种,按照演练步骤,根据本单元所学内容,制订本组的演练方案,桌面演练应急处理情况。

(2)学生可反复演练,逐步完善演练效果。

(3)各组设置观察员1名,用摄像机、手机等视录设备将演练过程拍摄下来,使用观察清单记录和分析该小组演练问题及演练程序中关键点的时间把控程度。演练视频也是教师评价依据之一。

(4)演练后应对演练效果进行评价,并汇报说明演练中存在的问题,提出改进措施。

4.任务实施与评估标准

任务实施:能正确运用车站突发事件处理原则,遵循应急规章规范,按照应急预案基本程序编制小组演练方案;依据演练方案完整有序地完成桌面演练;演练完毕做好自我评估总结和汇报工作。

评估标准:演练方案思路清晰、程序正确完整;桌面演练准备得当,组织有力,分工明确,小组成员扮演各岗位的应急工作程序执行准确,节奏紧凑,动作和用语规范,预案关键点控制得当,参见表2-10;本组演练总结客观全面,意见中肯,能发现本组演练中的问题和不足并提出改进意见,汇报话语流畅,表达准确、得体、清楚。

车站乘客受伤或急病救助演练关键点评估表　　　　　　表2-10

序号	岗位	学生姓名	评估步骤和内容	评估内容(含问题和意见)
1	站台岗		①汇报是否及时; ②是否维持好站台乘客候车秩序	
2	厅巡岗		①是否及时赶至现场; ②是否寻找到了2名目击证人,并填写好相应表格	
3	行车值班员		①是否及时致电相关部门; ②是否对乘客做好广播宣导工作	
4	客运值班员		①是否及时赶至现场; ②是否照顾好乘客	
5	值班站长		①是否及时赶至现场; ②是否维持好车站服务秩序; ③事故处置完毕后,是否及时填写事件处置经过并上报相关部门	

实训 2.3　车站发生群伤或群体性恐慌事件应急处理演练

1. 任务说明

某车站 A 出入口一乘客拉大件货物乘坐自动扶梯因看管不慎掉落,导致乘坐自动扶梯的多名乘客不同程度受伤。学生根据以下预设条件分组进行演练。参考附录 B 附表 6。

(1)一乘客拉大件货物乘坐自动扶梯因看管不慎掉落,导致乘坐自动扶梯的多名乘客不同程度受伤。

(2)车站工作人员报告行车调度员、120、驻站公安、维修生产调度以及安全、客伤管理员,对伤员进行救护,保护现场及调查取证。

2. 任务目标

(1)培养学生扮演值班站长在群体性客伤事件中救护伤员、现场保护及调查取证,确保车站运营秩序的组织能力。

(2)培养学生演练客运值班员在群体性客伤事件中的救护伤员及调查取证能力。

(3)培养学生演练行车值班员在群体性客伤事件中的监控及信息通报能力。

(4)培养学生演练厅巡岗在群体性客伤事件中的现场保护及调查取证能力。

(5)培养学生演练车站各岗位之间的应急处理协调能力。

3. 任务要求

(1)学生可按 5~6 人一组,分演车站不同岗位工种,按照演练步骤,根据本单元所学内容,制订本组的演练方案,桌面演练应急处理情况。

(2)学生可反复演练,逐步完善演练效果。

(3)各组设置观察员 1 名,用摄像机、手机等视录设备将演练过程拍摄下来,使用观察清单记录和分析该小组演练问题及演练程序中关键点的时间把控程度。演练视频也是教师评价依据之一。

(4)演练后应对演练效果进行评价,并汇报说明演练中存在的问题,提出改进措施。

4. 任务实施与评估

任务实施:能正确运用车站突发事件处理原则,遵循应急规章规范,按照应急预案基本程序编制小组演练方案;依据演练方案完整有序地完成桌面演练;演练完毕做好自我评估总结和汇报工作。

评估标准:演练方案思路清晰、程序正确完整;桌面演练准备充分,组织有力,分工明确,小组成员扮演各岗位的应急工作程序执行准确,节奏紧凑,动作和用语规范,预案关键点控制得当;本组演练总结客观全面,意见中肯,能发现本组演练中的问题和不足并提出改进意见,汇报话语流畅,表达准确、得体、清楚。

实训2.4 车站接到炸弹恐吓电话事件应急处理演练

1. 任务说明

某站车控室接到匿名炸弹恐吓电话称:"有人在你们车站放了炸弹"。学员根据以下预设条件分组进行演练。参考附录B附表8。

(1)车控室接到"炸弹"威胁的电话。
(2)行车调度员通知车站,接110警报,要求车站立即执行紧急疏散程序。
(3)确认乘客疏散完毕,关闭车站,车站工作人员在紧急出入口集合。
(4)警察及炸弹专家赶到,勘查现场并进行处理。
(5)警察、公安确认危险解除,车站恢复运营。

2. 任务目标

(1)培养学生演练车站各岗位人员在电话恐吓突发事件中应急处理能力。
(2)培养学生演练在炸弹电话恐吓事件中的应急和信息通报能力。
(3)培养学生演练车站值班站长的应急指挥能力。
(4)培养学生演练站务员在炸弹恐吓事件中的反应能力。
(5)培养学生演练车站与调度人员、110之间的协调能力。

3. 任务要求

(1)学生可按5~6人一组,分演车站不同岗位工种,按照演练步骤,根据本单元所学内容,制订本组的演练方案,桌面演练应急处理情况。

(2)学生可反复演练,逐步完善演练效果。

(3)各组设置观察员1名,用摄像机、手机等视录设备将演练过程拍摄下来,使用观察清单记录和分析该小组演练问题及演练程序中关键点的时间把控程度。演练视频也是教师评价依据之一。

(4)演练后应对演练效果进行评价,并汇报说明演练中存在的问题,提出改进措施。

4. 任务实施与评估标准

任务实施:能正确运用车站突发事件处理原则,遵循应急规章规范,按照应急预案基本程序编制小组演练方案;依据演练方案完整有序地完成桌面演练;演练完毕做好自我评估总结和汇报工作。

评估标准:演练方案思路清晰、程序正确完整;桌面演练准备充分,组织有力,分工明确,小组成员扮演各岗位的应急工作程序执行准确,节奏紧凑,动作和用语规范,预案关键点控制得当;本组演练总结客观全面,意见中肯,能发现本组演练中的问题和不足并提出改进意见,汇报话语流畅,表达准确、得体、清楚。

实训2.5　突发性大客流应急处置演练

1. 任务说明

某车站突然有大客流从车站 A 出入口涌入车站乘车,车站根据客流情况实施"三级"客流控制。学员根据以下预设条件分组进行演练。参考附录 B 附表9。

(1)某车站某日突然有大客流从 A 出入口涌入车站乘车。

(2)车站立即采取增加售票点的方式应对。

(3)站台乘客开始出现拥挤现象,立即停止出售预制票,派人到站厅楼梯处阻止乘客下站台。

(4)付费区开始出现拥挤现象,立即关闭售票机和进站闸机。

(5)与地铁公安一起到 A 出入口阻止乘客进站。

2. 任务目标

(1)培养学生实践掌握城市轨道交通车站各岗位应对突发大客流的应急处理能力。

(2)培养学生演练车站各岗位之间的协调能力。

(3)培养学生应对突发大客流的应急信息报告能力。

(4)培养学生理论应用于实践的能力。

3. 任务要求

(1)学生可按6~8人一组,分演车站不同岗位工种,按照演练步骤,根据本单元所学内容,制订本组的演练方案,桌面演练应急处理情况。

(2)学生可反复演练,逐步巩固演练效果。

(3)各组设置观察员1名,用摄像机、手机等视录设备将演练过程拍摄下来,使用观察清单记录和分析该小组演练问题及演练程序中关键点的时间把控程度。演练视频也是教师评价依据之一。

(4)演练后应对演练效果进行评价,并汇报说明演练中存在的问题,提出改进措施。

4. 任务实施与评估标准

任务实施:能正确运用车站突发事件处理原则,遵循应急规章规范,按照应急预案基本程序编制小组演练方案;依据演练方案完整有序地完成桌面演练;演练完毕做好自我评估总结和汇报工作。

评估标准:演练方案思路清晰、程序正确完整;桌面演练准备充分,组织有力,分工明确,小组成员扮演各岗位的应急工作程序执行准确,节奏紧凑,动作和用语规范,预案关键点控制得当;本组演练总结客观全面,意见中肯,能发现本组演练中的问题和不足并提出改进意见,汇报话语流畅,表达准确、得体、清楚。

实训 2.6　车站突发火灾事件应急处置演练

1. 任务说明

选作任务1：车站站台突发火灾事件应急处理演练（三级处置）

某车站站台发生人为纵火袭击事件、火灾迅速蔓延至相邻防火分区。学生根据以下预设条件分组进行演练。

(1) 某车站站台发生人为纵火事件，火势较猛，车控室接到火情报告。

(2) 车站立即启动环控设备火灾模式，并执行车站紧急疏散程序应对。

(3) 乘客疏散完毕后，员工撤离，到紧急出入口集合。

选作任务2：车站站厅突发火灾事件应急处置演练（二级处置）

某车站站厅发生不明火灾，现场火势猛烈，燃烧产生的烟雾较大，燃烧部位不明确，无法现场判断；火情事件导致乘客恐慌，乘客自行疏散。学生根据以下预设条件分组进行演练。

(1) 某车站站厅A端发生火灾，火势较猛，车控室接到火情报告。

(2) 车站立即启动环控设备火灾模式，并执行车站紧急疏散程序应对。

(3) 站厅火势较大，车站自身能力内无法组织乘客疏散，行车调度员加开列车前往站台支援。

(4) 乘客疏散完毕后，员工撤离，到紧急出入口集合。

2. 任务目标

(1) 培养学生实践掌握城市轨道交通车站各岗位应对突发火灾的应急处置能力。

(2) 培养学生演练车站各岗位之间的协调能力。

(3) 培养学生应对突发火灾的应急信息报告能力。

(4) 培养学生熟练掌握火灾应急疏散紧急快速执行的能力。

(5) 培养学生理论应用于实践的能力。

3. 任务要求

(1) 学生可按6~8人一组，分演车站不同岗位工种，按照演练步骤，根据本单元所学内容，制订本组的演练方案，桌面演练应急处置情况。

(2) 学生可反复演练，逐步巩固演练效果。

(3) 各组设置观察员1名，用摄像机、手机等视录设备将演练过程拍摄下来，使用观察清单记录和分析该小组演练问题及演练程序中关键点的时间把控程度。演练视频也是教师评价依据之一。

(4) 演练后应对演练效果进行评价，并汇报说明演练中存在的问题，提出改进措施。

4. 任务实施与评估标准

任务实施：能正确运用车站突发事件处置原则，遵循应急规章规范，按照应急预案基本程序编制小组演练方案；依据演练方案完整有序地完成桌面演练；演练完毕做好自我评估总结和汇报。

　　评估标准：演练方案思路清晰、程序正确完整；桌面演练准备充分，组织有力，分工明确，小组成员扮演各岗位的应急工作程序执行准确，节奏紧凑，动作和用语规范，预案关键点控制得当；本组演练总结客观全面，意见中肯，能发现本组演练中的问题和不足并提出改进意见，汇报话语流畅，表达准确、得体、清楚。

 复习思考题

1. 简述车站突发事件处理原则。
2. 城市轨道交通列车到站后发生屏蔽门不能打开时，应如何处理？
3. 什么是城市轨道交通客伤事故？应如何处理？
4. 在城市轨道交通车站中发现乘客遗留物，应如何处理？
5. 如果在城市轨道交通车站内，2名乘客因口角发生扭打，作为站务员，你应该怎么处理？
6. 当列车停在车站时，站务员发现列车上有刺鼻气味，作为站务员，你应该怎么处理？
7. 车站发生停电后，车站各岗位人员应及时做好哪些应急处理工作？
8. 车站突发性大客流如何划分处置级别？不同级别应如何处置？
9. 车站站厅发生火灾后，运营部门应该如何有效疏散乘客？

单元 3　行车突发事件应急处理

教学目标

1. 了解列车车门故障的类型与对运营服务工作带来的不良影响；
2. 掌握各种列车车门突发故障的应急处理方法；
3. 掌握列车牵引故障应急处理和救援方法；
4. 掌握常见轨道电路、道岔故障应急处理方法；
5. 掌握常见联锁系统故障形式；
6. 熟练掌握电话闭塞法的基本演练过程。

建议学时

20 学时

单元 3.1　列车车门故障的应急处理

城轨列车客室车门故障是城市轨道交通列车在运行过程中发生率最高的故障之一。车门故障给乘客乘降、列车运行安全和客运服务质量造成较大影响，因此必须立即采取措施确保乘客的安全和运营工作的顺利进行。

一、车门故障安全风险

2007 年 6 月 25 日，某市地铁 1 号线某站，一名乘客在进入列车车厢时，右手手腕被正在关闭的车门紧紧夹住，被列车拖行约 50m 后手才从门缝中抽出，所幸人未与列车发生碰擦。2008 年 9 月 29 日，一名老人在某市地铁 1 号线某站乘车时，意外被夹在站台屏蔽门与列车门之间，站台工作人员发现后立即叫停已启动的列车，老人幸无生命危险。

对以往的车门故障事故原因及车门特点进行分析，可以知道城轨列车客室车门故障存在以下几种安全隐患：

(1) 车门与屏蔽门之间夹人。
(2) 车门开闭门过程中夹人。
(3) 在列车非站台侧车门开启。
(4) 列车运营过程中车门意外开启。
(5) 切除未锁闭的车门。

客室车门故障初步风险分析,如表 3-1 所示。

客室车门故障初步风险分析　　　　　　　　　　　　　　　表 3-1

风险类型	故障原因		说　明
车门故障及相关事故	自然灾害	地震	因地震冲击,造成车辆严重变形,车门无法正常打开或关闭
	人为因素	防护措施	列车或 ATP 对门的监控及联动控制被人为切除,造成诸如开着门启动列车等危险事故
	次生灾害	爆炸、撞车、脱轨、火灾	列车爆炸、撞车、脱轨、火灾等重大事故,引起车辆或车门电器或机械损坏,车门无法正常打开或关闭
	设备因素	车门与屏蔽门	屏蔽门车门控制时序不合理,或者屏蔽门应急设施设计不合理,车门与屏蔽门间隙过大,乘客被夹当中
		车门与站台	车体与站台边缘间隙过大,车辆地板面与站台高差太大,造成乘客踏空或摔倒
		车门结构	①门页强度、刚度设计不合理,外力作用下变形、移位; ②车门结构设计缺陷,如锁闭机构不能有效锁闭,导致车门不安全开启; ③紧急状况下不能通过紧急拉手打开车门; ④单门故障切除装置设计不合理,不能隔离故障车门并有效锁闭; ⑤门页护指橡胶设计不当,不能有效检测障碍物,或者造成被夹乘客夹痛、夹伤
		车门安全防护	①车门控制出错或失效,导致左右侧开门错误,或车门无法打开; ②门状态安全监控回路设计不当或出错,导致车门未锁闭状态下列车起动,或车门安全锁闭状态下,列车不能起动运行; ③紧急拉手设计不当,或监控出错,影响列车正常运营; ④零速信息失效,导致列车非零速时开门,或零速情况下打不开; ⑤关门压力、缓冲控制功能及障碍物探测功能设计不当使乘客夹伤; ⑥开/关门提示信息不全,乘客被夹或摔出车门; ⑦联锁功能设计不当或失效,如门状态监控与牵引、紧急制动的联锁功能设计不合理,导致门在来回可靠关闭的情况下列车起动
		故障降级	各种旁路功能使用,如门状态监控旁路、ATP 门监控功能旁路、ATP 使能控制旁路等,防护功能失效引起的相关事故

二、车门故障处理原则

(1)尽量缩短在线故障处理时间。
(2)司机需要处理车门故障及处理完毕后都应及时汇报行车调度员。
(3)出现非正常故障时,司机尽可能进站停车。
(4)客室门不能关闭时,应进行列车清客,站务人员及时做好引导及安抚工作。退出服务时,列车在区间及通过站台时应限速运行。

三、常见的车门故障和应急处理方法

1. 一节车同一侧有 1 个/2 个车门开/关故障

(1)司机再次按下开/关门按钮,对故障车门尝试再开/关一次;如果车门仍没有打开/关闭,则重复上述动作一次。

(2)如车门仍有故障时:

①确认故障车门已关闭,由站务人员用方孔钥匙将车门切除;若不能关闭,手动关门后,用方孔钥匙将车门切除(注意车门切除开关在门页下部,按照箭头方向转动方孔钥匙)。

②贴上"车门故障暂停使用"的字条。

③继续投入服务。

2. 一节车同一侧有3个或多于3个车门故障

(1)司机再次按下开/关门按钮,对故障车门尝试再开/关一次,如果车门仍没有打开/关闭,则重复上述动作一次。

(2)如故障还未排除,司机应检查相应电气柜的空气开关是否分断,复位分断的空气开关,复位正常后继续运营。

(3)如车门仍有故障,确认故障车门已关闭,用方孔钥匙将车门切除;若不能关闭,手动关门后,则用方孔钥匙将车门切除(注意车门切除开关在门页下部,按照箭头方向转动方孔钥匙)。

(4)由站务人员贴上"车门故障暂停使用"的字条,维持运行到终点后退出服务。

3. 故障车门无法正常关闭,并且用方孔钥匙也不能切除

(1)司机确认车门不能关闭,并且用方孔钥匙也不能切除。

(2)此时,司机应根据行车调度员的指示就近清客,使用司机座椅后电气柜内立柱上的"重要控制旁路开关",将其打到"车门旁路"位,按两下ATC开门允许按钮,模式开关打到"限速向前"牵引;当列车速度超过零速后,模式开关可以转动到"手动"驾驶,使列车运行到终点后退出服务。

4. 司机关门后出现车门紧急解锁

(1)司机确认门关好灯是否亮,若亮则为假故障,继续运营。

(2)若门关好灯不亮,根据故障指示找到相应车门,用方孔钥匙将车门右侧立柱上的红色紧急解锁手柄复位到水平位置;门关好灯亮,继续运营。

(3)若门关好灯仍不亮,确认车门已关闭,用方孔钥匙将车门切除,门关好灯亮,继续运营。

(4)若在运行中出现车门紧急解锁,客车产生紧急制动(ATP保护),客车停车后,司机对相应车门进行处理。

5. 按下"开门"按钮,全列车门无法打开

(1)司机按下司机台上"开门"按钮,重新开门。

(2)如车门仍有故障,司机检查司机室低压设备柜内DOCB(车门打开断路器)、DOTCBA(左侧车门打开列车线断路器)、DOTCBB(右侧车门打开列车线断路器),复位分断的空气开关,如故障排除则继续运营。

(3)如故障不能排除,将上述开关重新断合一次。

(4)如故障还是不能排除,司机将手柄转向"洗车"模式,按下"开门"按钮。

(5)如果列车门能打开,则关闭列车门后,司机将手柄转回手动模式,运营到下一站后,检

查开门功能是否正常;如果车门开关正常则恢复正常运营,否则重复上述操作,列车运行至终点退出运营。

(6)如果列车门还是未能打开,则每节车外墙上都有一个"门紧急解锁"装置,司机用方孔钥匙打开,通过每节车的一扇门进行清客,就近退出运营。

6. 按下"关门"按钮,全列车门无法关闭

(1)司机按下司机台上"关门"按钮,重新关门。

(2)如果车门仍然无法关闭,则司机检查相应电气柜的空气开关,复位分断的空气开关,如果闭合则将其重新断合一次。

(3)如果故障不能解决,门关好灯仍不亮,将上述开关重新断合一次。

(4)如果还不能解决,则根据行车调度员指示就近清客。使用司机座椅后电气柜内立柱上的"重要控制旁路开关",将其打到"车门旁路"位,按两下 ATC 开门允许按钮,模式开关达到"限速向前"牵引;当列车速度超过零速后,模式开关可以转动到"手动"驾驶,列车运行至终点站退出运营。

7. 所有车门已关好,门关好灯不亮,DDU 上无车门故障显示

(1)司机再次按下司机台上开/关门按钮,重新开/关门。

(2)门关好灯显示正常,继续运营。

(3)如门关好灯仍不亮,则司机检查相应电气柜的空气开关,复位分断的空气开关,如果断开,将其复位,如果闭合,则将其重新断合一次。门关好灯显示正常,继续运营。

(4)否则,落弓,收车,重新起动列车。

(5)如果经过上述操作门关好灯仍不亮,司机应报告行车调度员请求清客,使用司机座椅后电气柜内立柱上的"重要控制旁路开关",将其打到"车门旁路"位关闭车门,运行至终点站退出运营。

四、列车车门故障的应急处理程序

1. 几个车门状态不正常且车门故障无法排除

(1)发现列车车门故障

①站务人员。发现有车门开、关的状态不正常;通知值班站长有车门状态不正常;引导乘客避免从有故障的车出入门。

②值班站长。报告行车调度员通知故障列车司机车门开、关的状态不正常。

③故障列车司机。发现 DDU 上有车门状态不正常或收到行车调度员的通知,有车门状态不正常;重新打开、关闭车门,车门状态仍然故障;向行车调度员报告列车编号、位置、故障情况;请示行车调度员安排站务人员用钥匙转动门板外侧的隔离锁将车门隔离。

④行车调度员。接到故障列车司机报告后,报告值班主任列车的编号、位置和故障状态;通知检修调度员,要求安排检修人员在指示的车站上车进行检查处理。

⑤值班主任。接获列车故障报告后进行记录。

(2)指示处理车门故障

①值班主任。指示行车调度员通知值班站长安排站务人员协助故障车司机把故障车门隔

离;指示行车调度员通知故障车司机在抵达终点站之后清客,退出运营准备检修。

②行车调度员。执行值班主任指示,通知值班站长安排站务人员用钥匙转动门板外侧的隔离锁将车门隔离;通知故障列车司机和站务人员将会把故障车门隔离。

③故障列车司机。在接获行车调度员的通知后,等待站务人员将故障车门隔离。

④检修人员。接到检修调度员的通知后,在指示的车站上车进行检查处理。

⑤值班站长。在接获行车调度员的指示后,指示站务人员用钥匙转动门板外侧的隔离锁将故障车门隔离。

⑥站务人员。执行值班站长的指示,手动将车门关闭,用钥匙转动门板外侧的隔离锁将车门隔离;如果车门无法手动关闭、隔离锁锁舌松动断裂、隔离后车门指示灯不亮,隔离失败,打开侧罩板,关闭车门电源开关,手动关闭车门,隔离故障车门。

(3)车门隔离后处理

①站务人员。通知值班站长故障车门已被隔离。

②值班站长。报告行车调度员及通知故障列车司机故障车门已被隔离。

③行车调度员。收到值班站长的报告,通知故障列车司机故障车门已被隔离,指示故障列车司机确认故障车门已被隔离后,继续运营至终点站后清客,退出运营检修;记录本次故障。

④故障列车司机。收到行车调度员通知站务人员已将车门隔离的指示后,观察DDU显示、门关闭到位、指示灯不亮,已确认故障车门被隔离后;继续运营至终点站后清客,退出运营检修。

⑤值班主任。记录本次故障。

2. 车门关闭后门关好指示灯不亮,列车不能正常牵引

(1)司机报告车门关闭后门关好指示灯不亮故障

①故障列车司机。列车停在站台上,所有车门都已关闭;司机驾驶台上门关闭到位指示灯不亮,推牵引手柄时列车不动;司机重新打开车门后再关闭车门,指示灯仍然不亮;使用车载广播系统通知乘客列车发生故障,请乘客等待几分钟;向行车调度员报告列车编号、停留位置、故障情况。

②行车调度员。接到故障车司机报告后,报告值班主任列车的编号、位置和故障状态;暂停受影响区段的列车运行。

③值班主任。接获列车故障报告后进行记录。

(2)指示处理车门故障

①值班主任。指示行车调度员通知故障车司机进行故障处理及允许司机进行故障处理的时间;指示行车调度员通知站务中心派遣站务人员沿着站台沿途检查每扇车门是否锁闭到位。

②行车调度员。执行值班主任的指示,通知故障车司机进行故障排除;告知故障车司机允许进行故障处理的时间;通知故障列车司机将安排站务人员沿着站台沿途检查每扇车门是否锁闭到位;通知值班站长派遣站务人员沿着站台沿途检查每扇车门是否锁闭到位。

③故障列车司机。检查前端逃生门的位置是否在锁闭状态。

④值班站长。在接获行车调度员的指示后,指示站务人员到站台沿着站台沿途检查每扇车门是否锁闭到位;如有车门没有关闭到位,重新手动关闭,直到车门完全锁闭。

⑤站务人员。沿着站台沿途检查每扇车门是否锁闭到位,若有车门没有关闭到位,则应重

新手动关闭,直到车门完全锁闭。

(3) 列车退出运营准备检修

①站务人员。报告值班站长和司机门已完全关闭。

②故障列车司机。当站务人员通知车门已完全关闭后,检查车门关闭指示灯,但仍然不亮;报告行车调度员故障未能解除,请示行车调度员在站台疏散列车内的乘客,列车退出运营准备检修。

③行车调度员。接到故障车司机的报告后,将列车状态和故障处理的结果报告值班主任,并建议值班主任允许在站台疏散列车内的乘客,列车退出运营准备检修。

④值班主任。接获行车调度员的报告后,确定故障的严重性,指示行车调度员通知故障列车司机在站台疏散列车内的乘客,列车退出运营准备检修;指示行车调度员通知车站的值班站长协助疏散故障列车内的乘客。

(4) 疏散故障列车乘客

①行车调度员。执行值班主任的指示,通知故障列车司机在站台疏散列车内的乘客,列车退出运营准备检修;通知车站的值班站长协助疏散故障列车内的乘客。

②故障列车司机。执行行车调度员的指示,通过车载广播系统通知列车乘客"此列车将停止服务,请乘客进行疏散不要留在车上"。

③值班站长。在接获行车调度员有关疏散列车乘客的指示后,指示站务人员到站台协助疏散列车乘客;利用车站广播通知站台乘客"该列车将停止服务,请乘客不要上车"。

④站务人员。执行值班站长的指示,到站台协助疏散列车乘客。

(5) 报告疏散完毕

①站务人员。报告值班站长及司机"列车旅客已全部疏散"。

②故障列车司机。报告行车调度员列车旅客已全部疏散。

③行车调度员。报告值班主任列车旅客已全部疏散;请示值班主任可将故障车退出运营准备检修。

④值班主任。接获行车调度员的报告"列车旅客已全部疏散"。之后,批准行车调度员的请示。

(6) 列车退出运营准备检修

①值班主任。指示行车调度员通知故障列车司机将此列车退出运营准备检修;记录事故。

②行车调度员。执行值班主任的指示,通知故障列车司机将此列车退出运营准备检修;记录事故。

③故障列车司机。把 VCBS(Vital Control By Pass,重要控制旁路开关) 置于 DIR(Door Interlock Relay)位,将 MS 转到限速向前模式,按两下 ATC 门允许按钮,推 DCH 牵引,将此列车退出运营检修。

3. 一个或几个车门状态不正常且故障车门无法隔离

(1) 发现车门开关状态不正常

①站务人员。发现有车门开、关的状态不正常;通知值班站长"有车门状态不正常";引导乘客避免从有故障的车门出入。

②值班站长。报告行车调度员及通知故障列车司机"车门开、关的状态不正常"。

③故障列车司机。发现 DDU 上有车门状态不正常;收到站务人员的通知"有车门状态不正常";重新打开、关闭车门,车门状态仍然故障;向行车调度员报告列车编号、位置、故障情况;请示行车调度员安排站务人员用钥匙转动门板外侧的隔离锁将车门隔离。

④行车调度员。接到故障列车司机报告后,报告值班主任列车的编号、位置和故障状态;请示安排检修人员上车修理。

⑤值班主任。接获列车故障报告后进行记录。

(2)隔离故障车门

①值班主任。指示行车调度员通知故障车司机进行故障处理;通知检修调度员,请安排检修人员做好准备。

②行车调度员。指示值班站长安排站务人员用钥匙转动门板外侧的隔离锁将车门隔离;通知故障列车司机站务人员将会把故障车门隔离。

③故障列车司机。在接获行车调度员的通知后,等待站务人员将故障车门隔离。

④检修人员。2 名检修人员接到检修调度员的通知后,上车处理。

⑤值班站长。在接获行车调度员的指示后,指示站务人员用钥匙转动门板外侧的隔离锁将故障车门隔离。

⑥站务人员。执行值班站长的指示,手动将车门关闭,用钥匙转动门板外侧的隔离锁将车门隔离;如果车门无法手动关闭、隔离锁锁舌松动断裂、隔离后车门指示灯不亮,隔离失败;打开侧罩板,关闭 S4 车门电源开关,手动关闭车门;故障车门已被隔离。

(3)隔离后继续运营

①站务人员。通知值班站长故障车门已被隔离。

②值班站长。报告行车调度员及通知故障列车司机"故障车门已被隔离"。

③行车调度员。收到值班站长的报告,通知故障列车司机并指示其确认故障车门已被隔离后,继续运营。

④故障列车司机。收到行车调度员、值班站长及站务人员"已将车门隔离"的通知后,观察 DDU 显示、门关到位指示灯以确认故障车门已被隔离后,继续运营。

(4)故障排除正常运营

①检修人员。进行处理后,确认车门故障被排除;报告检修调度员车门故障已排除,列车可正常运营。

②故障列车司机。确认车门故障被排除,报告行车调度员"故障已排除,列车正常运营"。行车调度员同意后,驾驶列车正常运营。

③行车调度员。报告值班主任请示列车能否投入正常运营。值班主任同意后,通知故障列车司机"车门故障已排除,列车可正常运营"。

④值班主任。接获行车调度员和检修调度员报告车门故障已排除后,指示行车调度员通知故障列车司机"车门故障已排除,列车可正常运营"。

4. 乘客强行开门

(1)站台列车因前方故障等待时间过久,乘客强行开门

①故障列车司机。发现旅客强行开门(使用手动紧急解锁强行打开车门);有几位旅客下车;DDU 显示手动紧急解锁被启动、门关到位指示灯不亮;报告行车调度员列车的编号、位置

和故障状态;请示行车调度员安排站务人员用方孔钥匙将被启动的手动紧急解锁复位。

②行车调度员。接到故障车司机报告后,报告值班主任列车的编号、位置和故障状态。

(2) 行车调度员指示站务人员手动紧急解锁复位,关闭车门

①行车调度员。通知值班站长进行故障处理,安排站务人员用方孔钥匙将被启动的手动紧急解锁复位;通知故障列车司机,已安排站务人员进行故障处理。

②故障列车司机。用车载广播系统通知乘客列车发生故障的状况,要求乘客遵守秩序。

③值班站长。在接获行车调度员的通知后,指示站务人员使用方孔钥匙将被启动的手动紧急解锁复位。

④站务人员。执行值班站长的指示,到故障车的车门处进行故障处理,用方孔钥匙将被启动的手动紧急解锁复位,关闭车门。

(3) 紧急解锁复位,车门关闭

①站务人员。报告值班站长,列车被启动的手动紧急解锁已复位,车门已关闭。

②值班站长。报告行车调度员被启动的紧急解锁已复位,车门已关闭。

③行车调度员。接到值班站长的报告后,通知故障列车司机"被启动的紧急解锁已复位",指示故障列车司机确认故障车门已被复位后,继续运营。

④故障列车司机。接到行车调度员的指示后,查看 DDU 所有的车门显示关闭正常、门关到位指示灯亮起。

(4) 故障排除,正常运营

①故障列车司机。确认车门故障被排除;报告行车调度员"故障已排除,列车可正常运营"。

②行车调度员。同意列车正常运营;记录事故。

五、列车车门故障案例分析

1. 列车到站后车门无法打开

(1) 事故概况

2007 年 7 月 30 日 8 时 33 分,某市城市轨道交通列车到达 A 站后,车门无法打开。列车司机立即进行处理,不能消除故障,只好下车手动打开车门,现场清客。由于部分乘客不愿下车,故障列车载了这些乘客运行到 B 站,进车库检修。

由于正值上班高峰期,列车内的乘客数量较大,每节车厢的乘客又只能从一扇手动打开的车门下车,因此清客花费时间较长。致使续行列车停于城市轨道交通隧道内长达 35 分钟,造成部分乘客出现憋闷头晕等不适,并产生一定的恐惧心理。

(2) 事故原因

故障列车投入运营时间不长,设备尚处于调试期。

(3) 事故应急处理中较好的措施

①司机及时手动开门清客。列车司机到站后发现车门故障,无法打开,立即进行紧急处理。在处理无效后,采取手动开门的措施清客。故障列车由 8 辆车编组,如果将每一扇车门都手动打开,花费时间长,乘客蜂拥挤向已打开的车门,容易造成混乱,也容易引起后面车厢内乘客的焦躁,反而减慢清客速度。因此司机手动打开车门时,每节车厢打开一扇车门,是一种比

较好的应急措施,便于乘客有序下车,并迅速安抚乘客情绪。

②调派备用列车投入运营。由于列车故障造成延误,致使全线不少车站乘客滞留较多。为了缓解客运压力,城市轨道交通运营公司就近调派一列备用列车,加快乘客运输。

③紧急疏散乘客。故障发生后,一部分乘客没有选择其他交通工具,留在车站等待下一趟列车,还不断有乘客进入车站等待乘车,使得部分车站大量乘客滞留。因此部分城市轨道交通车站启动紧急疏散应急预案,打开安全通道,让下车乘客直接出站,不用通过闸机,加快乘客出站,缓解乘客拥挤状态。

④采取适当措施安抚乘客情绪。乘客直接出站后,所持交通卡在下次使用进站前,向站务员说明情况,即可免去票款。另外,针对此次列车故障对乘客造成的影响,各个车站都向乘客发放了致歉信。

(4) 事故应急处理需改进的方面

对续行列车处理不妥,停留在隧道内时间较长,致使部分乘客产生不适和恐惧。前方发生故障后,作为控制中心的行车调度员,应考虑后续各列车的运行,应尽量使各趟续行列车停在车站或驶入就近车站停留,避免列车停在区间,尤其是隧道内。因为隧道内通风较差,而且地下空间黑暗,容易让乘客产生恐慌和不适。

2. 列车到站后车门无法正常关闭

(1) 事件经过

2006年11月7日10:34,某市城市轨道交通公司1207次列车在A站下行站台上下客后,关门准备发车,发现"门关好"灯不亮,再次进行开关门作业后发现"门关好"的灯始终不亮;检查驾驶室显示屏,显示最后一节车厢的车门(02A1B门)没有关,故障清单内显示"车门严重故障";10:35,司机下车跑至故障车门处查看,发现车门处于打开状态。司机紧急解锁后,将车门合上再恢复紧急解锁手柄,用方孔钥匙切除车门;10:37,司机报告车门已切除,但"门关好"的灯仍然不亮,行车调度员要求司机再次前往现场处理,司机再次进行车门切除,仍然无法关闭;10:40,行车调度员命令A站配合1207次清客,司机对乘客进行广播疏导;要求B站强行站控,取消D1101道岔锁定,并排列X1105—X0903进路;10:42,故障车清客完毕,行车调度员要求故障车司机将车门旁路后,采用洗车模式动车到某存车线。要求备用车司机动车到B站下行站台,替开1207次;10:45,故障车到达某存车线,行车调度员调整全线列车运行及发布运营恢复信息。

(2) 事件原因

本案例事故的原因是车门故障无法正常关闭,最终造成清客。司机切除车门的操作方法不当,导致车门未能切除,对此事故也负有一定责任。

切除车门时应在正常状态即车门处于非紧急解锁状态下进行,"紧急解锁"是紧急状态下用于开门逃生的装置。

(3) 防范措施

①车辆部应会同车辆生产单位及检修中心,对车门故障进行统计、分析和研究,制定常见故障的预防性检修措施,进一步加强对车门各部件的检查,降低车门故障。

②乘务中心要加强司机实际操作的培训,注重动手能力的培养,使司机具备快速准确判断故障原因并能够独立排除常见故障的能力。

单元3.2 列车牵引制动系统故障应急处理

列车牵引制动系统故障时,司机立刻向行车调度员报告;行车调度员及时将故障情况通知车辆检修调度员,并根据其建议来决定列车是维持运营,待运营到终点后退出运营,还是立刻退出运营。

一、列车牵引制动系统故障应急处理的基本原则

列车牵引制动系统故障应急处理的基本原则,有如下几点:
(1)坚持高度集中、统一指挥、逐级负责的原则。
(2)事故发生时,各调度应遵循"先通后复"的原则。
(3)员工要反应迅速,做到早发现、早报告、早控制。
(4)事故伴有出现危及员工、乘客的生命安全时(含在处理过程中出现),各调度立即按相应的处理程序执行,实施先救人,救人与处理事故同步进行的原则。

二、列车牵引制动系统故障救援组织原则

列车故障救援,指电客车在正线或必经辅助线运行,当发生车辆故障(主要包括车辆供电、牵引、制动、控制回路类故障),无法凭自身动力出清正线线路,造成行车中断,需要组织状态良好的电客车将故障车拖离所在线路的情况。

正线运行的列车发生故障需要救援时,应从正常运行的列车中选择一列来充当救援车。救援车将故障车移出运营线路,疏通被阻塞的线路,才能恢复正线的正常运营。在救援时,首先应遵循"顺向救援"的原则,防止列车冲突,确保正线其余列车的正常运行,即:采用故障车后的正常列车充当救援车,连挂故障车后,推进故障车的方法进行救援。而故障车的存放地点,如有辅助线路(如存车线、折返线)时可就近选择辅助线,或可直接推回车辆段(车场)。对于此基本原则是基于以下几个方面考虑的:

(1)因为地铁站线的设计及建设因素,与铁路的配线设置不同,列车故障时必然会导致正线线路的堵塞,因此地铁运营企业必须第一时间组织故障车下线,疏通线路,才能尽快恢复全线列车的正常运营组织。

(2)顺向救援,避免了逆向救援时可能造成的行车冲突,避免列车运行秩序被彻底打乱,降低列车救援时的行车组织难度;行车调度能够结合实际情况更加优化正线运行列车的运营,尽可能地保证地铁运营服务工作。

(3)采用后续正常列车救援,在故障车处理故障的同时即可及时进行列车清客,清客后即可进区间组织救援故障列车,在节省时间的同时减少对全线及其他后续列车的影响。

1.时间控制原则

运营期间,列车在正线出现故障无法动车时,将造成行车中断,对全线运营造成较大的影响。因此,须做好时间控制,将故障影响控制在可控范围内。

由于故障车地点不同,救援造成影响正线行车的时间亦随之不同,因此,救援应急处理影响时间以中断正线行车时间为评价标准。中断正线行车时间由以下部分组成:故障处理时间、

连挂准备时间和连挂时间。

对于连挂准备及连挂流程,地铁司机有标准作业程序,完成时间基本固定不变,因此,故障处理时间是行车中断时间控制的关键变量。

故障处理时间过短,则可能无法有效排除本不需救援的故障,导致影响扩大。但故障处理时间过长,又可能使救援中断时间过长,因此,在故障处理期间,需要控制好各环节的时间点。

2. 合理利用资源原则

当发生车辆故障需要组织救援时,需要合理调配资源,压缩各环节的完成时间。

(1) 现场资源

调度员需要充分掌握司机、车站作业流程及人员配备,以便在救援组织时充分利用司机、车站等现场资源。如在折返站除故障车司机外,可充分利用司机轮值、接车/到达司机,提前安排支援司机上车,在换端尝试动车、切除气制动、清客等环节加快作业时间。可提前安排车站加派人员在站台待令,做好应急处理准备。

(2) 技术资源

在故障处理期间,应尽量向指导司机、检修调度员等寻求技术支持。

指导司机是在发生车辆故障时的技术支援力量。当发生无法动车故障时,如果排除信号因素,则可以安排指导司机直接对故障车司机进行指导,从而避免其进行错误操作或无效操作,避免延误故障处理时机。在指导司机指挥故障车司机处理故障期间,行车调度员需要全程做好监控,对于动车、越灯等关键命令,需要征得行车调度员同意方可进行。

为确保司机掌握好故障处理时间,在故障发生规定时间后,指导司机需要向行车调度员汇报故障处理方案、故障处理时间等信息,以便于值班主任制订下一步决策。

行车调度员需要及时将故障信息通报检修调度员,在寻求获得其技术支持的同时,要求检修调度员安排正线检修人员上车,协助进行故障处理。

(3) 领导资源调配及指导

调度控制中心既是应急处理中心,又是信息收发中心。当救援应急事件发生时,需要调度控制中心及时将故障情况通报相关领导,并以"企信通"的方式发布故障信息,以便于各级领导及时了解故障情况,调配资源,支援和指导现场人员进行应急处理。

3. 灵活制订方案原则

救援方案的制订是应急处理的关键。行车调度员需要了解故障现象、线路特点、运行速度等因素,并加以综合考虑,制订最优的应急处理方案。

在正线运行的列车故障时,多数情况会造成正线行车中断,需要进行救援。但在少数情况下,也可以通过灵活制订行车组织方案,避免救援,以减少故障影响。折返线、存车线及出入厂线故障时,视情况可不进行救援。

运行的列车发生故障需要进行救援时,原则上使用客车担任救援任务,并严格按照规章中救援客车运行相关规定执行;故障列车被救援时应做好相关防护。应尽量遵循"顺向救援"的原则,发生客车故障救援时,运营遵循有限度列车服务的原则,视情况组织列车小交路或单线双向运行,以确保其他列车运行的秩序。

救援在遵循"顺向救援"原则的同时,也可采用逆向救援、变逆向牵引为顺向牵引,后端动车等方法。

三、列车牵引制动系统故障救援的行车组织模式

根据地铁站线、配线的设计不同,以及将故障车的存放地点不同等,地铁列车故障救援的基本行车组织模式有3种:故障车送回车辆段模式、故障车送入就近车站的存车线模式、故障车送入最近的终点站折返线模式。

1. 故障车送回车辆段模式

故障车送回车辆段模式,即用正常列车将故障车推送/牵引回车辆段。这种行车组织模式在救援前,故障车及救援车的前后方的正常运行列车都会受到严重的影响,且会导致运营紊乱;但实施列车救援后,影响逐渐减弱,影响程度视救援列车推行/牵引速度与正常运营列车旅行速度的差值而定,直至连挂的救援车出清正线运行至车辆段后为止。

2. 故障车送入就近车站的存车线模式

故障车送入就近车站的存车线模式,即用正常列车将故障车推送入就近的车站存车线。这种行车组织模式,将大大减少救援时的持续时间,起到释放关键资源、减少故障对正常运营干扰的作用;但这种救援模式会减少正线线路的灵活性和变通性,当有其他故障或应急情况下,该占用的存车线就不能使用。与直接将故障车送回车辆段的模式相比,该模式显然可以缩短救援状态的时间。

3. 故障车送入最近的终点站折返线模式

故障车送入最近的终点站折返线模式,即用正常列车将故障车推送入就近的终点站折返线。这种行车组织模式,能够一定程度地降低救援时对正线运营的影响,但是会使双折返线的终点站丧失一条折返线的功能,折返能力及灵活性将受到影响。这种模式与将故障车送入就近车站的存车线的模式相比,救援时间较长,也会对列车正常的折返造成影响。

以上3种行车组织模式,因线路设计、信号系统制约、列车故障地点不同等因素影响,在组织列车救援时应择优进行选择,以达到尽快疏通线路、恢复正常运营的目的。

四、列车牵引制动系统故障救援的应急处理程序

行车调度员接到司机、行车值班员的救援请求后,应向有关车站或车辆段发布开行救援列车的命令,及时组织备用车上线救援;如果救援列车使用运行中的客车时,则必须清客后空车救援。

列车在车站或区间发生故障后,司机根据《车辆故障处理指南》对故障现象进行判断和处理,同时报告行车调度员;行车调度员扣停后续列车,对全线列车运行进行调整,并联系车辆检修调度员向司机提供技术支援;当司机判断故障不能排除或达到一定的时间标准时,行车调度员将组织列车救援;当救援列车连挂故障列车起动后,受阻塞的列车开始逐一恢复运行,待救援列车将故障车推进前方存车线或折返线(有条件时可以直接回车辆段),救援任务结束,救援列车重新投入运营服务。下面是某地铁公司列车救援过程的主要作业和时间,如表3-2所示。

列车救援过程的主要作业和时间　　　　　　表 3-2

序号	作业项目	所需时间(min)	备注
1	故障判断和处理时间	5	列车密度越大,能容忍的时间越小
2	后续客车清客和交接命令	2	如预先实施清客可节省约 1min
3	故障车在前方清客	1	被后续救援列车推送到站后清客
4	推送运行时间	1	含与故障车的连挂时间和进入存车线和折返线对位停准,可通过计算得出
5	救援车和故障车摘钩	1	
6	救援车司机换端(含开钥匙)	2	
7	救援车司机返回站台	1	按每列 1 名司机的配置考虑
8	救援车换端、开门上客	2	
合计		15	

下面为采用顺向救援时的应急处理程序(见图 3-1)。

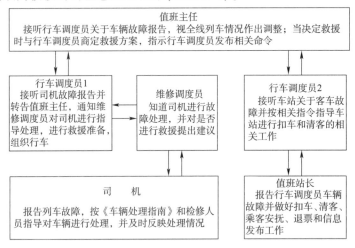

图 3-1　顺向救援时的应急处理程序

五、列车牵引制动系统故障应急处理方案的确定

1. 列车制动系统故障应急处理方案

如图 3-2 所示,1012 次在开往 N 站途中突发制动系统故障。

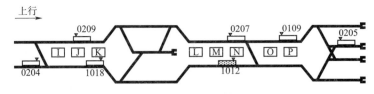

图 3-2　列车故障示意图

(1)方案 1 中 1018 行车至 L 站清客后,缓行至故障车辆处进行连挂后顺向推进 1012 次进入 P 站存车线。

(2)方案2中0109次运行至O站后清客后经N站渡线转折至上行线后与1012次连挂后顺向拉至P站存车线。

2. 列车制动系统故障应急处理方案比选

由于方案2中司机换端次数多、时间长且在折返时存在安全控制点,需行车调度员加强注意,在有牵引至存车线时牵引列车无法开出,而方案1中对行车影响不大,故采用第一种方案进行故障救援。

单元3.3 轨道电路故障应急处理

一、轨道电路的组成和工作原理

1. 轨道电路的组成

轨道电路的组成,如图3-3所示。

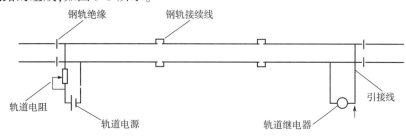

图3-3 轨道电路的组成

(1)导体。城市轨道交通系统的两条钢轨是传输轨道电流的导体。

(2)钢轨绝缘。它安装在相邻两个轨道电路衔接处,以保证相邻轨道电路在电气上的可靠隔离。

(3)送电设备。轨道电路的送电设备可以是电源,用于向轨道电路供电;也可以是能够发送一定信息的电子设备,通过轨道电路向列车传递行车信息。

(4)受电设备。轨道电路的受电设备可以是轨道继电器,用于反映轨道电路范围内有无列车、车辆占用和钢轨是否完整;或者当轨道电路中包含有控制信息时,轨道电路的受电设备也可以是能够接收并鉴别电流特性的电子设备,能够根据接收到的不同特性的电流,令有关继电器动作。

(5)限流电阻。它是一个可调电阻器,连接在轨道电路电源端,用来调整轨道电路的电压。

2. 轨道电路的工作原理

(1)当轨道电路设备完好,又没有列车、车辆占用时,轨道电流从电源正极经钢轨、轨道继电器线圈回到负极而构成回路,继电器处于吸起状态,表示轨道区段内无车占用。

(2)当轨道区段内有列车、车辆占用时,因为车辆的轮对电阻比轨道继电器线圈电阻小得多,所以轨道电路被轮对分路,这时流经继电器线圈的电流很小,不足以使衔铁保持吸起,继电器失磁落下,表示该区段有车占用。

(3)当轨道区段内发生断轨或断线等故障时,流经继电器线圈的电流中断,使继电器失磁落下。

二、轨道电路的作用

1. 监督列车占用

利用轨道电路监督列车在区间或站内的占用,是最常用的方法,由轨道电路反映该段线路是否空闲,为开放信号、建立进路或构成闭塞提供依据。

2. 传输行车信息

音频数字编码轨道电路中传送的有车信息,为 ATC 系统提供控制列车运行所需要的前行列车位置、运行前方信号机状态和线路条件等有关信息,以决定列车运行的目标速度,控制列车在当前运行速度下是否减速或停车。对于 ATC 系统来说,带有编码信息的轨道电路是车与地之间传输信息的通道之一。

任何一个轨道电路区段都是由一套轨道电路设备构成,一般轨道电路区段为无道岔的轨道电路区段,而道岔轨道电路区段是一个带有道岔的轨道电路区段。任何一个轨道电路发生故障,都会直接影响列车的正常运行。

三、轨道电路故障应急处理方法

国内大多数城市轨道交通线路所采用的西门子公司的 SICAS 型计算机联锁系统的结构分成 5 层,分别为操作显示层、联锁逻辑层、执行表示层、设备驱动层和现场设备层。它们分别对应的联锁设备为 LOW(Local Operation Work station,微机联锁区操作员工作站)、SICAS、STEKOP(现场接口计算机)、DSTT(接口控制模块)和现场的道岔、轨道电路与信号机。

在调度控制中心的 MMI 或车站 LOW 上对每一轨道电路设备状态都有相关显示,遇到轨道电路故障时也会及时显示设备故障报警提示。

轨道电路区段(含道岔轨道电路区段)根据不同的工作状态可以显示 7 种颜色,从高到低分别为灰色、深蓝色、红色、粉红色、淡绿色、绿色、黄色。各种颜色在行车工作中的含义如下:

黄色——常态、空闲、没有被进路征用。

绿色——空闲、被进路征用。

淡绿色——空闲、被进路征用为保护区段。

粉红色——逻辑占用。

红色——物理占用。

轨道中部深蓝色——表示该区段已被封锁,拒绝通过该区段排列进路。如果轨道中部深蓝色闪烁,表示该区段已进行封锁操作,但对下一条进路才有效。

灰色——无数据(轨道电路设备与 SICAS 计算机连接中断)。

在以上这些轨道电路区段的颜色中,黄色、绿色、淡绿色、深蓝色和红色是列车运行时从排列进路到列车占用再到进路出清的过程中正常显示的颜色。当轨道电路区段显示粉红色表示"逻辑占用",即操作员发出的指令只到达联锁逻辑层,是计算机联锁逻辑计算故障所致,操作员一般可以通过"轨区逻空"（或"岔区逻空"）命令将故障清除。在没有列车占用时如果轨道电路区段显示红光带则表示"物理占用"，这种情况和轨道电路区段出现粉红光带不同，一般是操作员的指令到达现场设备层后出现电路故障所致，也有可能是钢轨出现水淹、断轨等突发情况，需要立即派人到现场检修。本部分主要讨论轨道电路区段非正常显示红光带和粉红光带的处理方法。轨道电路显示灰色时一般是联锁系统发生故障，关于此时的应急处理方法将在"单元3.5 联锁系统故障应急处理"中具体阐述。

导致轨道电路区段出现红光带的原因有很多种，但对于行车岗位的人员来说，可以简单地归为以下两大类：一是导体将两根钢轨接通（如列车轮对占用、水淹等）；二是轨道电路电气回路中的设备故障（包括断轨）。因此当轨道电路区段出现非正常红光带时，行车指挥人员最关心的就是现场钢轨的状态是否有问题，有无异物搭在钢轨上，有无断轨，有无水淹，如果查明现场情况正常，即可初步判断造成红光带的原因为电路故障。

当轨道电路区段出现红（粉红）光带时，进路监控区段的信号机无法开放，以ATO或SM模式运行的接近列车将自动停车或产生紧急制动，故障区内列车收不到速度码。但一般来说，单个轨道电路区段出现红（粉红）光带不会对行车造成大的影响，出现粉红光带时，行车调度员可以通过指令车站执行"轨区逻空"命令清除；出现非正常红光带时，行车调度员可以在初步查明原因后命令司机以RM模式谨慎驾驶通过故障区段。

但如果整个联锁区的轨道电路区段出现红（粉红）光带，由于列车在整个联锁区都无法收到速度码，命令司机以RM模式驾驶又会使行车速度大为降低，有时还必须改用站间电话联系法（或电话闭塞法）组织行车，这样就会对行车工作产生较大影响。轨道电路故障应急处理方法，如表3-3所示。

需要强调的是，当整个联锁区粉红光带故障时，由于列车的占用轨道电路区段正常显示红光带，因此列车的位置是可见的，在车站执行"全区逻空"命令后一般能恢复正常。若短时间不能恢复，行车调度员则需按轨旁ATP故障处理程序进行处理，即在行车指挥人员的监督下，司机以RM模式谨慎驾驶列车通过故障联锁区。

当整个联锁区红光带故障时，道岔可以由车站的行车值班员在LOW上通过执行"强行转岔"进行转换，但列车位置不可见，行车指挥人员无法对列车的运行进行监控，仅仅命令司机以RM模式行车，这存在不安全因素，因此必须按联锁系统故障时应急处理采用站间电话联系法（或电话闭塞法）组织行车，对正线道岔则无须钩锁器钩锁，车站在LOW上人工办理进路。

轨道电路故障应急处理方法　　　　　　　　　　　　　　　　表3-3

故障现象	可能原因	处理方法或步骤说明
轨道电路粉红光带	①方向转换继电器接点跳动或接触不良； ②轨道继电器接点跳动或接触不良； ③室外轨道电路被瞬间分路； ④轻车尾部跳动； ⑤道岔绝缘不良； ⑥其他一些连接部件接触不良	当轨道电路出现粉红光带（整个联锁区的轨道电路都出现粉红光带的情况除外）故障时，行车调度员或车站值班员应立即对该轨道区段实施"逻辑空闲"命令的操作

续上表

故障现象	可能原因	处理方法或步骤说明
轨道电路红光带	①电源或电源保险故障； ②室内方向转换设备故障； ③室内发送或接收设备故障； ④室外调谐或转换设备故障； ⑤继电器故障； ⑥室外电气绝缘节失效； ⑦道岔绝缘失效； ⑧连接电缆故障； ⑨断轨	当轨道电路出现红光带故障时，第一趟受影响的列车将会在故障区段的前一个区段的停车点停车或在故障区段所属进路的始端信号机前方停车。此时行车调度员或车站值班员对受影响的第一趟及后续列车可按以下方式进行处理： ①当列车在区间内停车时，应立即通知该列车司机以 RM 模式动车通过该故障区段，当列车驾驶模式转为 SM 模式后，司机以 SM/ATO 模式驾驶列车。 ②当列车在进路防护信号机前方停车时，若能自动开放信号则让司机以 SM/ATO 模式驾驶至列车在故障区段前自动停车后转为 RM 模式驾驶通过该区段，在列车驾驶模式转为 SM 模式后，司机再以 SM/ATO 模式驾驶列车；若不能开放信号，则应立即人工开放引导信号，通知司机以 RM 模式驾驶列车通过故障区段至列车驾驶模式转为 SM 模式后，司机再以 SM/ATO 模式驾驶列车。 ③若故障区段在道岔轨道电路区段，在进路排列前，该道岔位置与进路开通位置不一致时，应立即执行"强行转岔"的安全相关命令，先将道岔位置转到进路开通的位置，然后再人工开放引导信号，通知司机以 RM 模式进站(出站)，在列车驾驶模式转为 SM 模式后，司机以 SM/ATO 模式驾驶列车；若列车已越过进路防护信号机停车，则立即通知司机以 RM 模式进站(出站)，在列车驾驶模式转为 SM 模式后，司机以 SM/ATO 模式驾驶列车。 ④对于后续列车，行车调度员或车站值班员应提前通知列车司机故障区段的所在位置，以及将要采取哪些行车措施，让后续列车司机有所准备，以减少不必要的时间延误。 ⑤对于地面站的轨道电路红光带故障，行车调度员应允许信号维护人员在运营时间下现场处理，在做好安全防护的前提下，应尽量简化手续，为信号人员尽快处理好故障恢复正常行车提供有利条件

四、轨道电路故障应急处理程序

当轨道电路出现故障时，各运营相关岗位的人员一般应按照以下程序进行应急处理。

1. 发现故障

(1) 司机

当列车在区间自动停止运行后，司机向行车调度员报告：列车车次号、未收到速度码、列车停车位置、列车状态正常、没有显示故障情况。

(2) 行车值班员

当道岔区段出现红光带造成进路排不出时，行车值班员(联锁站)应立即汇报行车调度员、信号工区、值班站长(站长)，并在《设备故障检修(施工)登记本》上记录。

2. 确认故障并下放 LOW 控制权

(1) 行车调度员

接到列车司机或行车值班员的"故障"报告，同时从调度中心显示屏 MMI 上确定：

①确定该列车所停位置的前方区段还有另外红光带的"占用(或发生故障)"状态。
②检查在该"占用(或发生故障)"的轨道电路区段确实没有任何列车占用。
③确定该区段红光带是故障状态。
(2)行车调度员
报告调度控制中心值班主任,并经其同意采取以下步骤:
①通知车辆检修调度员严密监视故障事态的进展;下放控制权给该故障区段的 LOW 工作站,并继续监督。
②指示列车司机必须用 RM 模式,慢速小心进入故障区段,以便遇到危险情况时能随时停车。
③指示所有列车司机和行车值班员用广播向乘客及时通报运营调整信息。
(3)控制中心值班主任
接受设备故障状态,同意行车调度员采取措施进行处理。
(4)司机
执行行车调度员的指示,用 RM 模式小心进入故障的轨道区段运行,注意周围情况,谨慎驾驶。
(5)行车值班员
①接受下放给该故障区段 LOW 工作站的控制权。
②向车站乘客通报运营调整信息。

3. 谨慎驾驶通过故障区段

(1)司机
①当列车已驶出故障区段,未发现任何异常情况后,报告行车调度员"列车通过该轨道区段未发现任何异常情况"。
②再经前方两个轨道区段,列车收到速度码,自动(或手动)转换为 SM/ATO 模式,恢复正常运行。
(2)行车调度员
①接收列车已通过故障区段、未发现轨道有重大异常情况报告后,指示所有后续列车用 RM 模式通过该故障区段。
②若进路较长,且距离故障地点较远时,司机可用 ATO 或 SM 模式驾驶到靠近故障地点,再用 RM 模式运行。
③在收到速度码后,按正常模式运行。

4. 故障抢修

(1)行车调度员
①在确定故障性质后,立即通知维修调度员派维修人员进行抢修。
②指示有关行车值班员配合维修人员进行抢修。
(2)维修人员
接到车辆检修调度员通知后在有关车站办理维修登记手续,到相应设备室检查判断故障。
①如果是室内故障,则快速查找并排除。如需短时间影响运行,必须经行车值班员报行车

调度员同意后才能抢修。

②若是室外故障,请设备维修调度员安排进入轨道抢修时间及办理进入区间工作的手续。

5. 设备修复并收回 LOW 控制权

(1)维修人员

排除轨道电路设备故障后,并经有行车值班员实验确认设备正常后,报告设备维修调度员,然后在有关车站办理维修登记手续和维修销点手续。

(2)行车调度员

收到设备维修调度员通报,调度中心 MMI 上红光带已变为粉红光带,确认已排除轨道故障。

①通知该站行车值班员,在 LOW 工作站进行"轨区逻空"(或"岔区逻空")操作。

②报告控制中心值班主任设备故障已排除。

(3)行车值班员

在 LOW 工作站进行"轨区逻空"(或"岔区逻空")操作后,报告行车调度员。

(4)控制中心值班主任

收到行车调度员已排除故障的汇报并予以确认。

(5)行车调度员

通知行车值班员,收回该 LOW 工作站控制权。

(6)行车值班员

按程序办理,交回该 LOW 工作站控制权。

6. 恢复正常运行

(1)行车调度员

收回 LOW 工作站控制权后进行规定的工作程序,这些程序包括如下几点:

①排列有关进路。

②指示第一列后继列车司机用 SM 模式通过该区段。

③要求第一列后继列车司机及时反馈列车在原故障区段的运行情况。

(2)第一列后继列车司机

执行行车调度员指示,用 SM 模式驾驶通过该区段后,并报告行车调度员:"情况正常"。

(3)行车调度员

收到第一列后继列车司机的报告后,报告控制中心值班主任"系统已恢复正常"。

(4)行车调度员

通知所有列车司机和行车值班员:

①故障已经排除,系统恢复正常操作。

②向乘客广播运营恢复正常的信息。

(5)司机

所有列车司机向列车乘客通报运营恢复正常的信息。

(6)行车值班员

所有行车值班员向本站乘客通报运营恢复正常的信息。

单元3.4 道岔故障应急处理

城市轨道交通道岔是列车折返、变更进路时必须使用的行车关键设备,一旦道岔故障影响正线进路时,列车难以绕行通过故障点。故障道岔钩锁后自动列车被迫降级到人工模式限速通过,故障点通过能力降低将持续影响到全线列车。与此同时,设备抢修不能中断正线行车,抢修时间、空间又受到明显限制,尤其是折返站咽喉道岔故障,故障影响范围广,应急处理难度大。

一、道岔的功能与要求

1.道岔的功能

道岔是轨道交通中必备的行车设备,在有岔线的地方就会设置道岔,其作用就好比道路中的岔路口一样,其作用是显著的。一旦其出现故障,对地铁运营的安全会造成很大的威胁。地铁运营中的道岔故障,在很多情况下都是由于信号故障引起的。

2.道岔的基本要求

道岔转辙机是道岔转辙的核心和主体,对于道岔转辙机的基本要求有如下几个方面:
(1)作为转换装置,应具有足够大的拉力,以带动尖轨作直线往返运动;当尖轨受阻不能运动到底时,应随时通过操纵使尖轨回复原位。
(2)作为锁闭装置,当尖轨与基本轨不密贴时,不应进行锁闭;一旦锁闭,应保证道岔不因列车通过的振动而错误解锁。
(3)作为监督装置,应正确反映道岔的状态。
(4)道岔被挤后,在未修复之前不应再使道岔转换。

二、道岔故障的类型

转折机故障时,常导致道岔尖轨左右位都不密贴,故障处理需到轨旁进行。而道岔位置表示器故障时,道岔尖轨会密贴在一个位置,故障处理常可在信号设备房进行。

1.单个道岔故障

单个道岔故障包括不能转动、左(或右)位转不到位、道岔左右位均无表示等,出现故障时需要尝试转换道岔两个来回。

故障不能恢复时,车站人员要下线路确认(手摇)道岔到需要的位置并加钩锁器,列车自动或人工模式通过道岔。

2.联锁区内所有道岔故障

联锁故障时,联锁区内所有道岔位置失去表示,道岔不能电子转动。故障区内要按区间间隔控制列车运行,所有道岔要现场手摇、钩锁在正确位置,列车人工模式通过道岔。

三、道岔故障的应急处理原则

运营期间使用辅助线调整列车进路时,中间站道岔才会转动,道岔使用完毕后将转回直股。中间站道岔转动次数少,故障概率低。

运营期间折返站道岔,每列车折返都需要转动,使用频率高,故障概率大,多数抢修要到轨旁处理。运营部门必须按照"先通后复"的原则,尽量创造便利的抢修条件,边抢修边运营,最大限度控制故障影响。各条线路辅助线设置不同,但都可按以下原则分类处理。

1. 中间站道岔故障处理原则

道岔故障时,行车调度员首先要取消之前进路,尝试转动故障道岔2个来回,不能恢复时再交权给车站工作站转动2个来回。即道岔故障2~3min后,才确定要下线路钩锁道岔。如故障第一时间能够平行作业,车站人员带齐备品到达站台端墙内待令,就能减少故障处理时间。

2. 折返非必须使用道岔的故障处理原则

折返非必须使用的道岔,是指列车变更站前折返或变更折返股道后,可避免使用的道岔。此类道岔故障后,变更折返路径能有效降低故障影响。

3. 折返必经道岔的故障处理原则

折返必经道岔包括必须转动道岔和不需转动道岔。列车折返必须经过且必须转动的道岔出现故障时,为减少沟通环节,应优先采用调车方式折返。调车方式是指在非正常情况列车需要转线时,由行车调度员发布有关命令采用站级控制,由车站负责准备列车进路,司机凭车站的道岔开通"好了"信号(或信号机显示)及动车指令进行动车的一种行车组织方式。

列车折返必经但不是必须转动的道岔出现故障时,应尽量避免手摇道岔,直接钩锁道岔在折返进路位置。各线可结合信号设备特点和线路具体情况,选择调车方式或行车调度员控制的组织列车折返。

4. 调车折返边抢修边运营原则

(1)根据"先通后复"的原则,以组织行车工作为主,同时组织现场抢修人员利用行车间隔进行抢修。抢修不能造成道岔转动、不能影响人工准备进路及行车安全。道岔故障影响列车进站对标时,列车到达站外停车时马上停止抢修作业,人员到达安全位置避让,司机进站对标停车后,抢修人员结合列车停站时分继续抢修。

(2)当要求抢修人员出清线路时,车站人员和抢修人员要共同确认处于抢修中的设备满足行车要求,原则上30s内到达指定安全位置避让列车。

(3)司机执行现场车站人员动车指令,凭道岔开通手信号或地面信号显示动车。

四、道岔故障的应急处理方法

1. 道岔故障的处理

(1)道岔区段左右位长闪(即道岔挤岔故障)

①在无进路状态下,发生道岔区段左右位长闪(即道岔挤岔故障)。

a. 判断有无列车变更进路,如有则办理变更进路。

b. 在确认道岔区段空闲及安全前提下,执行"挤岔恢复"命令;若故障仍存在,则通知维修人员。

c. 执行"转换道岔"命令对道岔进行左/右位转动操作 2 次后故障仍不能恢复时,只能人工办理进路。

②在进路建立后,发生道岔区段左右位长闪(即道岔挤岔故障)。

(2)道岔左位或右位短闪(即道岔无表示故障)

①在无进路状态下,发生道岔左位或右位短闪(即道岔无表示故障)。

a. 判断有无列车变更进路,如有则办理变更进路。

b. 在确认道岔区段空闲及安全前提下,执行"转换道岔"命令对道岔进行左/右位转动操作 2 次后故障仍不能恢复时,只能人工办理进路。

②在排列进路过程中,发生道岔左位或右位短闪(即道岔无表示故障)。

③进路建立后,发生道岔左位或右位短闪(即道岔无表示故障)。

(3)道岔连接中断故障

①判断有无列车变更进路,如有则办理变更进路。

②若在允许时间内,故障不能恢复,只能人工办理进路。

2. 道岔出现故障时常用的行车调整方式

(1)及时扣车。防止多列车进入同一区间,防止列车在区间长时间停车引发乘客恐慌。

(2)增加列车停站时间。立即组织全线列车多停和非故障端终点站晚发,可拉大行车周期,延缓列车到达故障区域。多停和晚发的时间依据实际情况而定。

(3)组织部分列车小交路折返。决定折返后提前向司机和车站发布小交路折返的命令;与相关车站确认线路空闲,提前准备好折返的进路;使用站前折返时,提前通知车站派屏蔽门操作员到站台头端,协助列车司机开/关屏蔽门。

(4)减少上线列车数量,与列车小交路结合使用。根据故障处理期间的行车周期和行车间隔,计算所需上线列车数,及时组织多余列车退出服务,减少调整运行秩序和控制列车的压力。组织列车在非故障端终点站清客后进入存车线或折返线退出服务,或空车进入中间站存车线、辅助线及出入车场线等,或尾随载客列车空车运行。列车退出服务,应选择在故障恢复时能够快速投入服务地点,优先选择正线辅助线,车场线路次之。

3. 人工转换道岔的作业程序

人工转换道岔的作业程序:

①作业人员进入轨行区必须请示行车调度员并得到行车调度员许可。

②车控室值班人员向准备进路人员布置任务。

③值班站长和站务员 2 人着荧光衣、戴手套,并携带有关备品,如信号灯/旗、手摇把、道岔钥匙、端墙门钥匙、钩锁器、扳手、对讲机、无线调度电台和手电筒等。

④下线路前得到行车调度员允许,人工准备进路必须从距列车最远的道岔开始,由远及近依次排列。

⑤现场确认道岔,需要转向时应 1 人操作,1 人防护、确认。操作者用工具按正确程序打开盖孔板(须先切断电源),手摇道岔,准备好进路,另一人确认道岔位置正确后加锁。

⑥确认进路上各道岔的开通位置时,相互用对讲机联络,同时用手信号显示正确情况。

⑦当上(下)行线路的进路准备妥当并出清线路后,报告车控室,再准备下(上)行线路

进路。

⑧行车值班员接到进路准备妥当、线路出清的汇报后,立即做好相应线路的接车或发车准备工作并报告行车调度员。

⑨人工摇动道岔时须严格执行如下"六步曲"程序,执行互控、他控程序。

一看:看道岔开通位置是否正确,是否需要改变位置。

二开:切断电源,打开盖孔板及钩锁器的锁,拆下钩锁器。

三摇:摇道岔转向所需的位置,在听到"咔嚓"的落槽声后停止。

四确认:手指尖轨,"尖轨密贴开通叉位"并和另一人共同确认。

五加锁:另一人在确认道岔位置开通正确后,用钩锁器锁定道岔尖轨。

六汇报:向车控室汇报道岔开通位置。

如果是折返线的道岔,站务员在完成手摇道岔的作业程序后,还须站在安全位置向列车司机发出动车信号(昼间是拢起的黄色信号旗高举头上左右摇摆,夜间是白色灯光高举头上),并目送列车通过道岔。当列车通过道岔后站务员还应留在安全位置,手持无线调度电台,继续在折返线等候行车值班员的命令,直到任务结束。任务结束后,站务员应在收集全部工具,确保没有遗留任何材料后,返回车站并向行车值班员报告。

单元3.5 联锁系统故障应急处理

所谓联锁,简单地说就是进路、道岔和信号机三者间相互制约的关系。为了保证车站行车安全,必须制定一系列联锁规则以制约信号的开放与关闭、道岔转动和进路的建立;必须以技术手段来实现这些联锁规则。

一、联锁系统的基本功能

联锁系统应具有:轨道电路的处理、进路控制、道岔控制、信号控制、进路自动设置功能。

1. 轨道电路处理功能

轨道电路处理功能是接收和处理轨道区段的"空闲、占用"状态信息,并把该状态信息转发给其他相关设备。

2. 进路控制功能

进路控制功能就是建立和解锁进路的功能。建立进路的过程就是从开始办理进路到防护该进路的信号开放的过程。解锁进路的过程就是从列车驶入进路到越过进路中全部轨道区段的过程,或是操作人员解除已建立进路的过程。

(1)建立进路

建立进路的过程有4个阶段,即进路选择、道岔控制、进路锁闭和信号控制。进路建立后,一直保持锁闭状态;当发出取消进路命令或有车正常占用又出清后,进路才能取消。

①进路选择

进路选择的检查条件是:操作手续符合操作规范;所选进路处于空闲状态;进路始端信号机灯丝完好;对进路有侧向防护要求的所有轨道区段都处于空闲状态;在进路中没有轨道区段

被占用。

如果进路检查的条件成立,那么联锁设备开始转换道岔,锁闭道岔,开放信号。如果进路检查的条件不成立,或没有在指定点检测到道岔位置,则向控制中心回送一个无效命令停止建立进路的操作。

②进路锁闭

当进路内有关道岔的位置符合进路要求,而且进路在空闲状态没有建立敌对进路等条件得到满足时,实现进路锁闭。进路锁闭后,进路内的道岔不能再被操纵,与该进路敌对的其他进路就不能建立了。

(2)解锁进路

如果进路和进路的接近轨道区段处于空闲状态,那么控制中心发出取消进路指令,进路立即取消。

当列车接近进路时,若此时由于某种原因需取消进路,则取消进路的操作需延时生效,以确保即使列车冒进,此时进路仍处于锁闭状态,道岔不会转换,列车不会颠覆,不致产生危险。

3. 道岔控制功能

(1)监测功能

全天候监控所有道岔的状态,道岔的状态信息反馈到人机会话层。如果发生列车挤岔等不正常情况,可由道岔检测设备反映到控制室,并给出声光报警。

(2)锁闭功能

道岔锁闭电路接收到控制中心送来的锁定道岔指令,对道岔进行锁闭操作,并返回一个锁闭成功或锁闭失败的状态信息给控制中心。根据需要还可以对每组道岔进行单独锁闭。

4. 信号控制功能

信号控制功能负责监视轨旁信号状态,并依据进路、轨道区段、道岔和其他轨旁信号状态信息对其进行自动控制。当收到控制中心送来的信号更新指令时,则更新信号状态。若进路建立的联锁条件得到满足,则点绿灯、黄灯或白灯(这三种灯光为允许行车灯光,其中绿灯和黄灯是列车运行时的允许灯光,白灯为调车情况下的允许灯光),表示进路在锁定状态;若进路建立的联锁条件不满足,则点红灯。如果信号开放后,由于某种原因条件又不满足,则信号自动关闭。直到条件满足后,在收到信号重新开放指令时,才重新点亮允许灯光。

5. 进路自动设置功能

正常情况下,地铁中只需要开通某一固定进路。根据列车的目的地,进路自动设置功能在适当时间自动请求进路。进路自动设置功能有以下两种模式。

(1)根据列车时间表自动设置进路

根据当前列车识别号和列车位置,由当前时刻表设置进路。自动进路设置功能必须考虑时刻表定义的时间顺序;当进路或轨道电路发生变化时,此功能将检查等待列表,并发送一个请求信息。

(2)根据列车识别号自动设置进路

在某些降级模式下,虽然列车时刻表无效,但自动进路设置仍可根据列车识别号来确保,实际列车识别通过位于每个站台和正线车辆上的应答器来定义进路控制,设置适当的进路。

联锁逻辑和有关的输入、输出的控制及表示,如果主要是由继电器来完成的,则称为继电集中联锁;主要由计算机来完成的就称为计算机联锁。

二、联锁系统故障的特点

联锁系统在城市轨道交通信号系统中起到非常重要的作用,其作用对象主要包括:轨道电路、信号机和道岔。联锁系统按要求不间断地对这三个部分进行检测,表现出来的结果即为一条进路是建立还是取消。联锁系统的信息交换对象除了 ATS 外还有轨旁 ATP。通常情况只有当联锁系统给出某个轨道电路区段被征用的信号后,轨旁 ATP 才会在该轨道电路区段设定推荐速度,引导列车运行。因而,一旦联锁系统故障,ATS 和 ATP 系统将失去数据交换对换,从而导致信号系统瘫痪。

当联锁系统发生故障,ATC 系统会立即失效,行车调度员和行车值班员将得不到任何关于列车位置、道岔位置、进路锁闭和运营列车的开停状态等安全信息,行车安全将失去设备保障。虽然联锁系统发生故障的概率较其他信号类设备故障明显偏低,但由于联锁系统故障对城市轨道交通运营秩序影响较大,因此行车指挥人员应该对联锁系统故障的处理方法熟练掌握。

国内城市轨道交通联锁系统除修建较早的线路外,基本采用计算机联锁,轨道交通线路通常每三四个车站划分为一个联锁区,每个联锁区设有一个集中站,每个集中站设有联锁计算机,分别控制管理各自联锁区域的安全行车。联锁计算机通常采用冗余设计,具有很高的可靠性和实用性。

车站联锁系统发生故障时,一般会出现某联锁区(或全线)在调度中心 MMI 上无法显示、车站 LOW 无显示、通向故障区的进路无法排列、列车在故障区内收不到速度码,或产生紧急制动等现象。根据联锁系统故障发生的范围可以将其分为全线联锁设备故障和集中站联锁设备故障两种情况。无论出现哪种情况,基本的处理方法都是行车调度员下达给故障区段按电话闭塞法(或电话联系法)行车的调度命令,在非故障区段行车组织方法不变。

三、联锁系统故障的应急处理方法

当联锁设备出现故障(道岔位置不对,信号机不能开放;进路排列好了,道岔不能动;主进路好了,敌对进路不能排列、信号不能开放,由于道岔转动不了、联锁计算机故障,或者联锁设备失电等)时,正常的进路无法排列、信号无法开放,所有的移动、准移动、自动闭塞都无法实现。在这种情况下,城市轨道交通企业主要是在故障区段采用电话闭塞法(或电话联系法)组织行车。

1. 联锁系统出现故障应急处理方法的特点

当联锁设备出现故障时,城市轨道交通企业主要是在故障区段采用电话闭塞法。电话闭塞是当基本闭塞设备故障不能使用时,由车站行车值班员以站间行车电话记录的方式办理闭塞的方法。电话闭塞法是在没有机械、电气设备控制的条件下,仅凭站间行车电话联系来保证列车行车间隔,由于安全程度较低,只能是一种临时代用的行车闭塞方法。改用电话闭塞法行车,应有行车调度员发布的调度命令,并严格按照规定的电话作业要求办理闭塞。

联锁系统出现故障后,由于列车在故障区内只能以 RM(URM)模式运行,车站按电话闭塞法(或电话联系法)办理接发列车,因而对乘客服务的影响很大,尤其是近年来乘客对城市轨道交通服务质量要求越来越高,而联锁系统故障造成的列车延误一般都在15min以上,因此联锁系统故障经常造成乘客的退票,对城市轨道交通公司产生较大的负面影响。但越是在这种情况下,行车指挥人员越应将保障乘客安全放在第一位,切不可因为担心乘客退票或投诉而强行提高效率,置行车安全于不顾。

2. 联锁系统出现故障后进行行车组织的主要内容

(1) 发布调令

控制中心行车调度员及时向有关车站及司机发布采用电话闭塞法组织行车的调度命令。

(2) 确认空闲

闭塞车站行车值班员和控制中心行车调度员共同确认第一列将发出的列车运行前方闭塞区段空闲。

(3) 请求闭塞

发车站发车进路准备妥当并与接车站共同确认闭塞区段空闲后,向接车站请求闭塞。

(4) 同意闭塞

接车站收到前次列车在前方闭塞车站出发的电话报点记录、接车进路准备妥当并与前方闭塞车站共同确认前方闭塞区段空闲后,方可发出电话记录号码同意闭塞。

(5) 填写路票

发车站须查明前方闭塞区段空闲,发车进路准备妥当并取得接车站同意接车的电话记录号码后,方可填发路票。路票由发车站行车人员,根据行车值班员的通知在站台填写,并与行车值班员认真核对。

(6) 交接路票

路票交接地点在司机所在驾驶室的站台上,由车站行车人员确认无误后,与司机核对交接。司机接到路票后关门,凭车站的发车手信号动车。

(7) 解除闭塞

到达列车自接车站出发或进入折返线后,接车站应向发车站报点并发出电话记录号码,解除闭塞。

(8) 恢复基本闭塞

设备故障消除后,控制中心行车调度员必须与各闭塞车站行车值班员共同确认各闭塞区段空闲,方可向有关车站及司机发布恢复基本闭塞行车的调度命令。

四、联锁系统出现故障时的应急处理程序

当联锁系统出现故障时,城市轨道交通企业主要在故障区段采用电话闭塞法(或电话联系法)组织行车。改用电话闭塞法行车,必须有行车调度员命令。在停止使用基本闭塞法时,改用电话闭塞法行车,控制权下放,实行车站控制,即有车站行车值班员办理接发列车,由于电话闭塞法行车时无设备控制,为了防止因疏忽向占用区间发车,造成同向列车追尾,要求行车值班员在接发列车作业过程中,严格按照规定的作业程序和要求进行,严把承认闭塞和填发路票两大关卡,以确保接发列车作业安全。

1. 联锁系统出现故障时应急处理的流程

当联锁系统出现故障时,车站采用电话闭塞法行车。行车值班员办理接发列车作业的主要流程如下:

(1) 办理闭塞

发车站向接车站请求闭塞。接车站确认接车区间空闲,接车进路准备妥当后,向发车站发出承认某次列车闭塞的电话记录号码,并填写《行车日志》。

所谓进路准备妥当是指接发列车进路空闲、有关道岔位置正确和影响接发列车进路的作业已经停止。闭塞办妥后,因故不能接车或发车时,应立即发出停车手信号进行防护,并由提出一方发出电话记录号码作为闭塞取消的依据,取消闭塞应及时向行车调度员报告。

(2) 发出列车

发车站接到接车站承认闭塞的电话记录号码后,填写路票交给列车司机,向司机显示发车手信号。列车出发后,发车站向接车站和行车调度员报点,并填写《行车日志》。

(3) 接入列车

接车站在列车停车位置向司机显示停车手信号。列车整列到达停妥后,向列车司机收取路票。

(4) 闭塞解除

接车站在列车整列发出或进入折返线,以及接车进路准备妥当后,向发车站发出到达列车闭塞解除的电话记录号码,向行车调度员报点,并填写《行车日志》。

2. 联锁系统出现故障时应急处理的作业程序

当联锁系统出现故障时,车站采用电话闭塞法接发列车。

(1) 电话闭塞法接车作业程序(见表3-4)

电话闭塞法接车作业程序　　　　　　　　　　　　表3-4

程序	作业标准	
	车控室(行车值班员)	站台人员(站务员)
(1) 听取闭塞车请求	①听取后方站发车请求、复诵"××站××次请求闭塞"	
	②根据《行车日志》(或通过LOW、CCTV)、调度命令确认站内线路空闲和区间线路空闲(第一趟列车与行车调度员、发车站共同确认)	
	③根据《行车日志》确认后方站线路空闲和区间线路空闲(第一趟列车与行车调度员、后方站共同确认)	
(2) 检查及准备进路	④布置站台人员:"检查×道,准备××次×道(上行或下行线)接车进路"	⑤复诵"检查×道,准备××次×道(上行或下行线)接车进路"
	⑦听取汇报后,复诵"××次(×道,上行或下行线)接车进路好了(线路出清)"	⑥将进路上的道岔开通正确位置并加锁,向行车值班员报告"××次×道(上/下行线)接车进路好了(线路出清)"

续上表

程 序	作 业 标 准	
	车控室(行车值班员)	站台人员(站务员)
(3)同意闭塞	⑧通知发车站"电话记录××号××小时××分同意××次闭塞",填写《行车日志》,准备接车	
(4)接车	⑨听取发车站的发车通知复诵:"××次××小时××分开",填写《行车日志》,并向前方站请求闭塞	
	⑩布置站台人员"××次开过来了,准备接车"	⑪复诵"××次开过来了,准备接车"。监视列车进站停车
	⑬复诵"××次到达",填写《行车日志》,向行车调度员报点	⑫列车对位停车后,向行车值班员报"××次到达"
(5)开通区间	⑭列车本站开出后,向发车站报点"电话记录××号××次××小时××分开"。开通区间	

(2)电话闭塞法发车作业程序(见表3-5)

电话闭塞法发车作业程序　　　　　　表3-5

程 序	作 业 标 准	
	车控室(行车值班员)	站台人员(站务员)
(1)请求闭塞	①根据《行车日志》、调度命令确认区间线路空闲(第一趟列车与行车调度员、接车站共同确认)	
	②向前方站请求闭塞:"××次请求闭塞"	
(2)准备发车进路	③布置站台人员:"准备××次×道(上/下行线)发车进路"	④复诵"准备××次×道(上/下行线)发车进路"
	⑥听取汇报,复诵"××站××次×道(上/下行线)发车进路好了(线路出清)"	⑤将进路上的道岔开通正确位置并加锁,确认正确后,向行车值班员报告"××次×道(上/下行线)发车进路好了(线路出清)"
(3)办理闭塞	⑦复诵:"电话记录××号,同意××次闭塞"	
	⑧填写《行车日志》	
	⑨布置站台人员填写路票	⑩根据行车值班员命令填写路票并向行车值班员复诵
	⑪指示站台人员向司机交付路票后显示发车信号	⑫向司机交付路票后,确认乘客上下完毕,列车车门关闭后向司机显示发车信号
(4)列车出发	⑭复诵"××次出发",填写《行车日志》	⑬列车出清站台区后,向车控室报"××次出发"
	⑮列车出发后,向前方站(接车站)(行车调度员)报点,"××次××小时××分开"。当列车尾部越过站台头端墙后,向后方站报点,"电话记录××号××次××小时××分开"。开通区间	
(5)开通区间	⑯复诵前方接车站"电话记录××号××次××小时××分开",填写行车日志,开通区间	

实训 3.1　列车车门故障的应急处理演练

1. 任务说明

选作任务 1："几个车门状态不正常且车门故障无法排除"的单项演练方案

如图 3-4 所示,上行列车 1312 次到达 G 站停车后,G 站站务员发现有车门开关的状态不正常后报告值班站长,同时引导乘客避免从有故障的车门出入,上行列车 1312 次车 02A 车 1A、2A、3A 车门开关状态不正常。

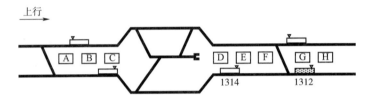

图 3-4　车门故障应急处理演练线路示意图

(1)值班站长报告行车调度员："G 站 1312 次 02A 车 1A、2A、3A 车门状态不正常。"

(2)1312 次司机报告行车调度员："1312 次 02A 车 1A、2A、3A 车门状态不正常。"

(3)行车调度员报告值班主任："G 站上行站台 1312 次有车门状态不正常"。

(4)值班主任通知值班站长派站务人员协助 1312 次司机把故障车门隔离;1312 次司机在抵达终点站之后清客,退出运营准备检修。

(5)1312 次司机重新打开、关闭车门,车门状态仍然故障后汇报："行车调度员,车门故障依旧存在,请安排站务人员将故障车门隔离。"

(6)行车调度员通知 G 站值班站长："请安排站务人员协助 1312 次司机把故障车门隔离。"并告知 1312 次司机："车站将派人将故障车门隔离。"

G 站值班站长、1312 次司机复诵。

(7)值班站长通知站务员,用钥匙转动车门外侧的隔离锁将上行列车故障车门隔离。

(8)站务员执行值班站长的指示,手动将车门关闭,用钥匙转动门板外侧的隔离锁,将车门隔离并贴上"车门故障暂停使用"的字条。汇报："值班站长,故障车门已被隔离。"

(9)值班站长告知 1312 次司机和行车调度员,故障车门已被隔离。

(10)行车调度员通知 1312 次司机："列车车门已被隔离,继续运行至终点站清客后进存车线退出运营,准备检修。"

1312 次司机复诵。

选作任务 2："车门关闭后门关好指示灯不亮,列车不能正常牵引"的单项演练方案

(1)1312 次司机报告行车调度员："1312 次在 G 站上行站台上下客完毕后车门关闭到位指示灯不亮,推牵引手柄时列车不动。"

(2)行车调度员报告值班主任:"1312次在G站上行站台上下客完毕后车门关闭到位指示灯不亮,推牵引手柄时列车不动。1314次到达F站后停车待命。"

1314次司机复诵。

(3)值班主任指示行车调度员通知故障车司机进行故障处理,通知车站派遣站务人员沿着站台沿途检查每扇车门是否锁闭到位。

(4)行车调度员:"1312次司机按《车辆故障处理指南》进行故障处理,车站将派人检查车门是否锁闭到位;G站值班站长,请派遣站务人员沿着站台检查每扇车门是否锁闭到位。"

G站值班站长、1312次司机复诵。

(5)G站值班站长通知站务员:"沿着站台检查上行列车每扇车门是否锁闭到位。"

(6)站务员复诵并按值班站长的指示沿着站台检查1312次每扇车门是否锁闭到位后汇报:"值班站长,1312次车门已完全关闭。"

(7)1312次司机发现车门关闭指示灯仍然不亮后汇报:"行车调度员,1312次车门故障未能解除,请求在站台清客后退出运营。"

(8)行车调度员报告值班主任:"1312次车门故障未能解除,建议在站台清客后退出运营。"

(9)值班主任:"1312次在G站清客后退出运营。"

(10)行车调度员:"1312次在G站台清客,G站协助做好清客工作。"

1312次司机、G站值班站长复诵。

(11)1312次司机利用车载广播通知乘客:"各位乘客请注意,由于列车出现故障,本次列车将退出服务,全体乘客请下车,值此给您带来的不便,我们深表歉意。"

(12)G站值班站长通知站务员:"请到站台协助疏散1312次列车乘客。"

(13)G站值班站长利用车站广播通知乘客:"各位乘客,由于设备故障,1312次列车将退出服务,有急事的乘客,请改乘其他交通工具。出站时请听从工作人员的指引,已购票的乘客在本站票亭退票或更新IC卡,不便之处,敬请谅解!"

(14)站务员复诵后到站台协助司机疏散乘客。

(15)站务员报告值班站长:"1312次列车清客完毕。"

(16)值班站长通知1312次司机和行车调度员:"1312次列车清客完毕。"

(17)行车调度员:"1312次列车空车运行至终点站后,进折返线退出运营准备检修。"

1312次司机复诵。

2.任务要求

(1)学员可按6~8人一组,分演车站不同岗位工种,按照演练步骤,根据本单元所学内容,制订本组的演练方案,桌面演练应急处理情况。

(2)学生可反复演练,逐步完善演练效果。

(3)各组设置观察员1名,用摄像机、手机等视录设备将演练过程拍摄下来,使用观察清单记录和分析该小组演练问题及演练程序中关键点的时间把控程度。演练视频也是教师评价依据之一。

(4)演练后应对演练效果进行评价,并汇报说明演练中存在的问题,提出改进措施。

3.任务实施与评估标准

任务实施:能正确运用车站突发事件处理原则,遵循应急处理规章规范,按照应急预案基本程序编制小组演练方案;依据演练方案完整有序地完成桌面演练;演练完毕做好自我评估总结和汇报。

评估标准:演练方案思路清晰、程序正确完整;桌面演练准备得当,组织有力,分工明确,小组成员扮演各岗位的应急工作程序执行准确,节奏紧凑,动作和用语规范,预案关键点控制得当;本组演练总结客观全面,意见中肯,能发现本组演练中的问题和不足并提出改进意见,汇报话语流畅,表达准确、得体、清楚。

实训3.2　列车牵引制动系统故障应急处理演练

1.任务说明

如图3-2所示,某城市轨道交通线路上1012次列车在M站至N站区间突发列车制动故障,司机处理后无法恢复,请求救援。因1012次列车在M站至N站区间故障请求支援,准M站到N站上行线加开602次救援列车到M站至N站上行线担任救援工作,602次列车由1018次列车担任,推进故障车进入存车线4道。调度控制中心、司机和车站根据现场列车制动系统故障情况进行应急处理。学生根据以下预设条件分组进行演练。

(1)1012次列车向行车调度员1报告:"列车车辆发生故障,请求救援。"

(2)行车调度员1按《车辆故障处理指南》处理并向乘客做好广播疏导工作,同时报告值班主任。

(3)值班主任要求全线列车调整,1012次扣在M站上行站台。

(4)行车调度员1:呼叫维修调度员M站至N站间列车制动故障,并调整各次列车位置。

(5)行车调度员2:呼叫上行各站值班站长利用广播及时向列车及车站通知列车运营信息。

(6)行车调度员1联系维修调度员指导列车司机处理故障。

(7)行车调度员1报告值班主任:"故障处理不好,请求救援。"

(8)值班主任布置救援方案,因1012次列车在M站至N站区间故障请求支援,准M站到N站上行线加开602次救援列车到M站至N站上行线担任救援工作,602次列车由1018次列车担任,推进故障车进入存车线4道。同时由车站值班站长进行信息通报。

(9)行车调度员2报告值班主任:"故障车现已成功推进存车线4。"

(10)值班主任要求全线列车恢复正常运行。

2.任务目标

(1)培养学生实践掌握城市轨道交通控制中心应对列车牵引制动系统故障的应急处理能力。

(2)培养学生理论应用于实践的能力。

3.任务要求

(1)学员可按4人一组,分演车站不同岗位工种,按照演练步骤,根据本单元所学内容,制订本组的演练方案,桌面演练应急处理情况。

(2)学生可反复演练,逐步完善演练效果。

(3)各组设置观察员1名,用摄像机、手机等视录设备将演练过程拍摄下来,使用观察清单记录和分析该小组演练问题及演练程序中关键点的时间把控程度。演练视频也是教师评价依据之一。

(4)演练后应对演练效果进行评价,并汇报说明演练中存在的问题,提出改进措施。

4.任务实施与评估标准

任务实施:能正确运用车站突发事件处理原则,遵循应急处理的规章规范,按照应急预案基本程序编制小组演练方案;依据演练方案完整有序地完成桌面演练;演练完毕做好自我评估总结和汇报。

评估标准:演练方案思路清晰、程序正确完整;桌面演练准备得当,组织有力,分工明确,小组成员扮演各岗位的应急工作程序执行准确,节奏紧凑,动作和用语规范,预案关键点控制得当;本组演练总结客观全面,意见中肯,能发现本组演练中的问题和不足并提出改进意见,汇报话语流畅,表达准确、得体、清楚。

实训3.3 轨道电路故障应急处理演练

1.任务说明

如图3-5所示,某地铁2号线C站-D站区段的轨道电路突发故障,C站是LOW区域连锁工作站所在车站,该区域有上行列车3列,下行列车2列。调度控制中心、有

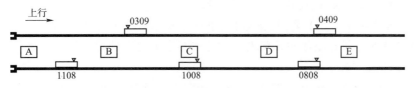

图3-5 轨道电路故障示意图

关列车司机和车站根据现场轨道电路故障情况进行应急处理。学生根据图 3-6 预设条件分组进行演练：

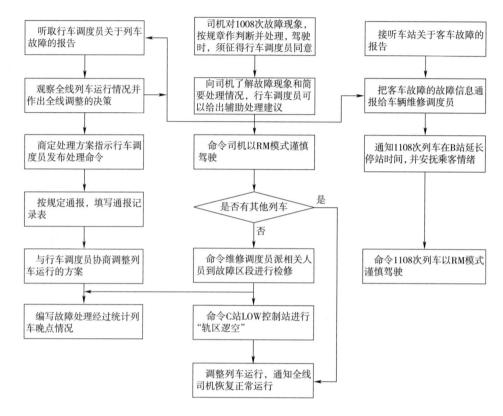

图 3-6　轨道电路故障预设条件流程

2. 任务目标

（1）培养学生实践掌握城市轨道交通调度控制中心和车站各岗位应对轨道电路故障的应急处理能力。

（2）培养学生理论应用于实践的能力。

3. 任务要求

（1）学员按 5 人一组，分演控制中心和车站不同岗位工种；按照演练步骤，根据本单元所学内容，制订本组的演练方案，桌面演练应急处理情况。

（2）学生可反复演练，逐步完善演练效果。

（3）各组设置观察员 1 名，用摄像机、手机等视录设备将演练过程拍摄下来，使用观察清单记录和分析该小组演练问题及演练程序中关键点的时间把控程度。演练视频也是教师评价依据之一。

（4）演练后应对演练效果进行评价，并汇报说明演练中存在的问题，提出改进措施。

4.任务实施与评估标准

任务实施:能正确运用车站突发事件处理原则,遵循应急处理的规章规范,按照应急预案基本程序编制小组演练方案;依据演练方案完整有序地完成桌面演练;演练完毕做好自我评估总结和汇报。

评估标准:演练方案思路清晰、程序正确完整;桌面演练准备得当,组织有力,分工明确,小组成员扮演各岗位的应急工作程序执行准确,节奏紧凑,动作和用语规范,预案关键点控制得当;本组演练总结客观全面,意见中肯,能发现本组演练中的问题和不足并提出改进意见,汇报话语流畅,表达准确、得体、清楚。

实训 3.4　道岔故障应急处理演练

1.任务说明

某地铁调度控制中心行车调度员发现 1 号线 A 站下行 1 号道岔反位无表示,控制中心和车站根据现场道岔故障情况进行应急处理。学生根据以下预设条件分组进行演练:

(1)控制中心行车调度员发现 1 号线 A 站下行 1 号道岔反位无表示,行车调度员要求车站站控。

(2)A 站报下行 1 号道岔单操定位无表示,同时通知通号和工务等部门维修,并对下行列车进行扣车。

(3)行车调度员命令车站立即安排人员手摇 1 号道岔至定位加钩锁器,并向通号和工务等部门发布抢修令。

(4)行车调度员对全线列车进行调整,对相关列车进行扣车调整。

(5)道岔故障修复,车站拆除道岔钩锁器,车站确认道岔工作正常。

(6)行车调度员收回控制权。

2.任务目标

(1)培养学生实践掌握城市轨道交通调度控制中心和车站各岗位应对正线道岔故障的应急处理能力。

(2)培养学生理论应用于实践的能力。

3.任务要求

(1)学员按 4 人一组,分演控制中心和车站不同岗位工种,按照演练步骤,根据本单元所学内容,制订本组的演练方案,桌面演练应急处理情况。

(2)学生可反复演练,逐步完善演练效果。

(3)各组设置观察员 1 名,用摄像机、手机等视录设备将演练过程拍摄下来,使用观察清单记录和分析该小组演练问题及演练程序中关键点的时间把控程度。演练视频也是教师评价依据之一。

(4)演练后应对演练效果进行评价,并汇报说明演练中存在的问题,提出改进措施。

4. 任务实施与评估标准

任务实施:能正确运用车站突发事件处理原则,遵循应急处理的规章规范,按照应急预案基本程序编制小组演练方案;依据演练方案完整有序地完成桌面演练;演练完毕做好自我评估总结和汇报。

评估标准:演练方案思路清晰、程序正确完整;桌面演练准备得当,组织有力,分工明确,小组成员扮演各岗位的应急工作程序执行准确,节奏紧凑,动作和用语规范,预案关键点控制得当;本组演练总结客观全面,意见中肯,能发现本组演练中的问题和不足并提出改进意见,汇报话语流畅,表达准确、得体、清楚。

实训3.5 联锁系统故障应急处理演练

1. 任务说明

某地铁调度控制中心行车调度员通过中央设备发现1号线B站联锁区ATS灰显,工作台无法操作。列车驾驶模式为点式ATP,行车调度员报值班主任、维修调度员,经值班主任同意,A站至E站上、下行采用电话闭塞法行车,调度控制中心和车站根据现场联锁区ATS灰显情况进行应急处理。学生根据以下预设条件分组进行演练:

(1)调度控制中心行车调度员在中央发现1号线B站联锁区ATS灰显,行车调度员要求车站确认。

(2)行车调度员将故障情况通知值班主任、其他各相关调度员。行车调度员要求相关车站做好人工排列进路准备。

(3)行车调度员命令相关列车司机拉停列车,行车调度员与车站和司机核对列车位置。

(4)列车司机和车站做好乘客服务工作。

(5)维修调度员回复维修人员正在现场处置,故障短时间内无法恢复,行车调度员确认所有故障区域内的列车均已在车站停稳。值班主任决定故障区域采用电话闭塞法组织行车。

(6)行车调度员发布电话闭塞法组织行车调度命令。

(7)相关车站按电话闭塞法程序接发列车。

(8)行车调度员继续跟踪故障处理情况。待维修调度员收到现场信号抢修人员设备恢复正常的报告后,告知值班主任、行车调度员故障联锁区联锁设备已恢复正常,值班主任决定恢复正常行车。

2. 任务目标

(1)培养学生实践掌握城市轨道交通控制中心和车站各岗位应对联锁系统故障时的应急处理能力。

(2)培养学生理论应用于实践的能力。

3. 任务要求

(1)学员按6人一组,分演控制中心和车站不同岗位工种,按照演练步骤,根据本单元所学内容,制订本组的演练方案,桌面演练应急处理情况。

(2)学生可反复演练,逐步完善演练效果。

(3)各组设置观察员1名,用摄像机、手机等视录设备将演练过程拍摄下来,使用观察清单记录和分析该小组演练问题及演练程序中关键点的时间把控程度。演练视频也是教师评价依据之一。

(4)演练后应对演练效果进行评价,并汇报说明演练中存在的问题,提出改进措施。

4. 任务实施与评估标准

任务实施:能正确运用车站突发事件处理原则,遵循应急处理的规章规范,按照应急预案基本程序编制小组演练方案;依据演练方案完整有序地完成桌面演练;演练完毕做好自我评估总结和汇报。

评估标准:演练方案思路清晰、程序正确完整;桌面演练准备得当,组织有力,分工明确,小组成员扮演各岗位的应急处理工作程序执行准确,节奏紧凑,动作和用语规范,预案关键点控制得当;本组演练总结客观全面,意见中肯,能发现本组演练中的问题和不足并提出改进意见,汇报话语流畅,表达准确、得体、清楚。

复习思考题

1. 列车车门故障对运营服务工作带来哪些不良影响?
2. 列车车门突发故障主要有哪几种类型?应如何处理?
3. 列车牵引制动系统故障救援有哪些行车组织模式?
4. 处理道岔故障应依据哪些原则?
5. 人工摇动道岔时须执行哪六步?
6. 联锁系统出现故障时,试述行车组织应该有哪些主要工作?

单元 4　恶劣天气与自然灾害应急处理

教学目标

1. 了解恶劣天气种类和对城市轨道交通的影响；
2. 掌握各种恶劣天气条件下维持城市轨道交通运营的基本办法；
3. 了解自然灾害种类；掌握各种自然灾害应急处理措施。

建议学时

8 学时

单元 4.1　恶劣天气应急处理

气候异常会给交通运输带来巨大的影响。暴雨、洪水对铁路运输的影响最大；浓雾、大雪是高速公路最恶劣的气候条件；大雾以及强对流天气是航空非正常运输的最主要因素；台风、大雾对船舶的航行构成极大威胁。城市轨道交通也同样遭受到各种灾害性天气的侵害，其灾害破坏可能导致整个城市和区域经济、社会功能的瘫痪。城市轨道交通系统是城市中人流最为集中的地方之一，一旦发生灾害，将直接危及乘客的人身安全。随着城市规模的不断扩大，人民生活水平和出行需求都在不断提高，对城市轨道交通的依赖越来越大，因而灾害性天气对城市轨道交通造成危害，进而对城市造成损失的可能性也越来越大。因此，如何克服恶劣天气与自然灾害的影响，确保城市轨道交通在各种不利条件下的安全运营，是城市轨道交通运营企业必须面对的问题。

一、恶劣天气与预警信号

1. 恶劣天气

恶劣天气是指突发气象灾害预警信息所描述的天气，包括台风、暴雨、暴雪、大雾等天气。

2. 预警信号

中国气象局规定的气象灾害预警信号(简称预警信号)为台风、暴雨、暴雪、寒潮、大风、沙尘暴、高温、干旱、雷电、冰雹、霜冻、大雾、霾、道路结冰等 14 种。除干旱外，其他 13 种气象灾害对城市轨道交通运营安全都有较大影响，都可以归入城市轨道交通运营的恶劣天气中。

预警信号由名称、图标、标准和防御指南组成。

(1) 预警信号级别

预警信号,按照灾害危害程度、紧急程度和发展态势,一般划分为四级:Ⅳ级(一般)、Ⅲ级(较重)、Ⅱ级(严重)、Ⅰ级(特别严重),依次用蓝色、黄色、橙色和红色表示,同时以中英文标识。如图 4-1、图 4-2、图 4-3 所示分别为台风、暴雨、暴雪不同预警信号级别的预警信号图标。

图 4-1 台风预警信号图标

图 4-2 暴雨预警信号图标

图 4-3 暴雪预警信号图标

(2) 预警信号标准

常见的恶劣天气主要有台风、暴雨、暴雪。2010 年起中央气象台台风、暴雨、暴雪预警发布标准如下:

①台风。

红色预警:预计未来 48h 将有强台风(中心附近最大平均风速 14~15 级)、超强台风(中心附近最大平均风速 16 级及以上)登陆或影响我国沿海。

橙色预警:预计未来 48h 将有台风(中心附近最大平均风速 12~13 级)登陆或影响我国沿海。

黄色预警:预计未来 48h 将有强热带风暴(中心附近最大平均风速 10~11 级)登陆或影响我国沿海。

蓝色预警:预计未来 48h 将有热带风暴(中心附近最大平均风速 8~9 级)登陆或影响我国沿海。

②暴雨。

红色预警:过去 48h、2 个及以上省(区、市)大部地区持续出现日雨量 100mm 以上降雨,且上述地区有日雨量超过 250mm 的降雨,预计未来 24h 上述地区仍将出现 100mm 以上降雨。

橙色预警:过去 48h、2 个及以上省(区、市)大部地区持续出现日雨量 100mm 以上降雨,且南方地区有成片或北方地区有分散的日雨量超过 250mm 的降雨,预计未来 24h 上述地区仍将出现 50mm 以上降雨;或者预计未来 24h、2 个及以上省(区、市)大部地区将出现 250mm 以上降雨。

黄色预警:过去24h、2个及以上省(区、市)大部地区出现100mm以上降雨,预计未来24h上述地区仍将出现50mm以上降雨;或者预计未来24h有2个及以上省(区、市)大部地区将出现100mm以上降雨,且南方地区有成片或北方地区有分散的超过250mm的降雨。

蓝色预警:预计未来24h、2个及以上省(区、市)大部地区将出现50mm以上降雨,且南方地区有成片或北方地区有分散的超过100mm的降雨;或者已经出现并可能持续。

③暴雪。

红色预警:过去24h、2个及以上省(区、市)大部地区出现25mm以上降雪,预计未来24h上述地区仍将出现10mm以上降雪。

橙色预警:过去24h、2个及以上省(区、市)大部地区出现10mm以上降雪,预计未来24h上述地区仍将出现5mm以上降雪;或者预计未来24h、2个及以上省(区、市)大部地区将出现15mm以上降雪。

黄色预警:过去24h、2个及以上省(区、市)大部地区出现5mm以上降雪,预计未来24h上述地区仍将出现5mm以上降雪;或者预计未来24h、2个及以上省(区、市)大部地区将出现10mm以上降雪。

蓝色预警:预计未来24h、2个及以上省(区、市)大部地区将出现5mm以上降雪,且有成片超过10mm的降雪。

二、恶劣天气的判断

气象灾害预警信号实行统一发布制度,地方气象主管机构负责本行政区域内预警信号发布、解除与传播的管理工作。

城市轨道交通运营公司接到气象主管机构发布的预警信号,即可判定为恶劣天气。地方气象主管机构向城市轨道交通运营公司提供气象信息的方式有如下几种情况:

1. 正常情况下

(1)地方气象主管机构可以通过互联网在城市轨道交通运营公司网上提供气象信息。其内容包括:

①运营公司沿线早晨、下午天气预报。

②本地区48~72h天气预报。

③一周天气趋势预报。

④气象灾害预警信息。

(2)地方气象主管机构可以通过手机短信方式提示地铁运营公司中央控制室调度值班主任,以发布气象灾害预警信息。

2. 当网络传输出现故障时

地方气象主管机构可以通过普通传真机传输气象信息。同时,致电地铁运营公司中央控制室调度值班主任,并互通姓名,做好相应记录。

3. 当网络传输与传真机同时出现故障时

地方气象主管机构可以电话通知地铁运营公司控制中心调度值班主任,接到气象信息后,应复诵确认,并互通姓名,做好相应记录。

三、城市轨道交通灾害天气的主要类别

根据城市轨道交通天气灾害的成因特点,将其分为雨灾、风灾、雪灾、雾灾、雷雹灾害、温度变化灾害等6类,每一类又分几种灾害性天气。灾害类别和相应的灾害性天气,及其直接和间接灾害见表4-1。

自然灾害性天气的直接和间接灾害 表4-1

类 别	灾害性天气	直接灾害	间接灾害
雨灾	大雨	暴雨、洪水、涝害、灌淹车站、隧道设施、冲垮高架桥墩及其他轨道交通设施等	泥石流、山崩、滑坡
	暴雨		
	连阴雨	霉变、能见度低、机车速度下降等	病虫害
风灾	飓风	卷走接触网、供电设备等	风暴潮、巨浪、沙尘暴
	龙卷风		
	台风		
	沙尘暴	能见度下降,机车速度下降,轨道积沙等	
雪灾	暴雪	掩埋地面、高架轨道设施,能见度下降,机车速度下降等	冰冻、冻融、低温灾害
	大雪		
	吹雪		
雾灾	大雾	能见度下降,机车速度下降,雾闪断电等	
雷雹	雷电	电击高架轨道和电力线网设施	雷击火
	冰雹	毁坏电力线网和轨道设施,轨道积水	
温度变化	高温	旅客流量增大	
	低温(寒潮、霜冻、冻雨)	电网爆裂,输电能力下降,旅客流量增大等	冰冻、冻融、雪灾

根据城市轨道交通所处城市的实际特点,轨道运营部门应依照城市特征制订相应的应急处理预案,一般情况,可以分为恶劣天气应急处理和自然灾害应急处理。

知识链接

"雾闪"缘何逼停动车

2012年1月1日,西安—郑州的高铁D1002次列车两次出现"雾闪"断电事故,造成三次动车晚点。2013年1月11日北京西至武汉站的动车D2031在信阳段发生"雾闪"断电故障,致使千余旅客滞留。

在冬季,电力机车经过大范围的大雾地段运行后,车顶绝缘子、受电弓等设备的迎风面一般会产生5~20mm厚的霜状冰。当机车停车后,由于司机室及机车内部的热空气上升会使车顶温度升高,绝缘子表面的霜状冰中会渗出小水珠。随着小水珠不断变大,造成的漏泄电流也会逐渐加大,漏电产生的温度会进一步融化冰霜,反过来使漏泄电流不断加大。这种情况一旦达到某一临界值,会瞬间发生高压电对车顶的高强度放电闪络现象,也就是所说的"雾闪"。

电力机车"雾闪"一般在冬季大雾天运行后停车和再次开车后10km/h以下速度运行时发

生。"雾闪"会造成机车停电,给轨道交通运输安全带来严重隐患。

"雾闪"并不只是在电力机车运行时出现。凡是有输电线路存在的地方,就有"雾闪"事故发生的可能性。

物质按导电性能可划分为导体、半导体和绝缘体。电瓷瓶是绝缘体,它把输电线路和输电铁架分隔开来,即把两个导电体分隔开,达到输电目的。为了防止瓷瓶在雨雪天气受影响,还把瓷瓶的外形设计成伞状,使雨雪不易降到瓷瓶的内部,以使瓷瓶保持良好的绝缘性能。但是,风是无孔不入的,低空大气中的杂质受到风的吹动仍能侵入到伞状瓷瓶的内部,瓷瓶受长期污染就会变脏。这时如有浓雾存在,雾的凝结又会加重瓷瓶的污染,可使瓷瓶的绝缘性能下降,在高压输电网络中就会产生短路放电,造成跳闸、掉闸的停电事故,大范围长时间的突然停电就会形成"雾闪"灾害。

四、城市轨道交通恶劣天气信息发布

1. 调度值班主任

控制中心调度值班主任接收到气象信息,并确认为影响运营安全的恶劣天气后,必须将消息发布给有关部门、员工。

(1)遇台风、暴雨、暴雪、大风等天气,调度值班主任必须向中央控制室全体当值员工、运营公司总部经理及副经理、当值运营及维修管理人员、其他相关部门领导发布信息。

(2)遇寒潮、冰雹天气,调度值班主任必须向中央控制室全体当值员工、当值运营及维修管理人员、其他相关部门领导发布信息。

(3)遇其他恶劣天气,调度值班主任必须向中央控制室全体当值员工、其他相关部门领导发布信息。

2. 行车调度员

控制中心行车调度员接收到气象信息,并确认为影响运营安全的恶劣天气后,必须将消息发布给有关部门、员工。

(1)遇台风、暴雨、沙尘暴、大风、冰雹等天气,行车调度员必须向车场控制中心(简称DCC)、维修调度员、正线列车司机及控制中心物业值班人员发布信息。

(2)遇大雾天气,行车调度员必须向车场控制中心、正线列车司机发布信息。

(3)遇其他恶劣天气,行车调度员必须向车场控制中心及控制中心物业值班人员发布信息。

向司机发布信息的方式为无线电台;向其他部门或人员发布信息的方式为传真,发出传真后,必须经电话确认。

五、恶劣天气期间的车站一般应对措施

在恶劣天气期间,车站需要实施的一般应对措施,相关员工应履行各自的职责。

1. 加强巡视

在不同的恶劣天气期间,车站当班的员工应经常巡视车站;天气情况差时,巡视次数要相应增加。

车站人员负责巡视各车站站台、站厅、所有出入口及其四周通道、与车站相连的行人通道、轨道范围及值班站长认为有必要巡视的其他部位。

维修人员负责巡视各车站设备及附属建筑物内的机房。并安排测试应急设备(如抽水机或抽水泵等),巡视及测试完毕后,必须通知值班站长。

车站其他人员(如物业人员)巡视本岗位职责范围的区域(如排水沟等)、设备,巡视完毕后,必须通知值班站长。

2. 公示信息

气象灾害预警信号生效期间,各站值班站长应安排员工在车站入口处张贴公告。公告的内容包括:信号发布的时间、信号内容、所涉及车站、列车服务状况等。

例如:2014年4月1日7:00,××市气象台发布黄色暴雨预警信号,过去24h我市大部地区出现100mm以上降雨,预计未来24h我市仍将出现50mm以上降雨。列车服务正常。

3. 维修人员调配

根据不同的恶劣天气,维修部至少应在客流较大车站增派相关设备维修人员。

六、常见恶劣天气应急处理办法

大风、雨雪等恶劣天气发生时,一方面会对线路、道岔等设备及地面行车带来不利影响;另一方面,会引起车站客流的增加。因此,车站工作人员应按照恶劣天气应急处理办法及时采取疏导、限流等措施,消除各种隐患,确保乘客的乘车安全。

1. 大风、沙尘天气的危害及应急处理办法

当风力超过7级时将对车站运营造成影响,接到控制中心发布的有关恶劣天气的消息后,车站须检查悬挂物,以免脱落物扎伤乘客及员工;指派专人对站台上的可移动物品进行加固;督促保洁人员清理车站卫生;露天段车站做好停运、客流疏散准备;如有其他异常情况应立即上报控制中心。

当列车遇雾、暴风、沙尘天气,瞭望困难时,司机应及时将情况报告行车调度员或车站行车值班员;必要时开启前照灯,适时鸣笛,适当降低速度。当看不清信号、道岔时,要停车确认,严禁臆测行车。列车进入车站时,司机要适当降低列车速度,确保对标停车,运行中严禁盲目抢点。

2. 雪天的危害及应急处理办法

城市轨道交通运营线路出现大范围降雪时,钢轨冰冻会影响车辆的牵引制动,尖轨与基本轨无法紧密贴合,接触轨冰冻而无法与受流器接触造成机车无电,还会造成乘客摔伤等后果。值班站长应通知所有工作人员,通报恶劣天气的相关情况,做好雪天应急处理工作。

(1)站务人员在出入口、楼梯口铺设防滑垫和提示牌,同时组织人力及时清扫出入口积雪。

(2)值班站长通知保洁人员注意出入口、楼梯口等区域的卫生状况。

(3)站务人员在客流量较大的出入口疏导乘客进出站。

(4)行车值班员通过PA、PIS系统向进站乘客宣传安全、防滑的事项。

(5)行车值班员通过CCTV系统密切关注进出站客流变化,并随时向值班站长汇报。

(6)值班站长要随时掌握运营现场和天气情况,并随时做好延长运营时间的准备工作。

(7)地面线路有道岔的车站,应做好道岔的清扫及融雪工作。

列车司机在运行中遇大雪、霜冻等恶劣天气时应及时向行车调度员报告,并采取相应措施。运行中要严格控制列车速度,制动时要适当延长制动距离,制动力尽量要小,防止滑行,视其速度,根据情况追加或缓解,确保对标停车。

3. 雨天应急处理办法

(1)如遇突降大雨,值班站长要立即组织有关人员到出入口等处查看降水情况。

(2)站务人员在各出入口铺设防滑垫,设立警示标志。

(3)地势较低的车站应立即放置防洪板、沙包,防止雨水灌入车站。若遇雨水较大有可能发生倒灌事故时,应及时通知机电部门做好排水准备。

(4)值班站长通过 BAS 系统查看雨水泵开启情况,如有异常情况则应立即报修。

(5)行车值班员通过 PA、PIS 系统向进站乘客宣传安全、防滑的注意事项。

(6)站务人员加强巡视,确保车站出入口、站厅、站台的客流秩序。关注出入口客流情况,向乘客发放一次性雨衣、伞套,宣传疏导其快速出站,不要在出入口停留。

(7)值班站长要立即采取雨天设备故障、长时间无车等特殊情况下的应对措施;根据现场情况,适当调配人员,做好限流准备,并及时挂出提示牌、张贴通告。

(8)露天段车站应加强站台巡视,督促保洁员做好地面清理工作。

七、常见恶劣天气应急处理方案

(一)暴雨现场应急处理方案

1. 现场接报灾情

(1)电客车司机

①发生暴雨,立即报信号楼或 OCC。

②接 OCC 启动相应专项应急处理预案命令。

(2)行车值班员

①发生暴雨,立即报 OCC、值班站长。

②接 OCC 启动相应专项应急处理预案命令,报值班站长。

2. 前期应急处理

(1)值班站长

启动预案,组织员工做好安全防护和防洪。

(2)行车值班员

做好应急处理的疏导广播;联系车站应急抢险队员,做好支援安排。

(3)客运值班员

准备相应的应急处理备品(如防滑警示牌等)。

(4)站务员

做好应急处理的抢险准备,并提醒乘客地面湿滑。

(5)电客车司机

加强瞭望,及时向 OCC 汇报暴雨造成的影响。

3. 现场应急处理

(1)值班站长

①安排员工在出入口、电梯口等湿滑的地点做好防护工作,加强乘客引导,并及时向 OCC 及上级领导汇报车站受暴雨影响情况。

②如发生雨水倒灌等紧急情况,应组织做好应急处理的抢险工作。必要时调集车站人员(如机电、工务等驻站人员)做好抗洪抢险工作。

(2)行车值班员

密切监视车站出入口积水情况、隧道区间的水位情况,发现问题及时报 OCC、值班站长。

(3)客运值班员

①在出入口、电梯口、露天站台乘客候车处等湿滑的地点放置防滑警示牌等,并做好聚集在车站及出入口避雨乘客的疏导工作,必要时疏散站内乘客。

②协助值班站长做好应急处理的抢险工作。

(4)站务员

协助客运值班员设置防滑警示牌,疏导乘客。

(5)电客车司机

①在地面、高架站线路时,经 OCC 同意后,可采用 SM 模式进站对标停车。

②在地下线路时,如发现线路水浸,则应立即报告 OCC,根据 OCC 要求执行。

4. 应急处理终止

(1)值班站长

接到 OCC 应急终止命令且车站紧急情况解除后,通知各岗位终止本方案,撤除防护设施设备、清理现场。

(2)客运值班员

撤除防滑警示牌等设施设备。

(3)站务员

协助值班站长撤除防护设施设备。

(4)电客车司机

接到 OCC 应急处理终止命令,确认行车设施设备符合动车条件后,恢复正常驾驶。

(二)暴雪现场应急处理方案

1. 现场接报定情

(1)电客车司机

①发生暴雪,立即报信号楼或 OCC。

②接 OCC 启动相应专项应急处理预案命令。

(2)行车值班员

①发生暴雪,立即报 OCC、值班站长。

②接 OCC 启动相应专项应急处理预案命令,报值班站长。

2. 前期应急处理

(1) 值班站长

启动应急处理预案,组织员工扫雪、除冰。

(2) 行车值班员

做好应急处理的广播工作;联系车站应急处理抢险队员,做好支援安排。

(3) 客运值班员

准备相应的应急处理的备品(如铲雪锹、大竹扫把等)。

(4) 站务员

做好应急处理的抢险准备,并提醒乘客地面湿滑。

(5) 电客车司机

加强瞭望,及时向 OCC 汇报暴雪造成的影响。

3. 现场应急处理

(1) 值班站长

①安排人员在出入口、电梯口等湿滑的地点做好防护工作,加强乘客引导,做好现场应急处理的指挥协调。

②组织人员对出入口、电梯口、露天站台等地点除雪、除冰。

③根据 OCC 命令组织人员对车站范围的线路、道岔进行除雪、除冰。

(2) 行车值班员

做好与 OCC、车站各岗位、救援部门之间的信息传递。

(3) 客运值班员

①在出入口、电梯口、露天站台乘客候车处等湿滑地点放置防滑警示牌等。

②协助值班站长做好除雪、除冰工作。

(4) 站务员

协助客运值班员设置防滑警示牌,引导站台乘客安全乘车。

(5) 电客车司机

①影响行车安全时,立即停车,向信号楼或 OCC 汇报,做好乘客安抚工作。

②做好续报。

4. 应急处理终止

(1) 值班站长

接到 OCC 应急处理终止命令且完成除雪、除冰工作后,通知各岗位终止本方案,撤除防护设施设备、清理现场。

(2) 客运值班员

撤除防滑警示牌等设施设备。

(3) 站务员

协助值班站长撤除防护设施设备。

(4) 电客车司机

接到信号楼或 OCC 应急处理终止命令,按信号楼或 OCC 命令,恢复正常驾驶。

(三)台风现场应急处理方案

1. 现场接报灾情

(1)电客车司机

①加强瞭望,发现台风来临,及时报 OCC。

②接 OCC 启动相应专项应急处理预案命令。

(2)行车值班员

①发现台风来临,立即报 OCC、值班站长。

②接 OCC 启动相应专项应急处理预案命令,报值班站长。

2. 前期应急处理

(1)值班站长

启动应急处理预案,组织员工抗击台风。

(2)行车值班员

做好应急处理的广播疏导工作;根据值班站长命令通知驻站民警。

(3)客运值班员

准备相应的应急处理备品(如扩音器等)。

(4)电客车司机

根据现场情况降低速度,执 OCC 命令。

3. 现场应急处理

(1)值班站长

①加强车站巡视,做好乘客引导工作。

②根据 OCC 关站命令,通知各岗位关站,疏导乘客避风。

(2)行车值班员

做好与 OCC、车站各岗位、救援部门之间的信息传递。根据 OCC 命令关闭管辖的地面、站台的广告灯箱电源。

(3)客运值班员

①组织乘客做好避风预防工作。

②执行关站程序。

(4)站务员

①提醒乘客不要靠近站台屏蔽门,不要在站台悬挂物(如 PIS 等)附近候车,做好乘客引导工作。

②执行关站程序。

(5)电客车司机

①发现车体轻微摇晃时,报 OCC,按 OCC 命令停车或降速执行。

②如造成车辆、供电、行车等设备损坏,影响正常行车时,报 OCC,停车待令,做好乘客安抚工作。

4. 应急处理终止

(1)值班站长

接到 OCC 应急处理终止命令后,通知各岗位终止应急处理预案,清理现场。

(2)客运值班员

清理现场,撤除防护设施设备。

(3)站务员

清理现场,撤除防护设施设备。

(4)电客车司机

接 OCC 应急处理终止命令后,恢复正常驾驶。

八、相关案例——某地铁线路受台风影响事件

2005年8月某日,某市的地铁1号线受台风影响导致一段线路被水淹,造成列车运行中断,其间行车调度员通过小交路、单线双向运行等方式维持了线路的正常运营。

1. 事件描述

3:25 行车调度员发现 I 站至 J 站上行区间内有一节红光带,立即通知检修调度员、车站值班员进行查看。此时 M 站至 P 站上行区间正在封锁施工,封锁区间内有一列轨道车作业,如图4-4所示。

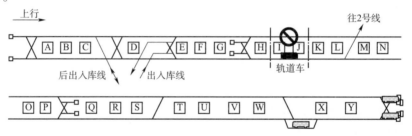

图 4-4 区间积水导致线路中断示意图

3:30 轨道车施工结束销点,行车调度员解除区间封锁,令轨道车至 J 站上行待命。

3:36 行车调度员安排 J 站值班员跟施工轨道车至 I 站与 J 站上行区间查看区间积水情况。

3:55 J 站值班员通过对讲机告知该区间内有严重积水,积水深度约达 80cm,环控调度员要求车站手动开启区间泵进行抽水。

4:00 J 站值班员报区间泵抽水无效果,水位无明显下降。施工轨道车司机来电告知,轨道车由于排气管进水目前迫停区间,请求救援。

4:08 行车调度员对公务、通号、客运、车辆调度发布抢修命令。同时要求全线各地下车站派人对区间线路进行巡检。

4:35 除 I 站到 J 站外,其他车站均报区间无明显积水情况。

4:49 I 站至 J 站下行区间也出现红光带,行车调度员要求车站派人至现场进行确认。

4:52 J 站来报"下行红光带为积水引起"。

4:52 行车调度员向全线车站发布列车调整运行方案:A 站至 H 站小交路运行,L 站至 Y 站小交路运行,I、J、K 封站不办理客运作业,H 站至 L 站启动公交应急处理预案。调整方案,如图4-5所示。

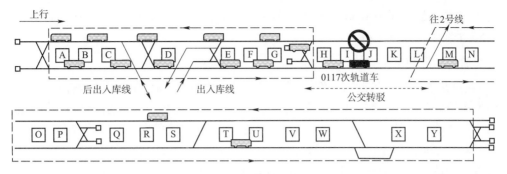

图 4-5 运营调整示意图

在运营调整过程中,行车调度员利用 E 站出库线发出载客列车 5 列,其中 1 列为携带转换车钩的 0117 次救援车,停 I 站上行站台外,1 列停 H 站折返待命;利用 E 站入库线发出空车 1 列由下行线反向运行至 H 站;利用后出库线发车 6 列,共计 12 列车投入 A 站至 H 站小交路运行;Y 站 3 列过夜车正向运行至 M 站下行站台后经由 M 站渡线反向运行至 L 站上行站台载客运行,执行 L 站至 Y 站小交路运行。

5:30 行车调度员对 1 号线、2 号线全线车站乘客导向系统发布相关信息,并通知车站进行确认。同时通知 3、4 号线进行广播。

5:40 客运调度员通知 1 号线、2 号线全线车站目前 1 号线线路运行状态,要求进行车站广播等客运组织工作。

6:12 I 站至 J 站下行区间红光带消失,行车调度员与现场联系得知积水已退至轨面下,要求人员撤离下行区间。

6:25 行车调度员令 H 站折返线备车限速 20km/h 运行至 L 站下行站台载客,后利用间隔又安排 4 列车投入 M 站至 Y 站区段小交路运行。这 4 列车中 2 列是由 H 站下行空车反向运行至 M 站下行后经 M 站渡线折至 L 站上行载客;另外 2 列是由 H 站下行空车反向运行至 P 站后经折返线折返至 P 站上行载客。

7:22 行车调度员再次调整运行方案:A 站至 H 站小交路运行(6 列车),H 站至 L 站利用下行线进行单线双向运行(1 列车),L 站至 Y 站小交路运行(8 列车)。调整后的方案,如图 4-6 所示。

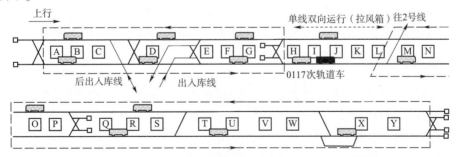

图 4-6 运营调整示意图二

9:23 I 站至 J 站上行区间红光带消失,行车调度员与现场联系得知 I 站至 J 站上行积水已退至轨面下,行车调度员命令 0117 次车到 I 站至 J 站上行区间救援轨道车。

9:36 两车连挂完毕动车反方向运行至 H 站折 4 线。

9:49 连挂车运行至 H 站折 4 线停运。

9:50 全线恢复正常运行。

2. 经验总结与问题分析

(1) 调度员发现隧道区间出现红光带时,能及时通知通号调度员进行处理,并根据事态发展及时发布抢修命令,为相关单位组织抢修赢得时间;在判定区间积水引起红光带后,能同时布置对全线各地下车站展开对区间线路的巡检,排除了其他区段发生险情的可能。

(2) 确定区间积水列车无法运行时,行车调度员及时发布了运营调整方案,利用了 Y 站的三列过夜车维持北段小交路运营,南段小交路则根据开通车站数,适量地投入运营列车,确保了非事故区段的列车运营。

(3) 及时启动公交应急处理预案,并发布命令通知各车站,利用信息屏告知乘客,尽可能地减小事故影响。

(4) 行车调度员能及时让列车通过先行恢复的 H 站至 M 站下行反向运行,以补充北段运营列车数,随后 H 站至 L 站利用下行线进行单线双向载客运行,H 站至 L 站作为衔接站,将南北两个小交路连接,最大限度地恢复运营,显示出行车调度员在事件处理中良好的全局观。

(5) 在台风、暴雨、高温期间,设备维修调度员要加大对现场设备巡视、检查工作的监督力度,对重点注意事项向值班员做出布置,明确要求(如水位报警巡查等);对现场发生的故障要有敏感性,对区间红光带、触网跳闸、区间积水、设备进水等现象尽早发现,尽快发布抢修命令,及早处理。

(6) 由于轨道交通路网已初具规模,对于类似线路中断事件,可根据路网条件,发挥导乘指向系统的作用,组织乘客利用换乘站换乘其他线路,绕开故障区段,"曲线"式到达目的地。

(7) 可适时安排列车由 L 站下行载客至 A 站,该车过 H 站后,再由 H 站折返,列车经由 H 站下行线反向载客至 L 站,可提高乘客便捷度,减少清客次数,但需控制节奏,以免影响南段小交路运行。

单元4.2 自然灾害应急处理

自然灾害多指火山、地震灾害、山体崩塌、滑坡、泥石流、地面塌陷等地质灾害。在城市中,常见的自然灾害是地震。下述内容将重点讨论地震和水灾情况下应急处理程序。

一、地震的应急处理

地震是指大地震动。包括天然地震(构造地震、火山地震)、诱发地震(矿山冒顶、水库蓄水等引发的地震)和人工地震(爆破、核爆炸、物体坠落等产生的地震)。人们常说的地震一般指天然地震中的构造地震。

破坏性地震,是指造成一定数量的人员伤亡和财产损失的地震事件。

1. 地震对轨道交通的影响

地震发生后,地铁管辖范围内除地面建筑受损外,可能发生问题有如下几个方面:

(1) 地铁客车脱轨。

（2）洞下结构局部受损，个别隧道错位，出现地下冒水漏水现象。

（3）钢轨及下部建筑扭曲，供电支架损坏、接触网线脱落。

（4）电缆、上下水管道受损，供电、供水中断。

2. 地震响应等级

根据有关规定，主要结合地震对地铁行车的影响进行如下分类：

轨道交通所在地或临近地域发生大于7.0级地震，视为造成特大损失的严重破坏性，特别严重影响行车和乘客安全，应启动一级预案。

轨道交通所在地或临近地域发生大于6.5级、小于7.0级的地震，视为严重破坏性地震，严重影响行车和乘客安全，应启动二级预案。

轨道交通所在地或临近地域发生6.5级以下地震，视为一般破坏性地震，影响行车和乘客安全，应启动三级预案。

（1）一级预案

①启动一级应急措施：OCC电力调度员切断交流供电电源，启用紧急照明，列车紧急制动停车。电客车司机负责组织列车上乘客向车站疏散；车站站长或值班站长负责组织有关人员疏散乘客、保护地铁设备，并将情况报告OCC，若通信中断应设法与外界取得联系，并做好自救工作；OCC发布列车停运、急救命令，及时将灾情报告指挥部及市有关部门。

②车辆部、客运部、物资设施部及时成立应急处理工作组，召集各专业救援队队员，组织救援工具、物品。根据灾情尽快恢复动力照明系统供电，确定牵引供电恢复送电方案；救援队出动救援，在起复机车、车辆、抢修线路中，快速确定方案，并报控制中心。方案确定后严格由救援队长单一指挥作业，有两个以上救援队联合作业时，应商定一名队长为总体指挥。

③必要时向指挥部、市政府有关部门和组织请求援助；指挥外援人员抗震救灾，尽快恢复地铁运营。

④及时向指挥部、市政府报告震情、救灾情况以及运营开通情况。

（2）二级预案

①启动二级应急措施：OCC电力调度员切断牵引供电系统电源，启用紧急照明；电客车司机制动列车停车，组织列车上乘客向车站疏散；车站站长或值班站长负责组织有关人员疏散乘客、保护地铁设备，并将情况报告OCC，若通信中断应设法与外界取得联系，并做好自救工作；OCC发布列车停运、急救命令，及时将灾情报告指挥部及市有关部门。

②各应急处理工作组及时到位履行职责，组织救援抢险，恢复牵引供电，开通地铁运营。

③必要时向指挥部、市政府有关部门和组织请求援助；指挥外援人员抗震救灾，尽快恢复地铁运营。

④及时向指挥部、市政府报告震情、救灾情况以及运营开通情况。

（3）三级预案

①小于6.5级地震发生后，电客车司机视灾情维持列车运行到前方站停车，疏散车上乘客；站长或值班站长负责组织有关人员疏散车站乘客、保护地铁设备，并将情况报控制中心，若通信中断应设法与外界取得联系，并做好自救工作；OCC视情况发布列车停运或限速命令，组织抢险救援，向上级领导报告有关情况。

②按市防震抗灾领导小组的要求，在运营分公司抗震救灾应急指挥部领导下，视震情、灾

情组织抢险救援,具体落实抗震救援工作和措施,并及时报告有关情况。

3.地震发生时的紧急处理

地震发生时,主要有以下几种紧急处理措施:

(1)一旦发生地震,沉着镇静,果断逃生,救护乘客是最重要的对策。

(2)车站工作人员应就近选择桌下、床下、墙角等较安全的位置紧急避险。然后积极开展疏导乘客,救护伤员及组织乘客自救互救工作。

(3)设备值班人员应关闭正在操作的设备,切断身边的电源,就近选择较安全的位置,紧急避险。

(4)当班的电客车司机,应立即采取紧急措施制动车辆,减少车辆自身功能与地震能量叠加;地震过程中若发现列车受损、接触网断线及隧道照明中断,应使用应急照明查明周围的情况,采用有效的措施与OCC或邻站值班站长联系,报告情况,以求得救援和行动指令。在孤立无援的最困难条件下,电客车司机是组织该列车所载乘客避险逃生的负责人,应立即采取一切可能的措施安抚乘客,组织乘客有步骤、有组织地脱离险境。

(5)OCC、变电站、变电所值班人员等关键岗位人员,就近选择较安全的位置紧急避险后,应坚守岗位,立即进入抗震抢险救灾状态,采取一切可能措施减少地震损失。同时着手调查,收集管辖范围内人员、设施、设备损失情况,速将险情及初步救援方案向有关领导汇报。

4.地震灾害后的处理工作

(1)地震发生后,应迅速组织各专业救援队,由有丰富经验、有指挥能力、责任心强的同志担任救援队长,进行营救人员和抢修设备。

(2)震后后勤保障组应联系专业医务人员组成医务抢救队伍。

(3)震后物资设施组要组织通信、电力、给排水抢修队伍,根据灾情特点,制订修复计划,分配任务。

(4)地震发生后,地铁隧道结构受到损伤,道床、钢轨等可能出现扭曲变形、位移,严重时可能断轨等。因此,物资设施组工务专业人员须及时检查线路,抢修被毁路段。

(5)及时救援震后隧道内的车辆和被困乘客;及时将掉道、受损车辆起复,然后将其转移到安全地段加装止轮器、车挡等,防止受余震溜车,对车辆部内车辆应及时清理、检查、抢修被砸毁车辆;及时将受损车库内车辆转移到安全地段加装止轮器、车挡等,防止受震倾覆溜车。

5.地震发生初期应急处理岗位行动指引

(1)OCC值班主任

①当OCC大楼有轻微震感或接报"车站、车辆段有轻微震感"时,应立即向分公司领导汇报请示,根据领导指示执行。

②当OCC大楼有明显或强烈震感时,应组织当班调度就近选择较安全的位置紧急避险。

③紧急避险之后,组织行车调度员进行相应的应急处理。

④条件允许时,按规定程序通报,需要时致电110、120请求支援。

⑤通知各抢险救援队立即出动,按震前预定方案分赴重点防护区。

⑥按震后运营组织原则的要求决定是否停运或调整列车运行。

⑦按救援队通知宣布恢复运营。

(2)行车调度员

①当 OCC 大楼有轻微震感或接报"车站、车辆段有轻微震感"时,应通知全线列车司机进站停车待令,运行过程中注意留意线路情况。

②向全线车站、车厂及相关生产部门了解人员、设施、设备受影响情况,并报告 OCC 值班主任。

③按 OCC 值班主任的指令组织下一步行车。

④当 OCC 大楼有明显或强烈震感时,应就近选择较安全的位置紧急避险。紧急避险之后立即向所有车站、司机、车厂了解人员、设施、设备损坏情况,并报告 OCC 值班主任,按 OCC 值班主任的指令组织停运或调整列车运行。

⑤接 OCC 值班主任恢复运营通知后,命令全线列车和车站组织恢复运营。

⑥调整列车运行秩序。

(3)电力调度员

①当 OCC 大楼有轻微震感或接报"车站、车辆段有轻微震感"时,应立即向维修工程部生产调度了解人员、设施、设备受影响情况,并报告 OCC 值班主任。

②当 OCC 大楼有明显或强烈震感时,应就近选择较安全的位置紧急避险。紧急避险之后立即向维修工程部生产调度了解人员、设施、设备损坏情况,并报告 OCC 值班主任。

③密切监视供电系统运作情况,发现异常及时报告 OCC 值班主任。

④接严重破坏性地震的通告或全线停运并疏散通知后,电力调度员与行车调度员协商切断正线所有牵引供电时机。

⑤与供电公司地铁调度保持联系。

⑥接恢复运营通知后恢复牵引供电。

(4)环控调度员

①当 OCC 大楼有轻微震感或接报"车站、车辆段有轻微震感"时,应立即向车站、维修工程部生产调度了解人员、设施、设备受影响情况,并报告 OCC 值班主任。

②当 OCC 大楼有明显或强烈震感时,应就近选择较安全的位置紧急避险。紧急避险之后立即向车站、维修工程部生产调度了解人员、设施、设备损坏情况,并报告 OCC 值班主任。

③密切监视环控系统运作情况,发现异常情况及时报告 OCC 值班主任。

④将环控系统授权为站控方式,如有需要则开启相关区间隧道通风和全线区间事故照明。

⑤视情况关闭区间及车站供水。

⑥接恢复运营通知后组织恢复环控安全设施、设备正常运行。

(5)司机

①如列车在区间运行,司机有明显震感时应适当降低运行速度(限速 40km/h),报告行车调度员;尽量维持列车进站,运行中密切注视前方线路,若线路明显受损应立即停车。

②列车停留在站台区域,保持车门、屏蔽门处于打开状态,报行车调度员。必要时,协助进行清客或疏散乘客。

③在站列车及区间列车停车或到站后是否继续运行按行车调度员的指示办理。

④因线路受阻列车不能继续运行时,应及时报告行车调度员,根据行车调度员的指示进行区间清客或疏散乘客。

⑤乘客疏散完毕后,与行车调度员保持联系,必要时可采取紧急避险。

⑥接地震结束通知后,检查列车状态,报告行车调度员,若列车受损严重不能运行,请求救援。

⑦接行车调度员恢复运营命令后并得到牵引供电后,再次测试列车状态;按行车调度员指示以不超过40km/h的速度,对轨道进行巡查后至前方站投入服务;后续列车按照行车调度员命令执行。

(6)值班站长

①当车站有明显震感时,组织乘客和员工在较安全位置紧急避险,必要时组织疏散。

②紧急避险之后立即请示行车调度员是否疏散乘客,若不需疏散,则应立即组织检查车站管辖范围内人员、设施、设备损失情况,发现异常情况及时上报。

③如需疏散乘客,立即通知员工做好个人防护,指示客运值班员负责执行车站疏散程序,同时组织疏散在站列车乘客或进入区间协助疏散列车上乘客。

④情况危急时,组织全站员工撤离至紧急出入口外较安全位置避险。

⑤震后若有受伤人员及时致电120,并做好初步救护。

⑥接地震结束通知后,组织员工清理现场,检查车站行车、客运、票务设施设备。

⑦接行车调度员恢复运营命令后组织员工恢复车站服务。

(7)行车值班员

①通过CCTV观察现场,加强与值班站长、行车调度员的联系。

②如需要,按值班站长要求执行车站疏散程序。

③需撤离车站时,经行车调度员同意留下联系电话后,撤离至紧急出入口与值班站长汇合。

(8)应急处理领导小组和救援队

①接通知后带齐装备和备品立即出动,按震前预定方案分赴重点防护区。

②需要疏散时协助疏散。

③现场制订抢险救援方案并实施。

④接地震结束通知后,组织维修人员全面检查设施设备,清理现场;符合条件时通知OCC值班主任恢复运营。

 知识链接

地 震 等 级

地震等级(简称震级),是划分震源放出的能量大小的等级。释放能量越大,地震震级也越大。地震震级分为九级,一般小于2.5级的地震人无感觉;2.5级以上人有感觉;5级以上的地震会造成破坏。

弱震震级小于3级。如果震源不是很浅,这种地震人们一般不易觉察。

有感地震震级等于或大于3级、小于或等于4.5级。这种地震人们能够感觉到,但一般不会造成破坏。

中强震震级大于4.5级、小于6级。属于可造成破坏的地震,但破坏轻重还与震源深度、震中距等多种因素有关。

以上发震时刻、震级、震中统称为"地震三要素"。

二、水灾的应急处置

为满足城市轨道交通沿线各车站及区间生产、生活及消防的需要,需设给水、排水及消防系统。但是,在恶劣天气或洪涝灾害下,地面雨水和洪水会倒灌到地下车站或隧道中,超过车站排水系统最大承受能力,形成积水。积水一旦超过警戒水位,就会破坏车站或隧道内的信号和机电设备,影响正常行车安全,威胁到车站工作人员和乘客安全。因而,城市轨道交通有关人员应掌握水灾应急处理办法,避免水灾带来的严重影响。

1. 城市轨道交通水灾危害

国内外许多城市的极端强降水事件,造成了城市轨道交通地下空间受淹和巨大的财产损失。

2001年9月,"纳莉"台风带来的强降水,造成台北地铁系统的63座车站中18座车站淹水,台北地铁陷于瘫痪,车站机电系统损失尤为严重。1998年韩国汉城的暴雨导致Chungnang河溃堤,洪水通过Taenung站入侵地铁7号线,淹没11个地铁站,导致7号线关闭9天,减负荷运行35天。1999年和2003年,日本福冈市遭受了大暴雨的袭击,导致Hakata地铁站、商业中心和建筑物的地下室等均被淹,地铁被迫停运,还发生了地下室淹死人的事件。1999年12月9日,委内瑞拉首都加拉加斯市地铁因洪水入侵而关闭。2002年"鹿莎"台风袭击韩国,造成汉城地铁里灌满了水,成了地下河。在1992~2003年的十二年间,伦敦地铁系统中共发生了1200多次的洪水事件,造成了200多次的站台关闭,仅2002年8月7日的洪水就造成了74万英镑的损失。2007年8月8日早晨,纽约降下暴雨,造成地铁遭水淹,所有地铁线路都延误或改变路线。

由此可见,城市轨道交通等地下空间,作为地上泛滥河水或暴雨积水极易流侵的半封闭性空间,是水灾危险性极高的空间。当遭遇强降雨、台风暴雨等极端降水事件及其导致的溃堤、漫堤等事件时,如果没有恰当的措施阻止洪水进入地下空间,那么洪水在地下空间中的扩散将非常快,水淹深度的上升速度比城市地表快得多。

2. 水灾应急处理岗位行动指引

(1) 车站工作人员

当给水管道破裂、地下车站和隧道进水等危及运营的情况发生时,车站有关人员应按下列程序进行处置。

①任何员工一旦发现水灾发生,就应立即报告值班站长以下情况:水灾发生的位置、流量、水源来自哪里,哪些设备可能会受到影响。

②值班站长向行车调度员报告:本站发生水淹事故,本站受到影响的区域、是否影响乘降及受影响设备的情况。

③值班站长携带防洪装备赶往事发位置,命令站务人员和保洁人员前往水灾区域。

④值班站长到达现场后评估情况,向行车调度员汇报最新进展,视情况需要请求机电等部门人力支援。

⑤站务人员尝试用防洪板、沙包或其他填充物阻断水源,或抑制流量,在周边用提示牌和警戒线布置禁行区。

⑥车站值班员通过 PA、PIS 系统向乘客进行宣传解释。

⑦若水灾可能导致车站设备出现危险或影响运营时,视情况需要封闭车站部分区域。

(2)机电抢险人员

①对水灾地点及时采取断水堵水措施,开启全部排水泵排水。

②随时向值班站长和行车调度员报告水情。

③按照抢险预案要求,进行紧急处理。

(3)行车调度员

①随时了解水情变化;必要时,通知电力调度员将接触网(轨)停电。

②组织具备运行条件的区段维持运营。

(4)列车司机

①列车在运行中发现积水漫过道床排水沟时,如接触轨能正常供电,司机以能随时停车的速度运行,并及时将情况报告行车调度员或车站值班员。

②因水灾造成路基塌陷、滑坡等危及行车安全时,应立即停车,将情况如实报告行车调度员,按其指示行车。

(5)行车调度员

当积水面未超过钢轨轨脚时,允许列车以正常速度通过积水段;当积水面介于钢轨轨脚和轨头底部之间时,允许列车按 25km/h 速度通过积水段;当积水面超过钢轨轨头底部时,原则上列车不准通过积水段,必须通过时限速 15km/h。

 知识链接

地铁排水系统

地铁排水系统、地铁车站的排水设计是车站给(排)水及防灾设计的主要内容之一,及时排放车站内部的积水,是满足地铁安全运营的需要。

地铁车站的排水系统既有一般地下建筑工程的共性,又有作为地铁工程的特点。地铁车站排水系统采用分流制,主要由废水系统、污水系统和雨水系统组成,分别通过潜水泵提升经室外压力窨井排出。其中废水系统包括车站冲洗水、消防废水和结构渗漏水等;污水主要为卫生间生活污水;雨水主要来自敞开式的出入口和风亭等。

污水泵站应设置在卫生间下的站台层设备区内,泵房集水池有效容积不应小于最大一台泵 5min 的流量,但不得大于 6h 的污水量,防止污水停留时间过长而沉淀、腐化。集水池底面设 0.1 的坡度坡向集水坑,集水池顶板上设有透气管并要求环控专业在泵房内设置排风口。污水泵出水管上安装回流冲洗管,以便冲洗污水集水池。污水经潜水排污泵抽至室外压力窨井后进入化粪池处理,再排入城市污水管道。

废水排水系统主要是将消防废水、结构渗漏水、车站冲洗水等由地漏汇集,经排水立管引入站内线路道床排水沟,由排水沟流入车站废水泵房内的废水集水池,经排水泵提升后,排入城市雨水排水系统。废水泵房应设在车站或线路的最低点,其设计关键是确定废水池容积和废水泵参数。车站主废水泵应设置 2 台,平时互为备用和轮换工作,消防或必要时同时工作,排水泵流量按消防时排水量和结构渗水量之和确定。我国《地铁设计规范》(GB 50157—2013)规定,泵站集水池有效容积不得小于最大一台排水泵 15~20min 的出水量。

雨水泵站主要设置在车站敞开式风亭内及敞开式出入口扶梯下,雨水排放设计按当地 50 年一遇暴雨强度计算,集流时间为 5~10min。出入口处雨水泵流量按出入口消防水量与雨水量之和选取,风亭处雨水泵流量按计算雨水量选取。泵提升雨水经压力窨井后再排入市政雨水管道系统。对于非敞开式出入口的排水泵站,可归于局部废水泵站,水泵设计流量仅考虑消防排水量。设有顶盖的风亭,可不设雨水泵站,风亭的结构渗漏水可沿风道排入车站内,由地漏收集后的出水量排放至主废水池。雨水集水池的有效容积不小于最大一台排水泵 15~20min 的出水量。

地铁防淹门

根据《地铁设计规范》(GB 50157—2013):"跨河流和临近河流的地铁工程,应在进出水域的两端适当位置设防淹门或其他防淹措施。"

防淹门作为地铁的防灾设备,主要应用在水系复杂、常年蓄水或地处海域海岛的地区。地铁在以地下线路穿越河流或湖泊等水域时,应考虑在进出水域的隧道两端的适当位置设置防淹门,以防止因意外突发使洪水进入隧道和车站,避免造成大范围的人身伤亡和财产损失,有效保护地下设备和人身的安全。

地铁隧道防淹门开启状态下,虽然并不会造成被入侵地铁车站的洪水积聚,对人员的安全撤离有一定帮助,但洪水会沿着区间隧道流入相邻地铁车站,波及范围更广,影响更不利。由于地铁线四通八达,洪水往往会远离其最初进入地铁的源点。2001 年,纳利台风使台北地铁陷于瘫痪,18 座淹水的车站,平均每座车站的积水约 1 万 t,其中台北车站的积水约 6 万 t,再加上区间隧道的积水,总积水量约 30 万 t。就是因为地铁隧道的设计没有考虑防水间隔,也不像日本区间隧道采用倾斜设计,以致洪水来临时,无法阻挡。

因此,地铁车站在区间隧道两端设置防淹门,不仅可以阻止越江隧道区间内可能侵入的江水进入地铁车站,也能防止侵入地铁车站内的地面积水和洪水通过区间隧道淹及相邻地铁车站。在洪水通过地面出入口入侵地铁车站时应根据人员疏散撤离情况,适时关闭区间隧道的防淹门,以免造成更大的损失。

实训 4.1 强暴雨出入口水淹事件应急处理演练

1. 任务说明

某日发生强暴雨,雨水开始出现倒灌。学生根据以下预设条件分组进行演练。参考附录 B 附表 15。

(1)发生强暴雨,OCC 启动专项应急处理预案,行车调度员向车站发布恶劣天气警报,厅巡巡站时发现车站 C 口地面积水持续上涨。

(2)暴雨持续,积水将要威胁出入口安全,车站做好应急处理的抢险准备。

(3)雨水有漫过上部挡水墙趋势,车站调集人员组织抗洪抢险工作。
(4)积水突破上部挡水墙流进车站。
(5)积水漫进站厅。
(6)暴雨停止,车站接到OCC应急处理终止命令且车站紧急情况解除后,通知各岗位终止本方案,撤除防护、清理现场;司机确认恢复动车条件,恢复正常驾驶。

2. 任务目标

(1)培养学生实践掌握城市轨道交通车站各岗位应对车站水淹的应急处理能力。
(2)培养学生演练车站各岗位之间的协调和配合能力。
(3)培养学生理论应用于实践的能力。

3. 任务要求

(1)学生可按6~8人一组,分演车站不同岗位工种,按照演练步骤,根据本单元所学内容,制订本组的演练方案,桌面演练应急处理情况。
(2)学生可反复演练,逐步完善演练效果。
(3)各组设置观察员1名,用摄像机、手机等视录设备将演练过程拍摄下来,使用观察清单记录和分析该小组演练问题及演练程序中关键点的时间把控程度。演练视频也是教师评价依据之一。
(4)演练后应对演练效果进行评价,并汇报说明演练中存在的问题,提出改进措施。

4. 任务实施与评估标准

任务实施:能正确运用车站突发事件处理原则,遵循应急处理的规章规范,按照应急处理预案基本程序编制小组演练方案;依据演练方案完整有序地完成桌面演练;演练完毕做好自我评估总结和汇报。

评估标准:演练方案思路清晰、程序正确完整;桌面演练准备得当,组织有力,分工明确,小组成员扮演各岗位的应急处理工作程序执行准确,节奏紧凑,动作和用语规范,预案关键点控制得当;本组演练总结客观全面,意见中肯,能发现本组演练中的问题和不足并提出改进意见,汇报话语流畅,表达准确、得体、清楚。

实训4.2 隧道水淹事件应急处理演练

1. 任务说明

某市地铁线路上方水管爆裂,积水已经淹到区间,运营受阻。学生根据以下预设条件分组进行演练。参考附录B附表16。

(1)地铁线路上部发生水管爆裂,积水已经淹到区间隧道。
(2)积水水位继续上涨,全线做好应急处理的抢险准备。
(3)水势加大,积水没过钢轨,列车无法通行,区间封锁。

(4)淹水原因已经查清,淹水事故已经解决。
(5)列车恢复运营,日志记录事故。

2. 任务目标

(1)培养学生实践掌握城市轨道交通运营各岗位应对隧道水淹的应急处理能力。
(2)培养学生演练运营各岗位之间的协调和配合能力。
(3)培养学生理论应用于实践的能力。

3. 任务要求

(1)学生可按6~8人一组,分演车站不同岗位工种,按照演练步骤,根据本单元所学内容,制订本组的演练方案,桌面演练应急处理情况。
(2)学生可反复演练,逐步完善演练效果。
(3)各组设置观察员1名,用摄像机、手机等视录设备将演练过程拍摄下来,使用观察清单记录和分析该小组演练问题及演练程序中关键点的时间把控程度。演练视频也是教师评价依据之一。
(4)演练后应对演练效果进行评价,并汇报说明演练中存在的问题,提出改进措施。

4. 任务实施与评估标准

任务实施:能正确运用车站突发事件处理原则,遵循应急处理的规章规范,按照应急处理预案基本程序编制小组演练方案;依据演练方案完整有序地完成桌面演练;演练完毕做好自我评估总结和汇报。

评估标准:演练方案思路清晰、程序正确完整;桌面演练准备充分,组织有力,分工明确,小组成员扮演各岗位的应急处理工作程序执行准确,节奏紧凑,动作和用语规范,预案关键点控制得当;本组演练总结客观全面,意见中肯,能发现本组演练中的问题和不足并提出改进意见,汇报话语流畅,表达准确、得体、清楚。

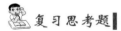

复习思考题

1. 什么是恶劣天气?城市轨道交通系统中,应当注意哪些恶劣天气?
2. 城市轨道交通运营公司是如何判断和传递恶劣天气信息的?
3. 简述恶劣天气期间的车站一般应对措施。
4. 如果你所在的城市出现暴雪,作为站务员,在日常工作中,你应该注意哪些问题?
5. 试结合国内外案例,简述地震对城市轨道交通运营来说有哪些影响?
6. 夏季是暴雨频发的季节,若在车站中出现积水漫进车站的情况,作为值班站长,你应当怎么处理?

附录 A 城市轨道交通突发事件应急预案范例

——某市地铁车站应急清客处理程序

1 总则

1.1 编制目的

在各类突发事件的情况下,为能保证乘客快速安全撤离列车,特制定此程序。

1.2 列车应急清客定义

当地铁运营列车发生故障或紧急公共事件,为确保正常客运服务或乘客安全,车站工作人员引导乘客迅速撤离列车的过程,称为列车应急清客。

1.3 适用范围

本程序规定了各相关岗位处理程序和职责,适用于特殊情况下的列车清客。

2 处理程序

2.1 根据列车位置,应急清客分为以下几类:

2.1.1 列车在区间的应急清客

2.1.2 列车在站台的应急清客

2.1.3 列车部分停在站台内且不能向前移动对标的应急清客

2.2 列车在区间的应急清客处理程序

2.2.1 疏散方向原则

在列车一端头发生爆炸、火灾等紧急事件时,组织乘客往另一端疏散;若发生在列车中部时,组织乘客向两端疏散。

发生其他列车故障或紧急公共事件时,乘客从就近车门疏散。

2.2.2 控制中心职责

(1)下达列车在区间清客的命令;

(2)通知邻近车站派人到达现场引导乘客向车站疏散;

(3)向本线及邻线各车站及在线运营的列车司机发布信息;

(4)采取措施,防止其他运营列车进入事发区段,保证区间乘客要到达的车站站台区段空闲;

(5)采取隧道送风等环控措施,必要时切断牵引供电;

(6)根据需要调整列车运行方案;
(7)通知有关人员组织抢险救援,视情况通知车辆段调度派出救援列车协助救援抢险。

2.2.3 站务与乘务人员职责

(1)司机接到控制中心列车区间清客的命令后,打开车门,播放"列车清客广播",组织乘客有序撤离;

(2)行车值班员接到控制中心列车区间清客的命令后,立即报告值班站长,并打开隧道照明灯;

(3)值班站长得知列车区间清客的信息后,按照控制中心指令,组织站务员穿好荧光服,携带手提广播、照明灯(应急灯)、对讲机等进入区间,前往列车停留位置,引导乘客安全撤离到站台;

(4)安排站务员在车站端墙处接应从区间里疏散来的乘客;

(5)疏散完毕后站务人员按原路返回,值班站长负责确保乘客及工作人员全部安全到达站台,确认线路出清后报告行车调度员;

(6)值班站长确认线路出清后,报告控制中心线路已出清;

(7)列车清客完毕后,司机检查列车情况,并将情况报控制中心,按照控制中心的命令执行。

2.3 列车在站台的应急清客处理程序

2.3.1 控制中心职责

(1)下达列车在站台清客的命令;
(2)向本线及邻线各车站及在线运营的列车司机发布信息;
(3)视情况调整列车运行方案;
(4)视情况通知维修人员对有关设备进行检查和抢修;
(5)清客完毕,组织故障列车退出运营。

2.3.2 站务及乘务人员职责

(1)司机接到控制中心列车在站台清客的命令后打开车门(屏蔽门),播放列车清客广播;

(2)车站接到控制中心列车在站台清客的命令后,行车值班员播放列车清客广播;

(3)值班站长组织站务员引导乘客安全撤离列车,并做好乘客解释工作;

(4)清客完毕后,车站向控制中心报告;

(5)司机确认车厢没有乘客滞留,关门并报控制中心,按照控制中心指令执行。

2.4 列车部分停在站台内且不能向前移动对标的清客处理程序

2.4.1 控制中心职责(参照2.3.1)

2.4.2 站务及乘务人员职责

若站内部分,列车车门与屏蔽门位置一致,组织乘客从靠近站台的部位撤离列车;若车门与屏蔽门位置不一致,组织乘客从区间端列车部分撤离;其余职责参照2.3.2。

附录 B 城市轨道交通运营主要突发事件应急演练步骤参考

附表 1 车站整侧屏蔽门无法开启演练步骤

情境描述	值班站长	行车值班员	客运值班员	厅巡	站厅保安	站台保安
1. 列车进站停稳,开车门,屏蔽门没开启,但整侧屏蔽门没有开启,司机使用PSL手动操作仍无法开启,立即用直通电话报告车控室	1-3 接报后,立即要求客运值班员、厅巡、站厅保安到现场支援,按每节车厢至少开启一档门的原则,就地开启屏蔽门	1-2 接到司机的报告后,立即报告值班站长,指示站台保安按每节车厢至少开启一档门的原则,就地开启屏蔽门;并报行车调度员、维修调度员	1-4 接报后立即到现场支援,按每节车厢至少开启一档门的原则,就地开启屏蔽门	1-5 接报后立即到现场支援,按每节车厢至少开启一档门的原则,就地开启屏蔽门	1-6 接报后立即到现场支援,按每节车厢至少开启一档门的原则,就地开启屏蔽门	1-1 发现列车进站停车后屏蔽门没打开,并赶到司机处了解情况,接到行车值班员指令后立即按每节车厢至少开启一档门的原则,就地开启屏蔽门
2. 乘客上车	2-2 引导乘客从开启的屏蔽门上车	2-1 站台人员手动开启屏蔽门后,将IBP盘所有门关闭目锁"灯的状态及后续处理及时通报行车调度员;2-7 利用人工广播指引乘客从已开启的屏蔽门上车	2-3 引导乘客从开启的屏蔽门上车	2-4 引导乘客从开启的屏蔽门上车	2-5 引导乘客从开启的屏蔽门上车	2-6 引导乘客从开启的屏蔽门上车
3. 确认站台安全,做好人工看护,向司机显示"好了"信号动车	3-2 组织人员对开启的滑动门进行安全防护,禁止乘客靠近屏蔽门;3-7 信示站人员使用互锁解除发列车	3-6 利用CCTV监控,并记录列车到(发)点	3-3 对开启的滑动门进行安全防护,禁止乘客靠近屏蔽门;对乘客手动打开的屏蔽门立即将模式置于"手动"位	3-4 对开启的滑动门进行安全防护,禁止乘客靠近屏蔽门;对乘客手动打开的屏蔽门立即将模式置于"手动"位	3-5 对开启的滑动门进行安全防护,禁止乘客靠近屏蔽门	3-1 确认站台安全,做好人工看护,向司机显示"好了"信号动车;对乘客手动打开的屏蔽门立即进行将模式置于"手动"位;3-8 接车控室命令使用互锁解除接发列车
4. 抢修人员到达车站	4-2 向抢修人员描述故障现象,由抢修人员进行故障处理	4-1 向行车调度员报告抢修人员已到达车站,并要点处理	4-3 做好人工看护	4-3 做好人工看护	4-3 做好人工看护	4-3 做好人工看护

附表 2

车站单档屏蔽门无法开启演练步骤

情境描述	值班站长	行车值班员	客运值班员	厅巡	站台保安
1.列车进站停稳,开启车门,屏蔽门开启后,其中第8档屏蔽门无法打开	1-3 接报后,与客运值班员立即赶到现场协助处理	1-2 接报(或通过BAS表征)后,报值班站长,指示站台保安从正常开启屏蔽门的客室开启屏蔽门上下车;并报行车调度员、维修值班员	1-4 接报后立即到现场支援,引导乘客从正常开启的屏蔽门上下车	1-6 接报后立即到现场支援,引导乘客从正常开启的屏蔽门上下车	1-1 发现后立即报车控室上行线8档屏蔽门无法开启; 1-5 旁路该档屏蔽门
2.乘客上、下车后,车门、屏蔽门关好后,向司机显示"好了"信号动车	2-5 引导乘客从开启的屏蔽门上、下车,做好现场监控	2-1 利用CCTV加强站台的监控,并记录列车到发点	2-2 引导乘客从开启的屏蔽门上、下车	2-3 引导乘客从开启的屏蔽门上、下车;确认安全后,向司机显示"好了"信号	2-4 立即前往头端确认PSL上"ASD/EED门关闭"灯是否亮,如果否,使用互锁解除键发车

附表 3

车站单档屏蔽门无法关闭演练步骤

情境描述	值班站长	行车值班员	厅巡	站台保安	厂家承包维修人员
1.列车关闭车门,屏蔽门关闭后,站台保安发现一档屏蔽门无法关闭	1-3 接报后通知厅巡到站台协助	1-2 接报,报厂家承包维修商检修,并报行车调度员、机电调度员	1-4 接报后立即到现场配合处理	1-1 站台中部有一盏屏蔽门关门灯报警,立即赶到现场,发现清离该门,立即用301钥匙隔离该门,向司机"好了"信号将情况报车控室	1-5 接报后到车站检查处理
2.列车发出后,手动关闭该关的门并张贴故障告示,当设置安全防护栏	2-1 站台保安出发后,手动关闭该关的门并张贴故障告示,并加强监督防护,设置安全防护栏	2-3 利用CCTV加强站台和列车的监控,并记录列车到(发)点	2-4 接报后立即配合助处理	2-2 列车出发后,手动关闭该门并张贴故障告示,设置安全防护栏,并加强监督防护,将情况报告车控室和值班站长	

附表 4

乘客受伤(急病)救助演练步骤

情境描述	值班站长	行车值班员	客运值班员	站务员
1.站务员发现有乘客受伤,车站及时电话通知120	1-2 维持好车站服务秩序,避免乘客围观,做好指挥协调工作	1-1 应立即打电话通知120,OCC行车调度员,驻站民警,安保部,站务中心,做好乘客广播疏导工作	1-3 到现场照顾好乘客,并随时观察乘客伤势和病情,等候120到达	1-4 寻找2名目击证人,留下联系方式,以便取证
2.120将乘客送往医院	2-2 将处理结果及时向上报安保部、站务中心和OCC行车调度员,做好与安保部的交接工作		2-1 及时填写事故处理经过	

附表 5

自动扶梯导致乘客受伤演练步骤

情境描述	值班站长	行车值班员	客运值班员	厅巡岗	站厅保安
1.厅巡在巡视时发现在巡区内1名乘客在自动扶梯上突然摔下导致受伤,立即关停扶梯并保护现场	1-3 接报后立即到《车站事件登记本》到现场,厅巡对现场支援,行车值班员报120,驻站公安到现场请求支援	1-2 接报后立即报告值班站长,并通过CCTV对故障电扶梯进行监控;1-7 报120、驻站公安、维修生产调度员、行车调度员、站长、客服管理员,部门并做好记录	1-6 接到值班站长的通知后立即拿药箱、相机及录音笔赶往现场	1-1 发现后立即关停电扶梯,了解情况后,报告维控室,对乘客进行安抚,并寻找2名目击证人;1-4 对现场进行隔离	1-5 接值班站长的通知后立即到现场隔离并到站台监控亭拿担架
2.救护伤员、调查取证	2-2 安排厅巡到C口等候120,与目击证人了解情况,并记录其联系方式;2-4 安抚乘客,向其了解了其客人联系方式,并通知客运值班员使用录音笔记录乘客描述事件经过,并对现场进行拍照,填写书面材料	2-5 将车站事故情况向站长、安监部、部门客伤管理员报告;2-7 与伤者家人联系	2-3 赶到现场后安抚乘客,了解受伤的伤势,对伤口进行初步处理	2-1 找到目击证人,将其交值班站长后,到现场接应120急救人员	2-6 现场维持秩序
3.救护伤员、调查取证	3-1 伤口初步处理后,组织客运值班员与站厅保安用担架将乘客抬到C出入口;3-4 带2名目击证人到站长室了解情况,填写书面材料,让证人签名确认	3-6 通知其家人及客伤管理员,行车调度员,已送往医院名称及地址	3-2 伤口初步处理后与站厅保安一起将乘客放于担架上抬到C出入口等候120;3-5 120到达后,记录车牌号码及医院名称并报车控室		3-3 与客运值班员一起将乘客放于担架上抬到C出入口等候120
4.配合维修人员、驻站公安调查取证	4-1 向维修人员,驻站公安介绍事件经过及已掌握的材料;配合调查	4-2 记录抢修时间,行车调度员	4-3 配合维修人员,驻站公安对事件进行调查	4-4 配合维修人员,驻站公安对事件进行调查	4-5 配合维修人员,驻站公安对事件进行调查
5.调查结束,故障修复	5-1 与公安及抢修人员确认,调查结束、故障修复,可恢复运行,厅巡开启扶梯现场清扫,通知保洁对现场进行清扫,厅巡开启扶梯	5-2 报行车调度员,站长"事件处理完毕"	5-5 恢复正常工作	5-3 开启扶梯,恢复正常工作	5-4 恢复正常工作

附表 6

车站发生群伤或群体性恐慌事件应急处理演练步骤

情境描述	行车调度员	设备维修调度员	抢修人员	值班站长	行车值班员	客运值班员	厅巡岗	站厅岗（保安）
1. 站务员发现有多名乘客从电扶梯上跌倒，马上按下"紧急停"，立即报车控室并保护现场	1-8 接报后立即报告领导，并用CCTV监控现场	1-9 接报后立即通知抢修队出动	1-10 抢修队接报后立即赶赴现场	1-3 接报后立即赶赴现场，确认状况后马上宣布启用群体客伤应急预案；指示客运值班员拿药箱到现场，行政值班岗（保安）到现场支援，行车值班员报120，驻站公安请求支援	1-2 接报告值班站长，并通过CCTV对事故现场进行监控；1-7 报120，维修，维修生产调度员，并做好记录	1-6 接到班长的通知后立即拿到班站长的通知后立即拿药箱，相机及录音笔赶到现场支援，抢救伤员	1-1 发现情况，按下"紧急停"，报车控值班员；1-4 按照指令在现场维持秩序，安抚乘客对现场进行隔离，并寻找2名目击证人	1-5 接值班站长通知后立即到现场支援，用报纸、纸箱等物品对现场血迹及散落物件进行掩盖，并保护好现场；控制好肇事者
2. 伤员较多，救护伤员，员工先行乘坐出租车送受伤较轻的乘客到医院，减少影响				2-2 安排厅巡到A口等候120，与目击证人了解其联系方式，并记录，抢救员工，带上手机上乘客带送较轻的乘客到医院；2-4 安抚乘客，向乘客了解乘客人联系方式，通知行车值班员与乘客家人联系	2-5 将车站事故情况向站长、安保部、部门客伤管理员报告。2-7 与伤者家人联系	2-3 现场安抚乘客，了解乘客的伤势，听班站长指令，带上手机先行送受伤较轻的乘客到医院	2-1 找到目击证人，并将其带到出入设备区，留出口联系电话，120急救人员。2-6 听值班站长指令，带上手机先行送受伤较轻的乘客到医院	2-6 现场维持秩序，控制好肇事者

续上表

情境描述	行车调度员	设备维修调度员	抢修人员	值班站长	行车值班员	客运值班员	厅巡岗	站厅岗(保安)
3. 120到达救护伤员				3-1 继续安抚乘客,对其伤口进行初步处理后,组织工作人员用担架将乘客抬到出入口。 3-5 所有伤员送走后,与2名目击证人联系,了解情况,填写书面材料,让证人签名确认 3-9 与待公安	3-8 通知乘客家人及各管理人员,行车调度员,已送往医院名称及地址	3-6 报告值班站长,伤员已送到×医院	3-3 与车站保安一起将受伤乘客放有担架上送到出入口等候120。 3-4 所有伤员已送上救护车,记录车号码。 3-7 报告值班站长,伤员已送到×医院	3-2 与车站员工一起将受伤乘客放有担架抬到出入口等候120
4. 配合维修人员,驻站公安调查取证			4-2 到达现场,对电扶梯状态进行调查分析	4-3 向维修人员介绍事件经过及所掌握的材料;配合其调查	4-1 记录抢修人员及公安到场时间,报行车调度员	4-7 在医院安抚好乘客,处理好医院事务	4-4 协助调查。 4-6 在医院安抚好乘客,处理好医院事务	4-5 配合维修人员,驻站公安对事件进行调查
5. 调查结束			5-2 调查结束,到车控室销点	5-1 与公安及抢修人员确认,肇事者违规使用扶梯拉致其他乘客受伤的结果,调查结束,电梯可恢复运行,通知保洁对现场进行清扫,厅巡开启扶梯	5-3 报行车站长、调度员"事件处理完毕"		5-4 开启扶梯,恢复正常工作	5-5 恢复正常工作

170

附录 B 城市轨道交通运营主要突发事件应急演练步骤参考

附表7

车站站厅发现可疑物品应急处置演练步骤

情境描述	行车调度员	值班站长	行车值班员	客运值班员	站厅保安	保洁	厅巡岗	公安
1. 模拟运营时间站厅保安发现A端售票机处有一不明物体,没有带有指示的电子导线设备等	1-4 行车调度员接到通知后,立即报告主任调度员和当班各调度员,并指示车站做好隔离工作,避免引起乘客恐慌	1-3 接到行车值班员的通知后立即前往站厅查看。1-4 前往途中通知巡一起前往现场查看处置	1-2 接到可疑物品的报告后立即通知值班站长:"A端售票机处发现一可疑物品,请速到现场查看",将情况报告行车调度员		1-1 发现物品时间无人认领,且无法判断物品为何物时,立即对讲机,并做好看护工作,不许乘客和其他人员触碰。1-6 做好隔离工作,并疏散周围观望乘客		1-5 听到值班站长的通知后立即前往站台支援	
2. 值班站长确认为可疑物品,并执行可疑物品处置应急程序	2-1 行车调度员接到通知后,通知各部门抢险人员做好准备工作	2-1 到现场确认可疑物品,立即通知隔离组织人员将其他通知客运值班员协同车站其他工作人员,对其他可疑物品和可疑人员进行检查还是出入口支援的紧急支援人员		2-3 接到通知后,在确保自身安全的前提下组织车站员工进行排查	2-4 利用铁马将可疑物品隔离,疏散周边乘客并做好解释工作	2-3 接到客运值班员的通知后立即对车站进行检查	2-5 协助值班站长,保安隔离现场	2-3 接到通知了解相关情况后,立即派人到现场进行处理
3. 公安人员到达现场进行排查,确认为乘客遗留一般物品	3-6 与车站保持密切的联系,加强视频对现场的监控	3-2 向公安人员汇报现场有关情况,和现有的处理措施;听从公安人员指挥和要求,并协助其工作	3-5 通过CCTV对现场加强监控;及时向行车调度员反馈车站的相关情况	3-4 听从公安人员指挥和要求,并协助其工作	3-4 听从公安人员指挥和要求,并协助其工作	3-4 听从公安人员指挥和要求,并协助其工作	3-1 引导公安人员进入现场	3-3 进行排查,确认可疑物品为乘客遗留的一般物品,结束隔离
4. 恢复正常运营		4-1 可疑物品排除后,通知各岗位车站恢复正常运营	4-2 将情况报告行车调度员,恢复正常运营	4-2 停止排查,恢复正常运营	4-2 停止排查,恢复正常运营	4-3 对现场进行清理;恢复正常运营	4-2 恢复正常运营	

附表 8

车站接到炸弹恐吓电话演练步骤

情境描述	行车调度员	值班站长	行车值班员	客运值班员	售票员	厅巡岗	站台岗(保安)
1. 车控室接到"炸弹"威胁的电话		1-2 接报后立即到现场组织工作人员搜寻有无可疑物品；到站台通知站台岗(保安)对站台进行巡视	1-1 接到"炸弹"威胁电话立即报值班站长，行车调度员，110，通过内线电话通知各岗位员工；同时查看CCTV有无可疑人、物	1-3 接报后立即到站厅通知厅巡岗及厅巡岗站务员(保安)对站厅及出入口、通道进行巡视	1-4 接报后加强警惕周边的动态	1-5 岗接报后对站厅进行巡视，加强警惕周边的动态，对洗手间及垃圾桶进行全面检查	1-6 接报后对站台进行巡视
2. 行车调度员通知车站，要求车站立即执行紧急疏散程序	2-1 接110指令，要求车站疏散	2-3 下达执行车站紧急疏散程序命令。2-5 安排售票员到C口接应110进站	2-2 报告后，立即通知班长，播疏散广播，关停扶梯，PIS发布疏散信息	2-4 使用手提广播疏散站台乘客出站	2-6 立即锁好钱箱及票亭门，打开就近的边门，疏散乘客出站，到紧急出入口C口接应110进站	2-7 打开边门使用手提广播疏散乘客出站	2-8 使用手提广播疏散站台乘客出站
3. 确认乘客疏散完毕，关闭D口及车站工作人员在紧急出入口C口集合		3-4 检查无乘客遗留，到站厅清点工作人员数，并指示行车值班员到C口集中	3-5 确认车站疏散完毕后，报行车调度员，110，并留下联系电话；到紧急出入口C口集中	3-2 取出入口钥匙及告示分发给巡岗站务员(保安)及厅巡岗，关闭D出入口及张贴告示，检查是否有乘客遗留		3-3 站厅B端疏散完毕后，报告车控室，并关闭D出入口及张贴告示，到人口C口集中	3-1 站台疏散完毕报车控室，到站厅疏散，尾随乘客到紧急出入口C口集中
4. 警察及炸弹专家赶到，勘查现场并进行处置		4-1 向警察及炸弹专家介绍现场情况，并引导其进入车站					
5. 警察、公安确认危险解除，车站恢复运营		5-1 向警察及炸弹专家确认危险已解除，车站可恢复运营后，通知各岗位开站	5-2 接报后立即回车控室向行车调度员汇报，并恢复设备设备系统运行	5-3 接报后立即检查AFC设备运行情况	5-4 到客户中心开窗服务	5-5 撤除告示，开启自动扶梯，关闭边门，恢复正常工作	5-6 到站台后开启自动扶梯后恢复正常工作

车站大客流人流控制演练步骤

附表9

情境描述	值班站长	行车值班员	客运值班员	售票员	厅巡	站厅保安	站台保安	支援人员
1. 厅巡发现C口外面有大量乘客涌入车站	1-3 接报后立即通知厅巡到外面了解情况,并要求值班员准备2份预制票配给2个厅巡,要求保安把临时售票亭推至相应位置(模拟跑位)	1-2 接报后立即通过CCTV观察站外情况,发现出入口附近有大量人员聚集,立即将情况报告值班站长和行车调度员	1-4 接报后准备2份预制票	1-5 加快兑零和充值速度	1-1 发现C口不断有大量乘客涌入车站,立即报告车控室	1-6 把临时售票亭放到相应位置后引导乘客在A端进行购票	1-7 加强对站台乘客的监控,防止乘客抢上	
2. 安排人员到岗,要求支援	2-1 发现客流持续增加,立即要求邻站派人支援,报告站务室和站长领导	2-2 通过CCTV不断监控车站客流情况,播放相应的安全广播,要求环控调度员加强送风和排风,通知地铁公安(60915)到现场维持秩序	2-3 给售票员配备足够的零钞,到站厅检查AFC设备的状态和引导乘客	2-4 甲售票员通过BOM处理乘客事务和充值;乙售票员在票亭出售预制票	2-5 甲厅巡售票亭负责处理临时售票预制票;乙厅巡在站厅手提广播引导乘客	2-6 拿手提广播在边门闸机附近的售票亭引导乘客进站,负责看守边门	2-7 站台保安使用手提广播加强对站台乘客的组织,防止乘客抢上	
3. 站台已开始出现拥挤	3-3 接到行车值班员汇报后果断下令实施第一级客流控制,停止出售站厅预制票,派人到楼梯A/B端的乘客处阻止乘客进站台,关闭4台站闸机和4台TVM	3-2 保安到站台的汇报后立即通过CCTV观察站台情况,发现站台拥挤,立即报告站台、值班员、值班调度员、站长	3-5 接到命令后站长的命令后到楼梯B端的乘客处阻止乘客去站台	3-4 停止出售预制票,收拾好钱票后到站厅A端的楼梯处阻止乘客去站台	3-6 停止出售预制票,收拾好钱票后到楼梯B端客运值班员处接替工作	3-7 维持站厅秩序	3-1 发现站台乘客拥挤,报告车控室	3-8 在站台维持秩序

续上表

情境描述	值班站长	行车值班员	客运值班员	售票员	厅巡	站厅保安	站台保安	支援人员
4. 站厅付费区开始出现拥挤	4-1 发现站厅付费区拥挤，立即下令实施第二级人流控制，关闭全部进站闸机和TVM	4-2 按值班站长的指令在sc上关闭全部进站闸机和TVM，播放相应的广播，建议乘客改乘其他交通工具，并向行车调度员报告车站已实施第二级人流控制	4-3 使用手提广播建议乘客使用其他交通工具，维持乘客秩序	4-7 做好乘客的充值工作	4-4 使用手提广播建议乘客使用其他交通工具，维持乘客秩序	4-5 使用手提广播建议乘客使用其他交通工具，维持乘客秩序	4-6 维持站台乘客秩序	4-8 在站台维持秩序
5. 站厅非付费区也出现拥挤	5-1 发现站厅非付费区也拥挤立即实施第三级人流控制，请求地铁公安配合，派厅巡和站厅保安到C口阻止乘客进站，只出不进	5-2 通知地铁公安进行配合，通过CCTV监控A口及站厅客流情况，播放相应的广播，向行车调度员报告车站已实施第三级人流控制	5-3 使用手提广播劝导乘客使用其他交通工具，维持乘客秩序		5-4 到C口和地铁公安、保安一起阻止乘客进站，并劝导乘客改乘其他交通工具	5-5 到C口与地铁公安、厅巡一起阻止乘客进站，并劝导乘客改乘其他交通工具	5-6 维持站台乘客秩序	5-7 在站台维持秩序
6. 两趟车过后，客流开始缓解	6-3 接报后通知全站开启站厅开车值的进站闸机和TVM，通知站厅工作人员到C口以让乘客进站，恢复正常运营	6-2 通过CCTV发现站台乘客和站厅乘客已不拥挤，立即报告值班站长。6-4 按值班站长的要求开启有关的AFC设备，报告行车调度员和站长	6-5 回到票务室准备结算预制票	6-6 做好乘客的充值和兑零工作	6-7 到票务室结算	6-8 恢复正常工作	6-1 发现站台乘客不拥挤后立即报车控室	6-9 回到原车站

附录 B 城市轨道交通运营主要突发事件应急演练步骤参考

附表 10

车站站台火灾（爆炸）演练步骤（一级处置）

情境描述	值班站长	行车值班员	客运值班员	厅巡	售票员	站厅保安	站台保安	保洁
1. 发现火情	1-4 收到行车值班员报告后立即安排就近人员现场确认	1-3 立即通过CCTV对现场进行查看后向站长、OCC报告，并向站台保安询问有关情况	1-6 接报险情，关好售票室，到现场查看确认	1-5 接报后立即到现场查看确认			1-1 发现站台 A 端发生火灾，立即疏散周边乘客，就近提取灭火器进行扑救。1-2 立即向车控室进行汇报	
2. 启动环控设备	2-2-1 在确保灭火人员人身安全的情况下，组织人员灭火（如为电气火灾或将波及带电设备时，尝试切断相应设备电源或通知机电人员）；2-2-2 待确认现场火势较小，无法蔓延，立即要求行车值班员启动站台火灾环控模式，决定是否需升级处置级别	2-3 立即通知立即在IBP盘启动站台火灾排烟模式，同时将情况汇报OCC	2-1 携带药箱对受伤乘客进行简单救护，到站台疏散周边乘客，协助灭火					
3. 灭火结束	2-2 确认火情扑灭后，组织人员清理现场，恢复运营		3-3 待火情扑灭后，清理现场，做好乘客解释工作，恢复运营				3-1 待火情扑灭后，清理现场，做好乘客解释工作，恢复运营	

注：一级处置为仅限于火情直观确认在小范围内，周边无可燃物品，可判定火势无法蔓延，现场烟雾较小，能立即扑灭。

附表 11

车站站台火灾（爆炸）演练步骤（二级处置）

情境描述	值班站长	行车值班员	客运值班员	厅巡	售票员	站厅保安	站台保安	保洁
1. 发现火情	1-3 收到行车值班员报告后立即赶往现场或安排人员现场确认	1-2 接报后立即通过CCTV对现场进行查看后向站长、OCC报告，并向站台保安询问有关情况	1-4 接报后锁好保险箱，关好票务室，到现场查看确认	1-5 接报后立即到现场查看确认			1-1 发现上行站台 A 端发生火灾，火势较猛，立即向车控室进行汇报	
2. 启动环控设备	2-2 确认火情猛烈，立即要求行车值班员启动站台火灾环控模式，组织人员试灭火	2-3 接到通知立即启动站台火灾IBP盘环控模式，同时将情况汇报OCC					2-1 立即疏散周边乘客，尝试用就近的灭火器进行扑救	

续上表

情境描述	值班站长	行车值班员	客运值班员	厅巡	售票员	站厅保安	站台保安	保洁
3. 乘客疏散及列车停靠情况	3-1-1 下令全车站员工停止服务,执行车站疏散命令,将上下行站台乘客往站厅疏散,协助乘客进行疏散(注意电梯内是否有人员被困); 3-1-2 安排人员准备湿毛巾放置在疏散路线旁,如有人员受伤或窒息时,安排医务人员救助至地面,防止发生人员踩踏; 3-1-3 视需要安排人员关闭扶梯,现场接应救援人员; 3-1-4 安排售票员到紧急出入口接应救援人员; 3-1-5 指定人员检查设备区; 3-1-6 现场确认站台火灾排烟模式是否执行成功	3-2-1 接到命令立即启动站台火灾紧急疏散排烟模式,操作闸机全部开启(要求在10s内完成),播放同步报行车调度员、110、120,在PIS公布相关信息,如烟、火苗)时,有权自主决定采取上述行动并向值班站长汇报; 3-2-2 在IBP盘上操作门禁释放; 3-2-3 通过EST3确认垂直电梯内首状态等,并使用CCTV对站内的设备执行情况进行确认,未执行到位时立即向值班站长汇报	3-3-1 携带药箱赶往现场,将上行站台乘客往站厅疏散,站台疏散完毕后协助站厅疏散; 3-3-2 对受伤人员实施抢救; 3-3-3 检查设备区人员撤离情况	3-4-1 厅巡A负责打开闸机通道后确认全部开启; 3-4-2 厅巡A准备湿毛巾放置在疏散路线旁; 3-4-3 听从值班站长安排视情况关闭自动扶梯。 3-5-1 厅巡B到站台指引乘客疏散; 3-5-2 待下行站台乘客疏散完毕后到站厅协助疏散乘客	3-6-1 停止售票并收好票款,锁好售票亭,分别赶往站厅A/B端门通讯处,组织站厅乘客由站台端疏散至站厅; 3-6-2 协助困难的乘客离开危险区域; 3-6-3 站台人员疏散完毕后,分别赶往C\D口组织乘客疏散,阻止接和救援人员	3-5 在闸机、边门处引导站厅乘客由各出入口疏散	3-7 将站台乘客往站厅疏散,站台疏散完毕后赶往站厅协助疏散	3-8 赶往各出入口组织乘客疏散,阻止站外人员进入
4. 乘客疏散完毕	4-1 确认乘客疏散完毕后,组织人员关闭除紧急出入口以外的其他出入口,张贴告示; 4-2-1 如火势无法控制,通知所有员工撤离,到出入口集合,清点人数	4-2-2 火势无法控制时,与OCC联系后留下2个以上乘客联系方式赶往指定出入口集合	4-3 待人员疏散完毕后,报告站长集合到出入口清点人数	4-4 关闭出入口D,张贴告示,接到疏散指令立即进行撤离	4-5 关闭出入口D,张贴告示,接到疏散指令立即进行撤离	4-6 接到疏散指令立即撤离	4-7 接到疏散指令立即到出入口集合	4-8 接到疏散指令立即到出入口集合
5. 演练结束	由值班站长清点人数后向演练总指挥报告,演练总指挥下达演练结束命令							

注:二级处置为现场火势猛烈或燃烧产生的烟雾较大(含燃烧部位不明确,无法现场判断),对乘客造成影响;火情事件导致乘客恐慌,并自行疏散。

附录 B 城市轨道交通运营主要突发事件应急演练步骤参考

附表 12

车站站台火灾（爆炸）演练步骤（二级处置）

情境描述	值班站长	行车值班员	客运值班员	厅巡	售票员	站厅保安	站台保安	保洁
1.发现火情	1-3-1 收到行车值班员报告后立即赶往现场或安排就近人员现场确认	1-2 接报后立即通过CCTV对现场进行查看后向值班站长、OCC报告，并向站台保安询问有关情况	1-3-2 接报后锁好保险箱，关好票务室，到现场查看确认	1-4 接报后立即到现场查看确认			1-1 发现下行站台B端发生火灾，火势较猛，立即向车控室进行汇报	
2.启动车站紧急疏散程序	2-1-1 确认火灾已蔓延至轨行区或相邻防火分区，立即向行车值班员反馈，并让行车值班员通知行车调度员禁止列车进入相关区间。 2-1-2 立即下令车站员工停止服务，执行车站疏散程序。 2-1-3 组织人员将上下行站台乘客往站厅疏散，协助乘客进行紧急疏散（注意有无人员被困，在确保自身安全前提下，尽一切可能组织搜救幸还者。 2-1-4 与应急救援人员确认是否排烟模式是否已开启。 2-1-5 安置受伤或窒息人员至地面，配合医务人员救治。 2-1-6 安排售票员到紧急出入口接应救援人员；视需要安排就近的关闭扶梯，防止发生人员踩踏事件。 2-1-7 指定人员检查设备区	2-2-1 通知行车调度员并停止列车进入事发区域，接到动车站紧急疏散命令立即启动站台火灾排烟模式，操作完成后（要求在10s内完成），播放紧急疏散广播，如事态特征明显（浓烟、火苗）时，有权自主决定采取上述行动后，向值班站长通报，可能同步报告行车调度员、110、驻站警察120，在PIS公布相关信息；如直电梯归位状态等，并使用CCTV对站内的设备进行行位确认，未执行到位时立即向值班站长汇报 2-2-2 在IBP盘上操作门紧急释放 2-2-3 通过EST3确认垂直电梯归位状态等，并使用CCTV对站内的设备进行位确认，未执行到位时立即向值班站长汇报	2-3-1 携带药箱赶往现场，将下行站台乘客往站台疏散，站台疏散完毕后协助站厅疏散。 2-3-2 对受伤人员实施抢救。 2-3-3 检查设备区人员撤离情况。 2-3-4 向值班站长汇报执行情况和乘客疏散结果	2-4-1 厅巡A负责打开员工通道后确认闸机全部开启。 2-4-2 厅巡A准备湿毛巾放置在疏散线旁。 2-4-3 听从值班站长安排视情况关闭电扶梯。 2-4-4 厅巡B到上行站台指引乘客进入站厅疏散。 2-4-5 待上行站台乘客疏散完毕后到站厅协助疏散乘客。 2-4-6 向站长汇报到位情况和乘客疏散结果	2-5-1 停止售票并收好票款，锁好售票机，分别赶往站厅A/B端组织乘客由站台疏散至站厅。 2-5-2 协助有困难的乘客离开危险区域。 2-5-3 站台疏散完毕后，分别赶在C\D口组织乘客疏散，阻止进站乘客和接应救援人员	2-6 在闸机、边门处指引乘客由站厅各出入口疏散	2-7-1 立即疏散周边乘客，营试用就近的灭火器进行扑救。 2-7-2 将站台乘客由站厅疏散，站台疏散完毕后赶往站厅协助疏散	2-8 赶往各出入口组织乘客疏散，阻止乘客进站

注：三级处置为发生纵火/爆炸等袭击事件，火灾已蔓延至轨行区或相邻防火分区。

附表 13

车站站厅火灾（爆炸）演练步骤（一级处置）

情境描述	值班站长	行车值班员	客运值班员	厅 巡	售票员	站厅保安	站台保安	保洁
1.发现火情	1-4 值班站长收到行车值班员报告后立即赶往现场确认	1-3 接报后立即通过CCTV对现场进行查看后向值班站长、OCC报告，并向报告的人员询问有关情况	1-5 接报后锁好保险箱，关好票务室，到现场查看确认	1-2 发现站厅发生火灾，立即疏散着火点周边乘客，就近提取灭火器进行扑救，同时立即向车控室进行汇报			1-1 发现站厅A端发生火灾，立即疏散周边乘客，就近提取灭火器进行扑救，立即向车控室进行汇报	
2.启动环控设备	2-2-1 在确保行车值班员人身安全的情况下，组织人员灭火（如为电气火灾或即将波及带电设备时，尝试切断相应设备电源或通知机电人员）。2-2-2 视需要要求行车值班员启动站厅火灾排烟模式，视火势大小、初步判断的火灾原因，扑救成效，决定是否需升级处置级别	2-3-1 接到值班站长通知后立即在IBP盘启动站厅火灾排烟模式，同时将情况汇报OCC。2-3-2 对事故现场实时跟进	2-1 携带药箱对受伤乘客进行简单救护，到站厅疏散周边乘客，协助灭火					
3.灭火结束	3-1 待火情扑灭后，报车控室，组织人员清理现场，恢复运营		3-2 待火情扑灭后，清理现场，做好乘客解释工作，恢复运营				3-3 待火情扑灭后，清理现场，做好乘客解释，恢复运营	

注：一级处置为仅局限于火情能直观确认在小范围内，周边无可燃物品，可判定火势无法蔓延，现场烟雾较小，能立即扑灭。

附录 B 城市轨道交通运营主要突发事件应急演练步骤参考

附表 14

车站站厅火灾(爆炸)演练步骤(二、三级处置)

情境描述	值班站长	行车值班员	客运值班员	厅巡	售票员	站厅保安	站台保安	保洁
1.发现火情	1-3 收到行车值班员报告后立即赶往现场确认	1-2 接报后立即通过CCTV对现场进行查看同时向值班站长、OCC报告,并向站台保安询问有关情况	1-4 接报后锁好应急箱,关好售票室,到现场查看确认	1-5 立即到现场查看确认			1-1 发现站厅A端发生火灾,火势较猛,立即向车控室进行汇报	
2.启动环控设备	2-2 确认火情猛烈,立即要求车值班员启动站厅火灾环控模式,组织人员尝试灭火	2-3 接到通知立即在IBP盘启动站厅火灾排烟模式,同时将情况汇报OCC					2-1 立即疏散周边乘客,尝试用就近的灭火器进行扑救	
3.执行车站疏散程序	3-1-1 如现场火势猛烈或燃烧产生的烟雾较大,对乘客造成影响或乘火情导致乘客自行疏散,立即下达车站紧急疏散命令。3-1-2 协助电梯内乘客进行疏散(注意电梯内是否有人员被困),在确保自身安全前提下,尽一切可能组织搜救幸存者。3-1-3 安排人员赶往司机处,及时将情况通知司机,如刚好有列车到站时,立即安排乘客上车,尽快驶离车站。3-1-4 安排在疏散路线及乘客离开区域。3-1-5 视需要安排人员关闭扶梯,防止发生人员踩踏事件。3-1-6 安排应急救援人员出入口接应救援人员。3-1-7 指定人员检查设备区。3-1-8 现场确认排烟模式是否执行成功	3-2-1 接到命令立即操作闸机紧急释放(要求在10s内完成),播放紧急疏散广播(尽可能同步报告行车调度员、110、驻站警察、120),在PIS公布相关信息特征明显(浓烟、火苗)时,有权立即上进行通报。3-2-2 在IBP盘上操作门紧急释放。3-2-3 通过EST3确认垂直电梯归到位,并使用CCTV对站内的设备执行情况进行确认,未执行到位时立即向值班站长汇报	3-3-1 携带药箱赶往站厅B端疏散乘客。3-3-2 对受伤人员实施简单救助。3-3-3 在确保自身安全前提下,尽一切可能组织搜救幸存者。3-3-4 检查设备区人员撤离情况	3-4-1 厅巡A负责打开闸机,全通道后闸机开启。3-4-2 厅巡B准备湿毛巾放置在疏散路线。3-4-3 听从值班站长安排,视关闭电扶梯。3-4-4 及时到站台指引乘客疏散。3-4-5 将情况配合的工作通知司机,如刚好有列车到站时,立即组织乘客上车,尽快驶离车站	3-6-1 停止售票并收好票款,锁好车票、同讯处,分别到站厅A/B端组织乘客疏散。3-6-2 协助有困难的乘客离开危险区域,确保自身安全前提下,尽一切可能组织搜救幸存者。3-6-3 及时赶往C\D口组织乘客疏散,阻止乘客进站,组织接应救援人员	3-5 指引乘客离开危险区域,到站外任意疏散	3-7-1 将站台乘客疏散完毕后赶任站厅协助乘客疏散。3-7-2 如刚好有列车到站时,立即组织乘客上车,尽快驶离车站	3-8 赶出各入口组织乘客疏散,阻止乘客进站

续上表

情境描述	值班站长	行车值班员	客运值班员	厅巡	售票员	站厅保安	站台保安	保洁
4. 在车站自身能力内无法组织乘客疏散及列车运行的整情况	4-1-1 站台乘客无法通过站厅疏散时,请求加开列车疏散站台乘客。 4-1-2 火灾区域较大,行车调度员决定采用空车接走站台乘客时,立即安排人员把守站台通往站厅的通道,阻止乘客进入火灾区域,并组织乘客尽快上车,驶离车站	4-2 火势较大,要求行车调度长指令,站长开列车前往站台,请员加开列车前往站台,请求支援		4-3 火灾区域较大,行车调度员决定采用空车接走站台乘客时,立即把守站台通往站厅的通道,阻止乘客进入火灾区域,并组织乘客尽快上车,登乘驾驶室驶离车站			4-4 火次区域较大,行车调度员决定采用空车接走站台乘客时,立即安排人员把守站台通往站厅的通道,阻止乘客进入火灾区域,并组织乘客尽快上车,驶离车站	
5. 乘客疏散完毕	5-1-1 确认乘客疏散完毕后,组织人员关闭除紧急出入口以外的其他出入口,张贴告示。 5-1-2 如火势无法控制,通知所有员工撤离,到出入口集合,清点人数	5-2 火势无法控制时,与OCC留下2个以上联系方式赶往指定出入口集合	5-3 待人员疏散完毕后,报告值班站长到紧急出入口集合,清点人数	5-4 关闭出入口D,张贴告示,接到疏散指令立即进行撤离	5-5 关闭出入口D,张贴告示,接到疏散指令立即进行撤离	5-6 接到疏散指令立即撤离	5-7 接到疏散指令立即到紧急出入口集合	5-8 接到疏散指令立即到紧急出入口集合

注:二级处置为现场火势猛烈或燃烧产生的烟雾较大(含燃烧部位不明确,无法现场判断),对乘客造成影响;火情事件导致乘客恐慌,并自行疏散。三级处置为发生纵火/爆炸等袭击事件,火灾已蔓延至轨机行区或相邻防火分区。

附录 B 城市轨道交通运营主要突发事件应急演练步骤参考

附表 15

车站水灾应急处理流程

情境描述	行车调度员	机电驻站人员	值班站长	行车值班员	客运值班员	站务员	站厅保安	保洁
1.行车调度员向车站发布恶劣天气警报,巡巡站时发现车站C口地面积水持续上涨	(3)通知维修工程部生产调度,要求机电人员立即到达现场	(3)接报后立即赶赴现场	(3)接行车值班员通报后,立即赶到C出入口进行处置,劝导乘客出入站注意安全,并引导乘客尽量从C口进出站。(4)安排站务员、保洁运送沙袋到C出入口砌挡水墙,并通知行车调度员同意关闭C出入口	(2)接厅巡报告立即报告值班站长,机电驻站人员和OCC,通过CCTV监控C口情况,将情况报告行车调度员		(1)发现车站C口地面积水持续上涨,积水进入站厅可能,立即报行车值班员	(5)接值班站长通知后马上到C口沙袋堆放处用平板车运送沙袋	(5)接值班站长通知淹板到后到出入口砌筑挡水墙
2.暴雨持续,积水将威胁出入口安全	(4)要求维修工程部增派人员和设备	(1)协助驻站人员进行堵截。(2)疏通出入口排水沟,检查排水泵工作状态	(1)组织车站工作人员在C出入口上部砌沙袋,阻止雨水车站。(2)接同意关闭C出入口,安排客运值班员在站厅C通道处设置隔离栏杆,张贴告示	(3)向行车调度请求关闭C出入口;做好乘客广播服务工作,在PIS上显示相关信息,汇报站长和站务室领导	(4)在站厅B通道处设置隔离栏杆,并贴告示,服务好解释工作,引导乘客从C口出站	(1)确认自动扶梯无人后停止自动扶梯运行,断电扶梯电源。(3)在站厅C出入口处张贴关闭乘客服务告示,解释工作,并做好引导出入口进出其他出入口进出	(2)在值班站长的指挥下砌挡水墙,清扫雨水	(2)在值班站长的指挥下砌挡水墙
3.雨水有漫过上部挡水墙的趋势	(3)通过CCTV观察车站情况,保持与车站值班员联系	(5)打开出入口集水坑盖板,并设置隔离防护栏。(6)准备临时水泵、水带、电源等	(1)发现雨水有漫过水墙的趋势,立即巡和站厅安继续运送沙袋到楼梯下方砌挡水墙,打开车站排水沟盖板。(2)要求邻站运送支援沙袋	(2)通过CCTV观察情况,监控入口水位状态。接值班站长报告后,立即报告行车值带电源,并重点监控C口水泵情况	(3)协助厅巡运送沙袋	(4)观察水位情况,做好雨水导流工作	(3)运送沙袋,在楼梯下方砌挡水墙	(3)运送沙袋,在楼梯下方砌挡水墙

续上表

情境描述	行车调度员	机电驻站人员	值班站长	行车值班员	客运值班员	站务员	站厅保安	保洁
4.积水突破上部挡水墙流进车站	（1）通过CCTV观察车站情况	（2）确认集水井内水泵工作状态，准备临时排水泵随时投入工作	（1）立即组织人员加高下部挡水墙，在站厅与C通道连接处垒第二道挡水墙	（3）通过CCTV观察C通道情况，并将情况及时报告行车调度员	（3）在站厅A端引导乘客往其他出入口出站，协助在砌挡水墙	（3）立即到车站堆放处运沙袋到C通道处砌挡水墙	（3）立即到车站沙袋堆放处运沙袋到站厅C通道处砌挡水墙	（3）打开排水沟盖板，清扫积水
5.积水漫进站厅	（3）通过CCTV观察车站情况，向OCC通报	（4）启动临时水泵抽水	（1）组织人员立即用沙袋封堵各门。（2）安排人员检查各设备房是否有水浸现象	（2）在抢险指挥人员指挥下，安排全站人员投入抢险	（2）在抢险指挥人员指挥下，投入抢险	（2）在抢险指挥下，投入抢险	（2）在抢险指挥人员指挥下，投入抢险	（2）在抢险指挥人员指挥下，投入抢险
6.暴雨停止，车站出入口恢复正常	（7）接报后，指示车站加强巡视	（1）撤除临时水泵。（2）盖上排水沟盖板和积水坑盖板。（3）确保安全出入口电梯恢复正常使用，并检查其运行状态	（2）通知沙袋撤除，将C通道和C口楼梯行的卫生通知行车值班员，恢复车站正常服务	（3）接到值班站长可以恢复C口运营的通知后，报告行车调度员C口已恢复正常		（4）撤除隔离栏杆及告示，恢复车站正常服务	（5）撤除沙袋，恢复车站正常服务	（6）撤除沙袋，恢复车站正常服务

附表16 隧道淹水演练步骤

值班主任	行车调度员	维修调度员	环控调度员	列车司机	值班站长	站务人员	机电人员
(2) 指示行车调度员,通知所有列车司机有关受影响的沿线区间,通知站务中心值班站长有关线车站和事故状况;注意监察如水淹到轨道底部时,通知值班站长和中心事故调度员进行抢修	(3) 通知所有受影响列车司机有关受影响的沿线区间;通知站务中心值班站长有关线车站和事故状况,注意监察如水淹到轨道底部时,该轨道区段在MMI或LOW上显示红光带;通知事故区段时限速25km/h,淹到钢轨顶部限速15km/h,安排增加维修人员进入隧道查看	(7) 指示物资设施部派机电人员检修	(1) 在接收到监察系统的高水位警示,列车司机或站务中心通报事故后,须立即调查隧道排水系统操作以及相应列车服务行动,以免影响列车安全运行;通报机电值班主任,要求派人下区间检查是否真正高水位的启动	(4) 向控制中心报告淹水情况的事项包括:淹水情况的区段位置,水位的情况,增进或减退的趋势;请示列车是否能继续前进驶过此区段;如列车不能驶过此区段,启用车载广播系统通知列车旅客继续使用车载广播系统通知旅客有关的事故处理进展情况	(5) 遣派站务人员视察事故状况及协助机电人员进行抢修工作	(6) 如接获指示"去视察区段的淹水情况",须通报淹水的事项包括淹水的区段位置,水位的情况,增进或减退的趋势;报告导致隧道淹水的原因包括排水系统阻塞、水泵故障或预料性的洪水泛滥或大雨	(8) 申电以添乘方式进入隧道维修,到泵房后,如果发现真的是高水位,则应要求主动开启并提升水位;待淹水处理完毕申请行车调度员添乘离开隧道。如果是误报,则应检查原因;如主备泵中只有一台能够启动,则需在运营结束后,立即派维修人员去抢修;如果还是不能启动,则应立即要求维修调度员派人到泵房去抢修
(9) 确定信号系统的旁路电路系统操作是否正常,如果水位已高达轨道,须指示停止受影响区段的列车运行;指示在受影响列车的车站疏散旅客	(10) 指示在事故区间的列车司机须停留,以向前限速驾驶模式继续前进,或倒退回之前的站台以疏散列车旅客;指示列车司机在抵站后,将驾驶模式设定回自动驾驶;调度因受事故影响的列车运行		(11) 密切监视设备运行情况并加强与驻站维修人员联系,注意水位升高对机电设备的影响,必要时对关停一些设备,并把情况及时报告值班主任	(12) 列车司机须根据控制中心调度员的指示,以向前限速驾驶模式继续驾驶前进,或倒退回之前的站台以疏散列车旅客;在抵达下个车站后,与行车调度员确定将驾驶模式设定回自动驾驶			(13) 要求机电电流值班员到相邻两站察看水位升高的情况,如果是由于车站进水或渗漏引起的,应立即进行封堵,水泵全部启动后,水位还是不能达到正常后,必须通知机电人员,员携带潜水泵去泵房并进行人工排水到泵房并再次要求调行车调度员到泵房去进行配合

续上表

值班主任	行车调度员	维修调度员	环控调度员	列车司机	值班站长	站务人员	机电人员
(17) 水势在越来越大的情况下为避免影响其他区间的正常运行,决定是否封闭该隧道区间,通知务中心值班站长作出有关的安排	(14) 当司机报告水已淹过轨面,列车无法通过时,立即扣停后续列车,确认列车空闲(或按维修调度员要求速度执行),并注意地面线路运行安全反区间积水情况,发现险情立即报告,指示司机执行"退回车站"的安排	(19) 在该隧道区间被封闭后,应要求机电人员立即加强排水力度,并查找泄漏和堵塞的地点	(16) 在采取的措施还不能使水位达到正常值,并且水势在越来越大的情况下,为避免影响其他区间的正常运行,应立即向值班主任报告,建议封闭该隧道区间,维修调度员要同时报告相关领导,启动维修工程部抢修程序,立即通知各部门抢险队,赶走现场处理,配合抢修工作,如需开行人员下轨道或需开行	(15) 如果水位已到钢轨顶部,注意限速15km/h运行;当水已淹过轨面,列车无法通过时,司机须在调度员的指示下后退回车站	(18) 启用车站广播通知旅客,车站接获控制中心的通知车班次受影响而延误		
(24) 确定区段的淹水事故已解决,淹水的原因已确定并处理,指挥恢复运营服务,将事故记录在值班主任简录	(23) 执行值班主任"恢复列车运营服务"的指示;安排维修人员签乘出洞,将事故记录在行车调度员日志	(21) 接到恢复正常通知信息后通知行车调度员	(22) 确定区段的淹水事故已解决;淹水事故的原因已确定并处理,值班主任,将班记录在环控调度员				(20) 进行封堵和疏通,待水位降到正常值后,应立即向维修调度员报告,建议解锁该隧道区间,恢复正常运营

附录 C 国家处置城市地铁事故灾难应急预案

中华人民共和国建设部 2006 年 1 月

1 总则

1.1 编制目的

做好城市地铁事故灾难的防范与处置工作,保证及时、有序、高效、妥善地处置城市地铁事故灾难,最大限度地减少人员伤亡和财产损失,维护社会稳定,支持和保障经济发展。

1.2 编制依据

依据《中华人民共和国安全生产法》、《中华人民共和国消防法》、《突发公共卫生事件应急条例》、《国务院关于特大安全事故行政责任追究的规定》和《国家突发公共事件总体应急预案》,制订本预案。

1.3 适用范围

本预案适用于我国地铁(包括轻轨)发生的特别重大事故灾难,致使人民群众生命财产和地铁的正常运营受到严重威胁,具备下列条件之一的:

(1)造成 30 人以上死亡(含失踪),或危及 30 人以上生命安全,或者 100 人以上中毒(重伤),或者直接经济损失 1 亿元以上;

(2)需要紧急转移安置 10 万人以上;

(3)超出省级人民政府应急处置能力;

(4)跨省级行政区、跨领域(行业和部门);

(5)国务院认为需要国务院或建设部响应。

1.4 工作原则

(1)以人为本、科学决策

发挥政府公共服务职能,把保障人民群众的生命安全、最大限度地减少事故灾难造成的损失放在首位。运用先进技术,充分发挥专家作用,实行科学民主决策。

(2)统一指挥、分级负责

在国务院的统一领导下,由建设部牵头负责,省(区、市)人民政府和国务院其他有关部门、军队、武警按照各自的职责分工和权限,负责有关地铁事故灾难的应急管理和特别重大、重大事故灾难的应急处置工作。

(3)属地为主、分工协作

地铁事故灾难应急处置实行属地负责制,城市人民政府是处置事故灾难的主体,要承担处置的首要责任。国务院各有关部门、军队、武警、省(区、市)人民政府要主动配合、密切协作、整合资源、信息共享、形成合力,保证事故灾难信息的及时准确传递、快速有效处置。

(4)应急处置与日常建设相结合、有效应对

国务院各有关部门、军队、武警和省(区、市)人民政府,尤其是地铁所在地城市人民政府,对事故灾难要有充分的思想准备,调动全社会力量,建立应对事故灾难的有效机制,做到常备不懈。应急机制建设和资源准备要坚持应急处置与日常建设相结合,降低运行成本。

2 组织机构与职责

2.1 国家应急机构

国务院或国务院授权建设部设立城市地铁事故灾难应急领导小组(以下简称"领导小组")。领导小组下设办公室、联络组和专家组。

领导小组办公室设在建设部质量安全司,具体负责全国地铁事故灾难应急工作。领导小组联络组由各成员单位指派的人员组成。领导小组专家组由地铁、公安、消防、安全生产、卫生防疫、防化等方面的专家组成。

2.2 省级、市级地铁事故灾难应急机构

省级、市级地铁事故灾难应急机构应比照国家地铁事故灾难应急机构的组成、职责,结合本地实际情况确定。

2.3 城市地铁企业事故灾难应急机构

城市地铁企业应建立由企业主要负责人、分管安全生产的负责人、有关部门参加的地铁事故灾难应急机构。

3 预警预防机制

3.1 监测机构

城市人民政府建设行政主管部门负责城市地铁的运行监测、预警工作,建立城市地铁监测体系和运行机制;对检测信息进行汇总分析;对城市地铁运行状况进行收集、汇总分析并做出报告,每半年向国家和省级地铁应急机构做出书面报告。

3.2 监测网络

由省级、市级建设行政主管部门、城市地铁企业组成监测网络,省级、市级建设行政主管部门设立城市地铁监察员对城市地铁进行检查监督。

3.3 监测内容

城市地铁的规章制度、强制性标准、设施设备及安全运营管理。

4 应急响应

4.1 分级响应

Ⅰ级响应行动(响应标准见1.3)由领导小组组织实施,当领导小组进入Ⅰ级响应行动时,事发地各级政府应当按照相应的预案全力以赴组织救援,并及时向领导小组报告救援工作进

展情况。

Ⅱ级以下应急响应行动的组织实施,由省级人民政府决定。城市人民政府可根据事故灾难的严重程度启动相应的应急预案,超出本级应急处置能力时,及时报请上一级应急机构启动上一级应急预案实施救援。

4.1.1 领导小组的响应

建设部在接到特别重大事故灾难报告2小时内,决定是否启动Ⅰ级响应。

Ⅰ级响应时,领导小组启动并实施本预案。及时将事故灾难的基本情况、事态发展和救援进展情况报告国务院并抄报国家安全监管总局;开通与国务院有关部门、军队、武警等有关方面的通信联系;开通与事故灾难发生地的省级应急机构、事发地城市政府应急机构、现场应急机构、相关专业应急机构的通信联系,随时掌握事态进展情况;派出有关人员和专家赶赴现场,参加、指导应急工作;需要其他部门应急力量支援时,向国务院提出请求。

Ⅱ级以下响应时,及时开通与事故灾难发生地的省级应急机构、事发地城市政府应急机构的通信联系,随时掌握事态进展情况;根据有关部门和专家的建议,为地方应急指挥救援工作提供协调和技术支持;必要时,派出有关人员和专家赶赴现场,参加、指导应急工作。

4.1.2 国务院有关部门、军队、武警的响应

Ⅰ级响应时,国务院有关部门、军队、武警按照预案规定的职责参与应急工作,启动并实施本部门相关的应急预案。

4.2 不同事故灾难的应急响应措施

4.2.1 火灾应急响应措施

(1)城市地铁企业要制定完善的消防预案,针对不同车站、列车运行的不同状态以及消防重点部位制订具体的火灾应急响应预案;

(2)贯彻"救人第一、救人与灭火同步进行"的原则,积极施救;

(3)处置火灾事件应坚持快速反应的原则,做到反应快、报告快、处置快,把握起火初期的关键时间,把损失控制在最低程度;

(4)火灾发生后,工作人员应立即向"119"、"110"报告,同时组织做好乘客的疏散、救护工作,积极开展灭火自救工作;

(5)地铁企业事故灾难应急机构及市级地铁事故灾难应急机构,接到火灾报告后,应立即组织启动相应应急预案。

4.2.2 地震应急响应措施

(1)地震灾害紧急处理的原则:

a.实行高度集中,统一指挥,各单位、各部门要听从事发地省、直辖市人民政府指挥,各司其职,各负其责;

b.抓住主要矛盾,先救人、后救物,先抢救通信、供电等要害部位,后抢救一般设施。

(2)市级地铁事故灾难应急机构及地铁企业负责制订地震应急预案,做好应急物资的储备及管理工作。

(3)发布破坏性地震预报后,即进入临震应急状态。省级人民政府建设主管部门采取相应措施:

a.根据震情发展和工程设施情况,发布避震通知,必要时停止运营和施工,组织避震疏散;

b. 对有关工程和设备采取紧急抗震加固等保护措施;

c. 检查抢险救灾的准备工作;

d. 及时准确通报地震信息,保护正常工作秩序。

(4) 地震发生时,省级人民政府建设主管部门及时将灾情报有关部门,同时做好乘客疏散和地铁设施、设备保护工作。

(5) 地铁企业事故灾难应急机构及市级地铁事故灾难应急机构,接到地震报告后,应立即组织启动相应应急预案。

4.2.3 地铁爆炸应急响应措施

(1) 迅速反应,及时报告,密切配合,全力以赴疏散乘客、排除险情,尽快恢复运营;

(2) 地铁企业应针对地铁列车、地铁车站、地铁主变电站、地铁控制中心,以及地铁车辆段等重点防范部位制订防爆措施;

(3) 地铁内发现的爆炸物品、可疑物品应由专业人员进行排除,任何非专业人员不得随意触动;

(4) 地铁爆炸案件一旦发生,市级建设主管部门应立即报告当地公安部门、消防部门、卫生部门,组织开展调查处理和应急工作;

(5) 地铁企业事故灾难应急机构及市级地铁事故灾难应急机构,接到爆炸报告后,应立即组织启动相应应急预案。

4.2.4 地铁大面积停电应急响应措施

(1) 地铁企业应贯彻预防为主、防救结合的原则,重点做好日常安全供电保障工作,准备备用电源,防止停电事件的发生;

(2) 停电事件发生后,地铁企业要做好信息发布工作,做好乘客紧急疏散、安抚工作,协助做好地铁的治安防护工作;

(3) 供电部门在事故灾难发生后,应根据事故灾难性质、特点,立即实施事故灾难抢修、抢险有关预案,尽快恢复供电;

(4) 地铁企业事故灾难应急机构及市级地铁事故灾难应急机构,接到停电报告后,应立即组织启动相应应急预案。

4.3 应急情况报告

应急情况报告的基本原则是:快捷、准确、直报、续报。

4.3.1 快捷

最先接到事故灾难信息的单位应在第一时间报告,最迟不能超过1小时。

4.3.2 准确

报告内容要真实,不得瞒报、虚报、漏报。

4.3.3 直报

发生特别重大事故灾难,要直报领导小组办公室,同时报省、市地铁事故灾难应急机构;紧急情况下,可越级上报国务院,并及时通报有关部门。

4.3.4 续报

在事故灾难发生一段时间内,要连续上报事故灾难应急处置的进展情况及有关内容。

4.3.5 报告内容

特别重大事故灾难快报及续报应当包括以下内容：
(1)事件单位的名称、负责人、联系电话及地址；
(2)事件发生的时间、地点；
(3)事件造成的危害程度、影响范围、伤亡人数、直接经济损失；
(4)事件的简要经过；
(5)其他需上报的有关事项。

4.4 报告程序

4.4.1 地铁事故灾难发生后，现场人员必须立即报警，并报告地铁企业应急机构。有关部门接到报告后，应迅速确认事故灾难性质和等级，立即启动相应的预案，并向上级地铁应急机构报告。

4.4.2 特别重大事故灾难发生单位、属地政府及其相关行政主管部门，接报后必须做到：
(1)迅速采取有效措施，组织抢救，防止事故灾难扩大；
(2)严格保护事故灾难现场；
(3)迅速派人赶赴事故灾难现场，负责维护现场秩序和证据收集工作；
(4)服从地方政府统一部署和指挥，了解掌握事故灾难情况，协调组织事件抢险救灾和调查处理等事宜，并及时报告事态趋势及状况。

4.4.3 因抢救人员、防止事故灾难扩大、恢复生产以及疏通交通等原因，需要移动现场物件的，应当做好标志，采取拍照、摄像、绘图等方法详细记录事故灾难现场的原貌，妥善保存现场重要痕迹、物证。

4.4.4 发生特别重大事故灾难的单位及城市地铁事故灾难应急机构应在事故灾难发生后4小时内写出事故灾难快报，分别报送国家、省地铁事故灾难应急机构。

4.5 情况接报

4.5.1 领导小组办公室获悉发生城市地铁事故灾难后，迅速通知领导小组，并根据事故灾难的性质和严重程度提出启动预案的建议。

4.5.2 领导小组接到报告后，应将有关情况上报国务院，同时通报国务院有关部门。

4.6 紧急处置

紧急处置应按照属地为主的原则，依靠本行政区域的力量。事故灾难发生后，地铁企业和当地人民政府应立即启动应急预案，并按照应急预案迅速采取措施，使事故灾难损失降到最低。

根据事态发展情况，出现急剧恶化的特殊险情时，现场应急指挥机构在充分考虑专家和有关方面意见的基础上，及时制订应急处置方案，依法采取紧急处置措施。

4.7 医疗卫生救助

各级卫生行政部门要根据《国家突发公共事件医疗卫生救援应急预案》，组织做好应急准备，在应急响应时，组织、协调开展应急医疗卫生救援工作，保护人民群众的健康和生命安全。

4.8 应急人员的安全防护

现场处置人员应根据需要佩带相应的专业防护装备，采取安全防护措施，严格执行应急人员进入和离开事故灾难现场的相关规定。

现场应急机构根据需要具体协调、调集相应的安全防护装备。城市人民政府应事先为城市地铁企业配备相应的专业防护装备。

4.9 群众的安全防护

现场应急机构负责组织群众的安全防护工作,主要工作内容如下:

(1)根据事故灾难的特点,确定保护群众安全需要采取的防护措施;
(2)决定紧急状态下群众疏散、转移和安置的方式、范围、路线和程序,指定有关部门具体负责实施疏散、转移和安置;
(3)启用应急避难场所;
(4)维护事发现场的治安秩序。

4.10 社会力量的动员与参与

现场应急机构组织调动本行政区域社会力量参与应急工作。超出事发地省级人民政府的处置能力时,省级人民政府向国务院申请本行政区域外的社会力量支援。

4.11 现场检测与评估

根据需要,现场应急机构成立事故灾难现场检测与评估小组,负责检测、分析和评估工作,查找事故灾难的原因和评估事态的发展趋势,预测事故灾难的后果,为现场应急决策提供参考。检测与评估报告要及时上报领导小组办公室。

4.12 信息发布

城市地铁事故灾难应急信息的公开发布由各级城市地铁事故灾难应急机构决定。对城市地铁事故灾难和应急响应的信息实行统一、快速、有序、规范管理。

信息发布应明确事件的地点、事件的性质、人员伤亡和财产损失情况、救援进展情况、事件区域交通管制情况以及临时交通管理措施等。

4.13 应急结束

Ⅰ级响应行动由领导小组决定终止。
Ⅱ级以下响应行动的终止由省级人民政府决定。

5 后期处置

5.1 善后处置

事发地的城市人民政府负责组织地铁事故灾难的善后处置工作,包括治安管理、人员安置、补偿、征用物资补偿、救援物资供应和及时补充、恢复生产等事项。尽快消除事故灾难影响,妥善安置和慰问受害及受影响人员,保证社会稳定,尽快恢复地铁正常运营秩序。

5.2 保险理赔

地铁事故灾难发生后,保险机构及时开展应急人员保险受理和受灾人员保险理赔工作。

5.3 调查报告

属于Ⅰ级响应行动的地铁事故灾难由领导小组牵头组成调查组进行调查;必要时,国务院可以直接组成调查组。属于Ⅱ级以下响应行动的地铁事故灾难调查工作由省级人民政府规定;必要时,领导小组可以牵头组成调查组。

应急状态解除后,现场地铁事故灾难应急机构应整理和审查所有的应急记录和文件等资料;总结和评价导致应急状态的事故灾难原因和在应急期间采取的主要行动;必要时,修订城市地铁应急预案,并及时做出书面报告。

(1)应急状态终止后的两个月内,现场地铁事故灾难应急机构应向领导小组提交书面总结报告。

(2)总结报告应包括以下内容:发生事故灾难的地铁基本情况,事故灾难原因、发展过程及造成的后果(包括人员伤亡、经济损失)分析、评价,采取的主要应急响应措施及其有效性,主要经验教训和事故灾难责任人及其处理结果等。

6 保障措施

6.1 通信与信息保障

领导小组应指定专门场所并建设相应的设施满足进行决策、指挥和对外应急联络的需要。

逐步建立并完善全国地铁安全信息库、救援力量和资源信息库,规范信息获取、分析、发布、报送格式和程序,保证国务院及国务院有关部门、省级、市级应急机构之间的信息资源共享。

保证应急响应期间领导小组同国务院,省级、市级和地铁企业事故灾难应急机构、应急支援单位通信联络的需要;明确联系人、联系方式。

能够接受、显示和传达地铁事故灾难信息,为应急决策和专家咨询提供依据;能够接受、传递省级、市级地铁应急机构应急响应的有关信息;能够为地铁事故灾难应急指挥、与有关部门的信息传输提供条件;对省级、市级和地铁企业事故灾难应急机构预案及地铁企业基本情况进行备案。

6.2 应急支援与装备保障

6.2.1 救援装备保障

有地铁运营的城市人民政府负责地铁应急装备的保障。领导小组负责指导、监督地铁应急装备保障工作。

6.2.2 应急队伍保障

领导小组和国务院有关部门、军队、武警根据本预案规定的职责分工,做好应急支援力量准备。地方人民政府建立并完善以消防部队为骨干的应急队伍。

6.2.3 交通运输保障

发生事故灾难后,事发地人民政府有关部门负责对事发现场和相关区域进行交通管制,根据需要开设应急特别通道,确保救灾物资、器材和人员运送及时到位,满足应急处置需要。

6.2.4 医疗卫生保障

各级卫生行政部门,要按照《国家突发公共事件医疗卫生救援应急预案》落实医疗卫生应急的各项保障措施。

6.2.5 治安秩序保障

应急响应时,事发地公安机关负责事故灾难现场的治安秩序保障工作。

6.2.6 物资保障

省级人民政府和城市人民政府及其有关部门,应建立应急设备、救治药物和医疗器械等储备制度。

领导小组根据实际情况,负责监督应急物资的储备情况。

国家发展改革委、商务部协调有关省级人民政府跨地区的物资调用。

6.2.7 资金保障

城市人民政府应当做好事故灾难应急资金准备。领导小组应急处置资金按照《财政应急保障预案》的规定解决。

6.2.8 社会动员保障

事发地人民政府根据需要动员和组织社会力量参与地铁事故灾难的应急。领导小组协调事发地以外的社会力量参与救援。

6.2.9 紧急避难场所保障

城市人民政府负责规划与建设能够基本满足事故灾难发生时人员避难需要的场所。

6.2.10 应急保障的衔接

省级、市级的应急保障按国家有关法律、法规、标准的规定及各自批准的应急预案进行。应急保障应为各自所需的应急响应能力提供保证,并保证各级响应的相互衔接与协调。

6.3 技术储备与保障

领导小组专家组对应急提供技术支持和保障。省级人民政府应比照领导小组专家组的设置,建立相应的机构,对应急提供技术支持和保障。

国务院有关部门和省级、市级人民政府要组织地铁安全保障技术的研究,开发应急技术和装备。

6.4 宣传、培训和演习

6.4.1 公众信息交流

公众信息交流工作由城市人民政府和地铁企业负责,主要内容是城市地铁安全运营及应急的基本常识和救助知识等。城市人民政府组织制订宣传内容、方式等,并组织地铁企业实施。

6.4.2 培训

对所有参与城市地铁事故灾难应急准备与响应的人员进行培训。

6.4.3 演习

省级人民政府地铁事故灾难应急机构应每年组织一次应急演习。城市(含直辖市)人民政府应每半年组织一次应急演习。

6.5 监督检查

领导小组对地铁事故灾难应急预案实施的全过程进行监督。

7 附则

7.1 名词解释

7.1.1 地铁

本预案所称地铁是指承担城市公共客运的城市轨道交通系统,包括地上形式和地下形式。

7.1.2 特别重大、重大事故灾难

本预案所称的特别重大、重大事故灾难是指需要启动本预案中规定的Ⅲ级以上应急响应的灾难事故。

特别重大、重大事故灾难类型主要包括：

(1) 地铁遭受火灾、爆炸等事故灾难；
(2) 地铁发生大面积停电；
(3) 地铁发生一条线路全线停运或两条以上线路同时停运；
(4) 地铁车站内发生聚众闹事等突发事件；
(5) 地铁遭受台风、水灾、地震等自然灾害的侵袭。

7.1.3
本预案有关数量的表述中，"以上"含本数，"以下"不含本数。

7.2 预案管理与更新

建设部根据国家应急管理的有关法律、法规和应急资源的变化情况，以及预案实施过程中发现的问题或出现的新情况，及时修订完善本预案。

7.3 奖励与责任追究

7.3.1 奖励

在地铁事故灾难应急工作中有下列表现之一的单位和个人，应根据有关规定予以奖励：

(1) 出色完成应急任务，成绩显著的；
(2) 防止或挽救事故灾难有功，使人民群众的生命和国家、集体财产免受损失或减少损失的；
(3) 对应急准备或响应提出重大建议，实施效果显著的；
(4) 有其他特殊贡献的。

7.3.2 责任追究

在地铁事故灾难应急工作中有下列行为之一的，按照法律、法规及有关规定，对有关责任人视情节和危害后果，由其所在单位或上级机关给予行政处分；其中，对国家公务人员和国家机关任命的其他人员，分别由任免机关或监察机关给予行政处分；属于违反治安管理行为的，由公安机关依法予以治安处罚；构成犯罪的，由司法机关依法追究刑事责任：

(1) 不按照规定制订事故灾难应急预案，拒绝履行应急准备义务的；
(2) 不按照规定报告、通报事故灾难真实情况的；
(3) 拒不执行地铁事故灾难应急预案，不服从命令和指挥，或者在应急响应时临阵脱逃的；
(4) 盗窃、挪用、贪污应急工作资金或物资的；
(5) 阻碍应急工作人员依法执行任务或者进行破坏活动的；
(6) 散布谣言，扰乱社会秩序的；
(7) 有其他危害应急工作行为的。

7.4 国际交流与合作

领导小组要积极建立与国际地铁应急机构的联系，开展国际交流与合作活动。

7.5 预案实施时间

本预案自印发之日起实施。

参 考 文 献

[1] 牛宏睿,李秋明,王超,常慧辉.轨道交通突发事件的分级分类方法研究[J].铁路计算机应用,2012(05).
[2] 夏保成,张小兵,王慧彦.突发事件应急演练与演习设计[M].北京:当代中国出版社,2011.
[3] 寇丽萍.应对危机——突发事件与应急管理[M].北京:中国人民公安大学出版社,2013.
[4] 刘光武.城市轨道交通应急管理体系研究[J].铁路计算机应用,2012(05).
[5] 李平,王富章.城市轨道交通应急系统体系架构研究与实践[J].北京:第六届中国智能交通年会暨第七届国际节能与新能源汽车创新发展论坛优秀论文集,2011(09).
[6] 连义平,刘奇.城市轨道交通安全管理[M].成都:西南交通大学出版社,2011.
[7] 连义平.城市轨道交通安全管理[M].北京:中国铁道出版社,2012.
[8] 耿幸福,宁斌.城市轨道交通运营安全[M].北京:人民交通出版社,2012.
[9] 徐新玉.城市轨道交通运营管理规章[M].北京:人民交通出版社,2013.
[10] 张伦.地铁车站大客流运营组织探讨[J].城市轨道交通研究,2011(05).
[11] 周荣义,黎忠文.地铁火灾的防范与疏散[J].工业安全与环保,2005(11).
[12] 广州地铁、西安地铁、南京地铁、上海地铁、苏州地铁、深圳地铁相关应急处理技术文件.
[13] 李宇辉.城市轨道交通应急处理[M].北京:人民交通出版社,2011.
[14] 王帅可.地铁火灾应急预案模式探讨[J].中国应急救援,2010(02).
[15] 赵凯,李新健.如何应对地铁的大面积停电[J].都市快轨交通,2009(08).
[16] 胡玉山.轨道交通联锁设备故障情况下行车组织方式的探索.科技信息,2012(09).
[17] 申红.城市轨道交通行车组织[M].北京:中国电力出版社,2014.